KB160654

북방에서 온 교역민
: 비단·모피·산탄인

이 저서는 2020년 대한민국 교육부와 한국연구재단의 지원을 받아 수행된 연구임
(NRF-2020S1A6A3A01054082).
This work was supported by the Ministry of Education of the Republic of Korea and the National
Research Foundation of Korea (NRF-2020S1A6A3A01054082).

북방에서 온 교역민

비단·모피·산탄인

사사키 시로 지음·김환기 옮김

경인문화사

발간사 ──────────────────────

한국의 동유라시아 물품학(物品學) 정립을 목표로

　동국대학교 문화학술원은 "동유라시아 세계 물품의 문명·문화사"라는 연구 아젠다로 한국연구재단의 인문한국플러스(HK+)사업에 선정되어 2020년부터 연구 프로젝트를 수행하고 있다. 기존의 인간 중심의 연구에서 벗어나 물품이 중심이 되는 연구를 통해 물품이 인간 사회를 둘러싸고 생산, 유통, 소비되는 과정을 총체적으로 분석함으로써 한반도를 넘어 동유라시아 지역세계의 물품학을 학술적으로 정립하는 것이 목표이다.

　본 사업단은 동유라시아의 지역 범위를 한국을 중심으로 놓고 동위도 선상에 있는 중국, 일본, 그리고 북으로는 몽골, 러시아의 우랄산맥 이동지역과 몽골을, 서로는 중앙아시아 및 우즈베키스탄, 카자흐스탄, 키르기스스탄 지역, 남으로는 인도 이동지역인 태국, 캄보디아, 베트남, 인도네시아, 필리핀 등지를 설정하였다.

　『총·균·쇠』(원제: *GUNS, GERMS, and STEEL-The Fates of Human Societies*)의 저자로 퓰리처상을 수상한 세계적 석학 제레드 다이아몬드(Jared Mason Diamond)는 동유라시아를 포함한 유라시아 대륙은 기후·식생(植生, 식물의 생육상태) 등의 유사한 생태환경을 가진 위도가 같은 지대가 동서로 길게 펴져 있어, 이 지대(地帶)에 속한 각 지역은 생태환경이 유사하고, 식물·기술·지식·문화의 이전 및 적용이 용이하여, 그 결과 동서교통·교류가 촉진되었다고 분석하였다. 나아가 세계사에 관심을 가진 사람들은 동아시아 및 태평양 일대의 인류 사회를 통해 배울 점이 많은데 그것은 환경이 역사를 형성했던 수많은 사례들을 발견할 수 있기 때문이라고 명언하였다.

이러한 특별한 특성을 지닌 공간에 살았던 사람들의 물품 생산과 유통, 소비 과정을 통해 이 지역만의 Locality는 무엇이며, 그것이 글로벌 세계와 어떠한 연관성을 가지고 있는지를 밝혀내려는 시도에서 물품에 착안하였다. 인간이 살아가는데 있어 필수불가결한 물품은 한 민족이나 국가에서 생산되어 소비되기도 하지만, 주변 지역으로 전파되어 새로운 문화를 창출하기도 한다. 이런 점에서 인류의 역사를 추동해 온 원동력이 바로 물품에 대한 욕구였다고 해도 과언이 아니다.

본 사업단은 오랜 세월에 걸쳐 인류가 발명하고 생산한 다양한 수 많은 물품을 지역별, 용도별로 구분하여 연구를 진행한다. 지역별 분류는 네 범위로 설정하였다. 첫째, 동유라시아 전 지역에 걸쳐 소비된 물품이다. 동유라시아 지역을 넘어 다른 문명세계에 전파된 물품의 대표적인 것이 초피, 견직물, 담배, 조총 그리고 16세기 이후 바다의 시대가 펼쳐지면서 사람들의 욕구를 배가시킨 후추, 육두구, 정향 등의 향신료이다. 한국의 인삼, 중국의 견직물, 일본의 은, 동남아시아의 향신료는 유럽이나 아메리카를 이어주는 물품이었던 것이다. 동유라시아 지역에서 생산된 물품의 교역은 최종적으로 유럽 등을 포함한 이른바 '세계경제' 형성에 연결되었다. 둘째, 첫 번째 지역보다는 범위가 제한된 동아시아 지역에서 사용된 물품이다. 소목, 청심환, 수우각, 화문석 등을 들 수 있다. 한국(당시는 조선)에서 생산된 호피, 표피는 중국에 진상된 것을 시작으로 일본 막부와 유큐 왕조에 증여, 나아가 일본을 통해 캄보디아까지 전파되었다. 셋째, 양국 간에 조공이나 증여 목적으로 사용된 물품이다. 저포 등이다. 넷째, 한 국가에서 생산되었지만 그 사회에 국한되어 커다란 영향을 끼친 물품이다. 이처럼 동유라시아 각 지역의 역사는 서로 영향을 끼치면서 전개되었다.

다음으로 생각해야 될 점은 물품 그 자체가 지닌 속성이다. 물품 자체가 지닌 고유한 특질을 넘어 물품이 지닌 다양한 속성이다. 다시 말하자면 상품으로서의 경제적 가치를 지닌 것에 그치는 것이 아니라 정치적, 군사적, 의학적, 문화적 측면에서 다양한 용도로도 쓰였다는 것이다. 그것은 정치적으로는 조공품일 수도, 증여품일 수도, 사여품일 수도 있다. 해산물인 해삼·전복은 기본적으로는 음식재료이지만 동아시아에서는 화폐기능과 광택제로서, 후추·육두구 등 향신료는 16세기 이후 유럽 세계에 의약품으로서의 효능은 물론 음식을 상하지 않게 하는 성질을 가진 용도로 소비되었다.

이처럼 지리적·기후적 환경 차이가 불러일으킨 동유라시아 세계 사람들이 만들어낸 물품은 다른 지역, 더 나아가 다른 문명 세계에 속한 사람들에게 크든 작든 영향을 끼쳐 그 사회의 문화를 변용시키기도 하였다. 다시 말하자면 기후, 생산 자원, 기술, 정치체제 등의 여러 환경 차이에 의해 생산되는 물품의 경우 그 자체로도 차이가 나타났고, 인간 삶의 차이도 유발시켰다.

인류의 문화적 특징들은 세계의 각 지역에 따라 크고 다르게 나타난다. 문화적 차이의 일부는 분명히 환경적 차이의 산물이기도 하다. 그러나 각 지역에서 환경과 무관하게 작용한 문화적 요인들의 의의를 확인해 보는 것도 중요한 일이다. 이러한 관점 하에서 본 총서가 기획, 간행되었다.

동유라시아의 대륙과 해역에서 생산된 물품이 지닌 다양한 속성을 면밀하게 들여다보는 것은 한국을 넘어선 동유라시아 지역의 문명·문화사의 특질을 밝혀내는 중요한 작업이다. 서로 다른 지역과 국가에서 지속적이고 직접적인 접촉을 통해 서로가 갖고 있는 문화에 다양한 변화를 일으켰을 것이다.

본 총서의 간행은 사업단의 아젠다 "동유라시아 세계 물품의 문명·문화사"를 다각적인 측면에서 접근, 분석하여 '한국의 동유라시아 물품학'을 정립하는 작업의 첫걸음이기도 하다. 달리 표현하자면 새로운 인문학의 모색과 창출, 나아가 미래 통일 한국이 동유라시아의 각 지역과 국가 간 상호교류, 경쟁, 공생하는 역동적인 모습을 새로이 정립하고 창조하기 위한 첫 작업이라 할 수 있다. 다만 동유라시아의 물품이라는 주제는 공간적으로는 규모가 넓고 크며 시간적으로는 장시간을 요하는 소재들이라는 점에 유의할 필요가 있다. 본 사업의 궁극적인 목표는 중국의 돈황학(敦煌學), 휘주학(徽州學), 일본의 영파학(寧波學)에 뒤지지 않는 세계에 자랑할 수 있는 학문적 성과를 거두는 것이자, 한국이 미래 북방과 남방으로 뻗어나갈 때 인문학적 지침서 역할을 하는 것이다.

2022년 2월
동국대학교 문화학술원장
인문한국플러스(HK+)사업단장
서인범

한국어판 저자 서문

『북방에서 온 교역민: 비단·모피·산탄인』을 출판한 것이 1996년이니 벌써 사반세기 전의 일입니다. 본서는 제가 처음으로 출간한 단독저서이기도 한데, 이번에 한국어로 번역되어 한국의 독자 여러분에게 읽혀질 수 있게 되어 대단히 기쁘면서도 명예로운 일이라 생각하고 있습니다.

본서에서 저는 지금으로부터 200년도 이전에 사할린과 아무르 강 유역 일대에 거주하던 주민들(오늘날의 니브흐, 울치, 나나이, 우데헤, 아이누를 비롯한 선주민족의 조상)이 활발하게 펼치던 교역활동의 정치적·경제적·사회적 배경과 이 교역이 주민들의 문화에 미친 영향에 대하여 규명하려 하였습니다. 그 결과 이 지역에 살았던 선주민족들의 조상이 결코 고립된 사회의 '미개한 수렵채집민족'이 아니라 동아시아의 강고한 정치체제의 일원이었으며, 교역활동 역시 '미개민족'의 소규모 물물교환이 아니라 동아시아라는 거대한 경제권의 한 축을 담당하고 있었던 것을 밝혔습니다. 이들이 참여하고 있던 교역은 동아시아의 정치체제나 경제권은 물론이고 중국(청 왕조)과 한국(조선왕조) 그리고 일본(에도 막부)을 포함하는 동아시아 일대에 걸쳐 있었던 것입니다.

본서에서 다룬 사할린·아무르 강 유역·러시아 연해지역 그리고 중국의 동북 지역은 한국·일본 양국에게 역사적으로 그리고 현재에는 경제적으로 관계가 깊습니다. 이 지역은 19세기 중반 이후 러시아·중국·한국·일본이 서로 뒤얽힌 복잡한 정치역학이 작동하는 장이었습니다. 오늘날 이 지역에 다수의 한반도 출신들이 거주하는 사실은 널리 알려져 있습니다. 그러나 그 이전에는 오늘날 선주민족이나 소수민족이라 불리는 사람들의 조상이 활약하는 장이었습니다. 이들 중에는 주위 국가들을 상대로 교역활동을 벌여 막대한 이익을 올리던 이들도 있었습니다. 물론 교역 상대국에는 한반도에 있던 국가도 있었습니다.

2022년 3월 현재 저는 일본열도 북부의 선주민족인 아이누의 문화를 주요 테마로 하는 박물관(국립 아이누 민족 박물관)에서 근무하고 있습니다. 아이누도 본서에서 다룬 교역을 담당했던 민족입니다. 이들은 전근대 시기에 한반도 주민들과도 다소 교류가 있었습니다. 예컨대, 1696년에 부산을 출항한 이들이 태풍을 만나 표류하여 8명만이 레분도(禮文島)에 표착한 사건을 들 수 있습니다. 8명은 아이누에게 구출되어 오늘날의 홋카이도 각지를 경유하여 남하하였고 에도와 쓰시마를 거쳐 귀국하게 됩니다. 이러한 여정이 이지항(李志恒)의 『표주록(漂舟錄)』과 같은 문헌에 기록되어 있습니다. 여기에는 이지항 일행이 귀국하는 여정에서 만났던 레분도나 홋카이도 각지 아이누의 습속과 생활상이 기록되어 있어 오늘날에는 17세기 말의 아이누 문화를 파악하는 귀중한 자료로 여겨지고 있습니다.

아이누를 비롯하여 본서에 등장하는 주민들은 한국과도 옅기는 하지만 인연이 있는 사람들입니다. 본서를 통하여 이 지역의 역사와 문화에 흥미를 가져 주신다면 이보다 더한 기쁨은 없겠습니다.

마지막으로 본서의 한국어 번역을 맡아주신 동국대학교 김환기 교수님과 출판에 진력해 주신 동국대학교 문화학술원 HK+사업단의 모든 분들 그리고 판권 구매를 중개해 주신 베스툰 코리아 에이전시의 김영주 씨에게 깊은 감사를 드립니다.

2022년 3월
홋카이도 시라오이(白老)에서
사사키 시로

차례

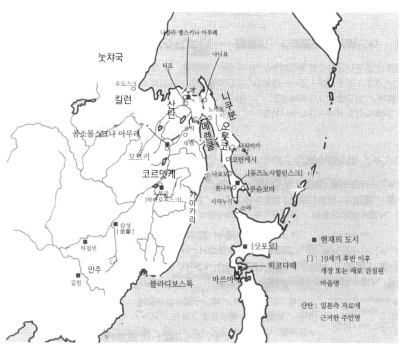

[지도] 산탄교역의 무대

비단과 모피의 교역

대하 아무르
1997년 9월 러시아 하바롭스크에서 저자 촬영

1. 모피를 향한 지칠 줄 모르는 욕망

비단과 모피. 그것은 문명이 만들어낸 마성의 미(美)다. 그 아름다움에 인간들은 매혹되어 이성을 잃고, 그것을 찾아 광기라고도 할 법한 위험한 여행으로 내몰렸다. 그것을 향한 욕망으로 수많은 사람이 목숨을 잃고, 끝 내는 민족, 국가의 멸망까지 야기하게 된다. 그러나 한편으로는 비단과 모 피로 내몰렸던 광기는 원격지(遠隔地)로 서로 접촉조차 할 수 없었던 지역 을 연결해 다른 두 문화가 접촉·교류를 시작하는 원인도 되었다. 거기에서 새로운 문화가 싹트고 새로운 민족 혹은 새로운 국가가 흥융(興隆)하였다. 비단과 모피를 구하는 활동이 확대되면서 이문화 교류의 고리(輪)는 확대 되고, 오늘날처럼 지구 규모의 문화 교류를 촉진하는 원동력이 되었다.

비단과 모피도 의류에 사용되는 일이 가장 많다. 기능적으로는 외부 충 격을 완화해 체온과 온도가 현저하게 다른 바깥 대기(外氣)로부터 몸을 지 킬 뿐이지만, 독특한 광택과 매끄러운 촉감 등에서 '미'라는 가치를 발견 하는 것은 문화이다. 양자는 근원적으로 인류 모두에게 '미'를 인정받았 던 것이 아니다. 예를 들면 유럽에서 인기가 높았던 검은담비(黑貂) 모피 도 산지인 시베리아와 북아메리카 선주민에게는 방한복 혹은 스키의 꾐목 용 재료에 불과했다. 그것을 '아름답다'며 특별한 가치를 인정한 것은 유 럽 문화였다.

그러나 팽창하는 거대 문명이 그와 같은 가치관을 받아들여 확대함과 더불어 비단 혹은 모피의 '미'를 인정하는 문화가 세계 각지로 확산된다. 그때 거대 문명의 중심에 수요를 채울 만큼의 자원 혹은 생산력이 있으면 단순히 가치관만의 확산으로 끝난다. 예를 들면, 비단의 최대 소비지인 중 국은 최대 공급지이기도 했다. 따라서 비단의 미를 인정하는 문화와 그것을 만들어내는 기술은 중국 문명의 확대/확산과 함께 세계각지로 퍼져갔지만, 중국 사람들이 비단을 구하러 세계로 나서는 일은 없었다. 역으로 중국 문명의 영향으로 자신의 문화에 비단의 아름다움을 인정하는 듯한 가치관을 도입한 사람들은 목숨 걸고 중국을 노렸다. '비단길'(실크로드)로 불리는 통상로가 형성되어, 그 교역의 이권을 둘러싸고 군사적 충돌과 정치적 교섭이 행해진 것은 잘 알려진 일이다. 그것은 또한, 세계 규모의 문화 교류를 일으켜 복수의 거대 문명이 만나는 장소이기도 했다.

하지만 모피의 경우는 사정이 달랐다. 우선 모피의 소비지와 공급지가 다른 경우가 많았다. 모피의 미를 인정하고, 특히 중요시하는 가치관은 유럽에서 가장 고도로 발달했다. 또한 중국에서도 북방 유목민의 영향일까, 북부를 중심으로 모피에 대한 관심이 대단히 높아 그 영향은 조선까지 미친다. 그러나 중국에는 가치가 인정되는 모피를 가진 짐승이 없고, 유럽에서는 일찌감치 모조리 잡아들여 공급 부족으로 가치가 한층 높아졌다.

아름다운 광택과 부드러운 촉감으로 고급품이 된 모피, 예컨대 검은담비, 은빛 여우, 산고양이, 해달 등은 시베리아와 북아메리카 북부 등의 한랭지에 많이 서식한다. 이들 모피의 매력에 홀린 사람들은 우선 교역으로, 그리고 직접 수렵을 통해 입수하려고 했다.

예를 들면, 중국 사람들은 비단 등 여유 물자를 사용해 전적으로 무역을 통해 모피를 확보하려 했다. 그 중개 역할을 하는 사람들, 특히 동부지방의 여진(女眞, 女直) 혹은 만주로 불렸던 사람들은 모피와 비단 무역으로 막대한 이익을 챙겼다. 확고한 경제적인 기반을 다진 여진과 만주는 13세기 금왕조(金王朝), 그리고 17세기에는 청왕조라는 중국도 지배하는 일대 왕조를 구축한다. 모피 교역의 중요성을 몸으로 익힌 만주의 청조는 모피를 바치게 하고, 대신에 비단을 은상(恩賞)으로 내주는 '수공번상(收貢頒賞)'으로써 모피수(獸)의 산지를 지배하고 자원과 교역을 독점하려 했다.

그에 맞서 유럽인들은 스스로 직접 산지로 나서는 길을 택했다. 이미 11세기에 우랄산맥 서쪽 산기슭[西麓]의 삼림지대인 '유그라(Yugra) 지역'을 둘러싸고, 러시아의 제후는 핀-우골(Finno-Ugric)계 선주민들과 싸웠다. 그곳은 유럽에 가장 가까운 모피수의 생식지였던 것이다. 그리고 1840년에 소위 '타타르의 멍에'로부터 해방됨과 동시에 러시아는 봇물 터지듯 시베리아로 확장을 시작했다. 그 주된 동기가 모피수 자원이다. 러시아는 세 가지 방법으로 시베리아로부터 모피를 얻을 수 있었다. 즉, 우선 코사크(Cossack, 러시아 동남부 지역에 사는 민족의 하나)가 무력으로 선민의 저항을 제압하여 모피에 따른 야사크(稅, Yasak)를 징수하고, 다음은 상인이 진출해 철과 그 밖의 금속제품과 모직물 등을 매체로 모피를 거래하고, 또한 수인(狩人)들이 진출해 스스로 직접 모피수를 잡는다는 식이다.

러시아는 시베리아에서 유럽으로 가는 모피 판로를 정비하고, 중세에는 한자(Hansa)동맹[1]의 교역망을 사용하고, 근세에는 직접 상인을 움직여 모피를 유럽 각국의 상류계급에 팔아치워 막대한 이익을 챙겼다. 18세기에 시작되는 러시아의 근대화는 모피 무역에서 얻은 부를 재정적 기반의 하나로 삼았다.

또한, 북아메리카로 신천지를 찾아 나섰던 영국, 프랑스도 17세기 이래 그 내륙부와 북부에서 모피수 수렵(狩獵)과 교역에 힘을 쏟는다. 그 결과 환극부(環極部) 지역은 러시아가 서쪽 영국과 프랑스가 동쪽부터 석권하여, 제각각 영토 혹은 세력권에 포함하였고, 이로 인해 그 지역의 주민은 유럽을 중심으로 한 세계 규모의 정치, 경제기구에 편입되게 된다.

시베리아, 북아메리카의 주민은 본래 검은담비와 여우 등의 모피에 특별한 가치를 인정하였던 건 아니다. 그러나 비단·철제품과 모피를 교환하는 교류를 거듭함으로써 비단과 철제품의 가치를 알고, 점차 그것들 없이는 생활을 꾸려나갈 수 없게 된다. 선주민으로서는 문명인들의 모피를 향

1　13~17세기에 해상교통의 안전과 상권의 확장을 목적으로 발트 해 연안도시 사이에서 이루어졌던 연맹이다.

한 욕구를 이용해 그들의 부를 차지하는 것도 가능했는데, 그것이 가능했던 것은 여진(또는 만주)과 같은 한정된 사람들이었다. 그들은 중국과 모피 생산지의 중간에 위치한 덕분에 중국 문명과 모피 교역이라는 양방향의 은혜를 받을 수 있었던 극히 적은 사례라 하겠다.

　모피 생산지의 많은 선주민은 수렵, 어로, 채집에 의존한 생활을 하였고, 우리가 상상하는 이상의 물질적인 풍요함이 있었다 해도, 유럽과 중국 등의 문명의 담당자들과는 경제력, 정치력, 그리고 군사력에서 분명한 차이가 있었다. 검은담비와 여우, 다람쥐 등의 모피수는 민첩해서 항상 사냥에 성공하는 것은 아니기에 공급이 불안정했다. 그러나 이미, 비단과 철제품이 일상생활 깊숙이 침투하고 있어 그것들을 구하려면 문명인들이 시키는대로 계속해 사냥을 할 수밖에 없었고, 반항해도 강력한 군대에 의해 탄압되었다. 더욱이 후에 문명인들은 알코올을 모피와 교환 매체로 사용하는 비열한 수단도 서슴지 않았다. 본래 술을 알지 못했던 시베리아와 북아메리카 사람들이 술맛을 알게 되면서 극히 소량의 술로 다량의 모피를 탈취당하고, 그 후에는 알코올중독증으로 인해 신체적·정신적으로도 황폐해지는 비극이 기다리고 있었다. 또한 문명인이 갖고 들어온 전염병(천연두, 콜레라, 페스트, 인플루엔자 등)도 그들의 신체와 사회를 좀먹었다. 이처럼 시베리아와 북아메리카의 모피 생산지 사람들은 유럽과 중국의 정치, 경제기구에 편입됨과 함께 알코올과 질병에 의해 인구가 급격히 감소하고, 사회와 문화도 급속히 파괴되어버린다. 현재의 환극북 지역 선주민들의 비극은 문명인들의 모피를 향한 끝없는 욕망에 의해 야기되었다고 해도 과언이 아니다.

2. 산탄교역의 특이성

그러나 본서의 주제인 '산탄교역'에서는 사정이 제법 달랐다. '산탄교역'이란 18세기부터 19세기에 걸쳐, 일본에서 보면 북방 지역, 즉 오늘날 아무르강 하류역(域)과 가라후토(사할린, 이후 사할린으로 표기)를 무대로 왕성하게 일어났던 교역 활동이다. 그것은 세계 규모의 문화 교류의 소용돌이에 휘말려온 '비단'과 '모피'라는 2대 상품이 동시에 왕래한 교역 활동이며, 산탄무역의 길은 '실크로드'(비단길)이기도 하며 동시에 '퍼 로드'(모피의 길, Fur Road)이기도 했다. 유럽에서부터 중앙아시아를 거쳐 중국에 이르는 실크로드는 또다시 한반도를 거쳐 일본까지 도달했다는 것인데, 일본에 이르는 길은 중국 동북 지방부터 아무르, 사할린을 빠져나와 북해도에 도달하는 북쪽 길도 있다. 그것이 18, 19세기에는 시베리아부터 아무르와 사할린을 거쳐 중국으로, 그리고 캄차카에서 지시마(千島) 열도를 거쳐 홋카이도로 이어지는 '모피로드'와 융합했고, 그 때문에 산탄교역은 세계의 2대 상품이 오가는 대단히 윤택한 교역 활동이었다.

이 교역 활동의 주역은 그 명칭의 기원이 된 '산탄인'이라 불린 사람들이다. 본문에서 자세히 언급하겠지만, 산탄은 지명으로서 사할린의 대륙측 지역(아무르강 하류역)을 가리키기도 하지만, 기본적으로는 그 주민에 대한 명칭의 하나이다. 그 산탄인을 포함하는 아무르강 하류역과 사할린 주민이, 중국과 일본을 상대로 비단과 모피 2대 상품을 중심으로 거래했던 것이 '산탄교역'인 것이다. 그들은 국가를 상대로 하면서 문명인들에게 착취되기는커녕 이 지역의 국제정세에서 주도권을 잡았으며 러시아와 코사크의 침략을 격퇴하고, 세계 제국 청조의 경제 기반 일단을 떠받치고, 게다가 에도 시대 일본의 쇄국 체제에 풍혈을 내는 등 주변국가의 정치경제에까지 영향을 끼쳤다. 그 자손인 오늘날의 나나이, 우리치, 니브흐(Nivkhs)라는 아무르강 유역과 사할린의 '선주민'들은 민족지와 민족 소개문에 "가

난한 수렵 어로민" 정도로 기술되는 것이 보통인데, 실은 그 선조들은 교역의 백성(民)이고, 그 지방에서는 강한 정치·경제력을 보유하고 있었다. 그들이 지금은 생업의 장소를 빼앗기고 빈곤에 허덕이며 민족 존망의 위기에 처해져 있는 것은, 북미와 시베리아 선주민처럼 모피 교역에 의해 착취되어서가 아니라, 역으로 모피 교역으로부터 소외되었기 때문인 것이다.

세계적으로 모피 산지 선주 민족의 사례를 보면, 시베리아에서도 북미에서도 모피 교역은 선주민들에게 동일한 결말을 초래하였다. 결국 그때까지 획득 자원과 인구의 평형관계에 의해 존속해온 전통적인 사회와 문화가 모피 교역에 참가하면서 변질되기 시작해, 최후에는 평형관계가 무너져 사회도 문화도 붕괴해간 것이다. 그것은 교역에서 초래되는 물자가 주민의 물질문화 체계를 침식하고, 교역품을 얻으려고 자연의 회복력 이상으로 자원을 낭비했기 때문이다. 예를 들면 알코올 음료를 얻으려고, 모피수를 난획(亂獲)해 자원의 고갈을 초래하고, 스스로 목을 조르는 행위의 반복으로 선주민 사회가 황폐해지는 경우가 흔히 있었다.

그러나 산탄교역의 경우는 교역 자체가 그들의 사회를 황폐화시킨 것은 아니다. 교역 매체인 비단과 모피의 유통량이 줄거나 타지역에서 온 한족과 러시아 상인이 교역권을 침해하는 등, 그들을 교역 활동에서 소외시킴으로써 사회의 황폐화가 일어난 것이다.

결국, 다른 북방 지역에서는 문명이 모피 교역을 통해 선주민을 착취했는데 비해, 산탄교역의 경우는 비단과 모피라는 세계 상품을 매개로 하면서도 산탄인 쪽이 문명을 착취해 스스로를 풍요롭게 했던 것이다. 본서는 그러한 모피 교역에서는 특이한 존재인 산탄교역의 실체를 산탄인을 중심에 놓고 살펴볼 것이다.

3. 산탄인을 주인공으로 역사를 보자

'산탄교역'에 관한 연구는 실은 19세기 초기에 시작된 전통이 있는 연구 테마이다. 아마도 곤도 모리시게(近藤重藏)의 『변요분해도고(辺要分解図考)』(1804)가 '산탄인'과 '산탄교역'에 대해 분석한 최초의 '연구서'일 것이다. 그 후 다카하시 가게야스(高橋景保) 등도 고찰을 시도했다고 생각되지만 대체로 에도 시대에는 산탄인과 그 교역에 관한 보고서가 많다. 실제로 사할린에서 그 실태를 견문할 수 있기 때문이다.

메이지 시대로 들어와 산탄교역이 종언함과 함께, 그에 대한 기록도 실태보고에서 분석과 평가, 결국은 연구가 주류가 된다. 구체적으로는 오카모토 류노스케(岡本柳之介)의 『일로교섭북해도사고(日魯交涉北海道史考)』(1898)와 오가와 운페이(小川運平)의 『만주 및 사할린(滿洲及樺太)』(1909) 등이 있지만, 그것이 당시 일본의 북방정책과 연계되어 있었음은 말할 것도 없다. 1875년 사할린 지시마(樺太千島) 교환조약에서 사할린 전도를 러시아에 양보하고 교역권도 포기했다고는 하지만, 메이지 일본은 항상 북으로의 확장 기회를 노리고 있었다. 사할린 영유의 정당성을 주장하는데 있어서도, 게다가 북상해 중국 동북 지방에서 시베리아로의 침략을 정당화하는 데 있어서도, 에도 시대 사할린에서의 상황을 재검토할 필요가 있었다.

그리고 1905년의 포츠머스조약[2]에 의해 사할린 남부가 일본령으로 편입되자, 사할린사 연구 혹은 북방개척사 연구의 일환으로 산탄교역이 클로즈업 된다. 그러나 충분한 자료 성과가 나오기까지는 시간이 걸려, 본격적인 연구는 1928년에 나온 스에마츠 야스카즈(末松保和)의 『근세에 있어

2 1905년 9월 5일 미국 뉴햄프셔주에 있는 군항(軍港)도시 포츠머스(Portsmouth)에서 러·일 간에 맺은 강화 조약. 러일전쟁을 종식하고자 당시 미국 대통령인 시어도어 루스벨트의 중재 하에 당시 러시아 제국 각료평의회 의장이던 세르게이 비테와 일본 전권 외상 고무라 주타로 사이에 맺어진 조약이다.-역주

북방문제의 진전(進展)』을 기다려야만 했다. 그 후 1930년대부터 1945년 종전까지의 사이에 관련 논문이 속속 발표된다.

전후의 패전과 함께 일본이 사할린 영토를 잃고 중국의 동북 지방에서도 철퇴함으로써 일본의 대륙 침략을 정당화하는 듯한 의미의 북방사 연구는 자취를 감춘다. 북방사에 관해서는 전후 일본에서도 계속해 새로운 사료 발굴과 종래의 사료를 재검토하는 작업들이 이루어졌지만, 산탄교역의 역사적 평가에 변화가 나타난 것은 1980년대 이후이다. 결국 전전의 연구도 포함해 그때까지 산탄교역에 대한 인식은 규모도 작고 당시 일본의 경제·사회·문화에 거의 영향을 끼치지 못하고, 에도 막부의 쇄국정책을 위협할만할 것이 못되었다는 사고가 주류였다. 그러나 1980년대부터 '사회사연구' 등의 새로운 역사학의 흐름에 따르는 사고가 나타나면서 산탄교역을 비롯한 홋카이도·사할린·지시마 방면에서의 교역 활동을 나가사키(長崎)·류큐(琉球)·쓰시마(対馬)와 어깨를 나란히 하는 에도 시대의 중요한 대외교역이었다고 하는 사고가 강해졌다. 그와 같은 연구 활동을 보여주는 것으로서, 교역에서 물자의 흐름을 정량적으로 분석하는 연구 -가이호 미네오(海保嶺夫), 『北蝦夷地御引渡目録에 대하여 -1853년의 山丹交易-』, 교역의 인기 상품이었던 에조 비단(蝦夷錦)의 소재 조사(나카무라 가즈유키(中村和之), 「에조 비단의 잔존수와 그 연구조사 1」과 「同2」, 야지마 사토시(矢島睿)·지즈카 가오루(千塚薫), 「妻沼資料의 조사에 대해서」) 등이 있다.

그러나 산탄교역 연구에 종사한 많은 역사학자는 '국사' 혹은 '일본사', 나아가서는 그중의 '북방개척사'와 '러일관계사'의 틀에서 좀처럼 벗어나지 못했다. 오가와 운페이(小川運平)의 『만주 및 사할린』과 호라 토미오(洞富雄)의 『가라후토사[樺太史研究]』 혹은 『북방영토의 역사와 장래』 등은 전전의 연구지만 중국과 러시아의 관계에도 관심을 기울였는데, 그것들이 오히려 예외적이다. 일본의 '사학'에서는(동양사학이나 국사학에서) 사할린과 아무르강 유역의 역사 등은 어디까지나 '변경사'이고, 관심을 보인 연

구자가 적었으며 다량으로 남겨진 국내의 관련 사료 연구만으로도 힘에
겨웠다고 할 수 있다.

그와 같은 연구 상황에 대해서 1980년대부터 중국의 연구자가 산탄교
역으로의 접근을 꾀하기 시작했다. 심양의 요녕성 당안관(檔案館)에 소장
되어 있던, 일찍이 삼성부도통아문(三姓副都統衙門)의 당안(檔案), (관청의
파일류)의 정리가 진척되고, 그것을 사용했던 송화강과 아무르강 유역에
관한 역사 연구의 일환으로서, 청조의 사할린 통치와 그것에 동반되는 주
민과 일본의 교역이 연구 과제로 들어왔기 때문이다. 그리고 1984년에는
요녕성 당안관과 요녕 사회과학원 역사연구소, 심양 고궁박물관의 협력으
로 아무르, 사할린 통치관계의 문서가 현대 중국어로 번역 출판되어(『三姓
副都統衙門滿文檔案譯編』), 일본에서도 동양사학자 가운데 이를 이용해 중
국 측의 아무르, 사할린의 통치기구를 해명하려고 하는 시도가 나타났다.
그 대표적인 존재가 마츠우라 시게루(松浦茂)이고, 그 일련의 논고에 의해,
산탄교역이 왕성하던 무렵의 중국 측의 통치기구가 제법 상세하게 해명되
었다(참고문헌 참조).

그러나 역사학자의 연구에서는 아무래도 사료에서 중심적으로 그려진
인물(주인공)과 사료 작성자를 역사의 무대 중심에 놓게 되고, 그 시점에
서서 사물을 보거나 묘사하는 경향이 강하다. 게다가 종래의 산탄교역에
대한 기술에서는 산탄인과 아이누를 중심으로 얘기하는 사료가 있음에도
불구하고, 그들을 기술의 중심에 놓거나 그들의 시점에서 교역을 묘사하
는 일은 드물었다. 확실히 사료에 충실하면 사료를 작성한 자의 시점에 설
수밖에 없다. 사료 작성자와 시점을 바꾸면 거기에 저자의 예단이 상당히
들어가는 것도 사실이다. 그렇다고 해서 '산탄교역의 연구'로 제목을 단
연구가 일본인(和人) 관리를 주인공으로 한 것이나 일본인의 시점을 취해
야만 좋은 것인가. 산탄인의 자손이 아닌 연구자로서는, 진정 그들의 입장
에 설 순 없지만, 시점을 그에 가깝게 하는 것만으로 사료를 남긴 일본 측

과 중국 측 정책의 뒷면에서 보게 마련이다. 거기에는 명확해야만 할 진실의 일면이 숨겨져 있다.

더욱이 일본에서는 북방사라고 하면(국사에서 본) '북방개척사'와 '아이누사'에 지나치게 편중되어 있었다. 근년에는 아이누의 입장에 서서, 그들을 주인공으로 한 '아이누 민족의 역사'를 구축하는 시도가 증가하는 경향이 있고, 특히 아이누에 관해서는 역사학에서도 서술의 방법과 시점에 유연성을 보이기 시작한다. 교역에 관해서도 아이누의 사람들을 중심에 놓고, 그들의 문화 전체에서 교역의 가치 평가를 재검토하려는 시도가 적잖이 나타났다. 그러나 아이누의 입장만을 중시하는 것으로는 일본의 북방사 연구로서도 충분하지 않다. '산탄교역'에서는 그 주역이 아이누보다 오히려 니브흐(Nivkhs, 길랴크-Gilyak), 윌타(Yilta, 오롯코-Orokko), 울치(Ulci, 올챠-Olcha), 나나이(Nanai, 골도/골디-Gol'dy) 혹은 허저(Heje, 赫哲) 등 사할린과 대륙의 주민이다. 유감스럽지만 이러한 사람들을 주인공으로 삼는 연구는 아직까지 보이지 않는다. 그것은 특별히 일본 역사학만의 문제는 아니고, 아무르와 사할린의 주변 제국(諸國)인 중국과 러시아도 상황은 마찬가지다.

본서에서는 '산탄교역'을 일본사 혹은 중국의 '변경사'의 하나로서 외래의 조사자 시점에서 쓰는 것이 아니고, 교역에 종사했던 '산탄인'들 자신, 즉 당시 아무르강 하류역에 살았던 사람들을 역사 무대의 주인공으로 삼고 쓴다. 따라서 본서에서는 그들이 이 교역 활동에 어떻게 참가하고, 어떻게 이용하고, 그 결과 그들이 교역을 사회와 문화 속에서 어떻게 자리매김했는가 하는 점에 주목할 것이다. 다만 필자 자신이 아무르, 사할린의 제 민족의 입장에서 보면 외래 연구자이기에 완전히 그들의 시점에 서진 못한다. 그렇기 때문에 교역에 얽힌 다양한 역사적 사건과 에피소드를 다룰 때 그들의 곁이라면 혹은 그들의 입장이라면 어떻게 보일지 유의하면서 써보고자 한다.

아무르와 사할린의 주민이 기록에 남겨진 다양한 사건을 어떻게 보았을까. 그것을 알려면 그들이 남겨 놓은 기록이 가장 좋다는 건 말할 것도 없다. 그러나 유감스럽게도 그러한 것은 전혀 없다. 그들의 언어에는 문자가 없었기 때문이다. 다만 단서가 되는 사료는 적지만 존재한다. 그것은 당시 일본에서 파견했던 조사자가 듣고 기록해 남긴 것들이다. 예를 들면 나카무라 고이치로(中村小市郎)는 소야(宗谷) 출신의 아이누인 카리야신와와 타이카산 마을(아무르강 최하류의 연안에 있었음) 출신의 스메렌쿨(현재의 니브흐)인 칸텟카를 정보 제공자로 청취 조사를 진행해 『당태잡기(唐太雜記)』(1801)라는 소책자를 남겼다. 그것은 통역을 넣은 일본어 기록이라고는 해도 그들이 말한 것이 스트레이트로 표현되어 있다. 마찬가지로 모가미 도쿠나이(最上德內), 마쓰다 덴주로(松田傳十郎), 마미야 린조(間宮林蔵)가 남긴 기록에도 보인다. 또한 오랜 구두전승(口頭伝承) 형태로 사람들 사이에 계승되어 민속학자들에 의해 채록된 역사 전승도 그들의 교역에 대한 생각과 태도를 이해하는 데 귀중한 자료이다.

그와 같은 자료들로부터 '산탄인'들의 눈으로 본 교역 활동의 양상(様子), 청조와 일본의 대응 등을 복원하지만, 그것과 함께 역시 일본, 중국(청조), 러시아에서 본 교역의 양상도 감안한다. 그것은 단지 국가의 공식기록(正史類, 會典類, 檔案類 등)을 통해 선주민들의 말을 뒷받침하는 것만은 아니다. 거기에서 대국의 이해에 놀아나면서도 강하게 살아가는 교역민들의 자세가 보이기 때문이기도 하다. 또한 일반적으로 국가의 입장에서는 사소하고 체제에 별다른 영향이 없었다고 간주되는 교역 활동이 실은 중국, 일본, 러시아의 사회·경제에 무시할 수 없었음을 보여주고 있다. 결국 주민 자신의 시점과 주변국가로부터의 시점이 쌍방에서 복안적(複眼的)으로 '산탄교역'의 실상에 다가서는 것이다. 그것에 의해 현재 빈곤에 허덕이며 민족 존망의 위기에 처해 있는 아무르강 유역과 사할린의 선주민족과 연관된 문제의 근원도 명확히 해보기로 한다.

제1장

산탄인과 산탄교역

울치인이 사용하는 요람
1998년 러시아 하바롭스크에서 저자 촬영

1. 북방의 낭만에 사로잡힌 '산탄'

일본에서는 에도 시대 중기에 해당하는 18세기 후반, 사할린에 파견된 마쓰마에번(松前藩)과 막부의 조사관들은 대륙 측에서 교역을 위해 온 한 무리의 사람들과 조우했다. 만주풍의 장속(裝束)으로 몸을 두른 그들은 그 고장의 아이누로부터 '산다' 혹은 '산다운쿠르'라 불렸고 일본의 조사관들은 그것을 '산탄인'이라고 불렀다. 그들은 당시 일본에서 해협을 건널 때 사용했던 '즈아이선(図合船)³과 같은 크기의 배, 한 척에 7, 8인 정도가 타고, 비단과 면화의 생지(生地), 독수리(鵟)와 매(鷹)의 미우(尾羽), 파란 유리옥(靑玉)을 지참하고 가서, 아이누들 사이에서 검은담비와 수달, 여우 등의 모피와 거래하고 있었다. 또한 그들은 해협을 넘어 홋카이도 북단 소야에 있던 교역용 거래소(會所)로 불리는 시설까지 발길을 뻗어, 마쓰마에번(松前藩)의 관리와 고용 상인들과 거래를 하는 일도 있었다. 그들에 의한 거래를 어느새 '산탄교역'이라 부르게 되었다.

'산탄'이라는 말은 에도 시대 당시의 일본인에게는 '에조(蝦夷)', '사할린(樺太, 당시의 표기로는 '唐太' 혹은 '가라후토'라고 하였다) 이상으로 이국 정서가 넘치는 말이었다. 그것을 사용해 '산탄복(山丹服)'⁴, '산탄옷감(山丹切れ)'⁵ 등과 같은 말이 생겨나 북방과 대륙의 낭만을 전했다. 짓토쿠(十德)는 하오리(羽織) 가사(袈裟)로서, 산탄 옷감은 칼집(刀袋) 혹은 받침 깔개(打敷) 등으로서 무가(武家)와 사원에서 애용되었고, 에조 비단(蝦夷錦)으로 만든

---

3 에도 후기에서 메이지 시대에 걸쳐 에사시(江差)·마쓰마에(松前)·노헤지(野辺地) 등지에서 사용된 쌀 백석 이하를 실을 수 있는 작은 해선(海船).-역주

4 통소매로 앞판(前身頃)이 넓은 만주, 몽고 방면의 일반적인 스타일의 긴 옷(長衣), '나들이옷(짓토쿠-十德)'으로도 불렸다.

5 이름으로는 '산탄 옷감'보다 샤몬오리(斜文織) 지역과 슈스(繻子) 지역에서 금실, 은실과 색실로 구름과 용의 글을 짜낸 비단인 '에조 비단(蝦夷錦)'쪽이 더 알려져 있고, 지갑, 휴대용 주머니 등이 만들어졌다.

주머니는 청옥(에도에서는 '아이누옥'이라 불렸다) 등과 함께 무르익어가
던 죠닌(町人)들의 '스이(粋)문화'[6]에 아주 적절한 소도구가 되었다.

'산탄'은 가타가나로 쓰여지면서 종종 한자로 '山丹', '山靼', '山旦'으로
표기된다. '산탄교역'이라는 말을 근세의 아무르·사할린 경유 교역을 가
리키는 학술 용어로 처음 사용한 것은 스에마츠 야스카즈(末松保和)라고
알려져 있지만(가이호 미네오(海保嶺夫), 『北蝦夷地御引渡目錄에 대하여
-1853년의 山丹交易』-), '산탄'과 '산탄교역'은 그 이전부터 사용되었다. 앞
서 언급했듯이 '산탄'의 어원은 아이누어인 '산다운쿠르'(산탄인이라는 의
미)에 있다. 그들의 영웅서사시인 유카르(Yukar, 아이누족 사이에 구전되
어 내려오는 장편 서사시)에 등장하는 부분을 보면, 그 성립기까지는 아이
누 사이에서 알려져 있었던 것이다. 그러나 그 유카라의 성립 시기에 대해
서는 설들이 분분한데, 산탄이라는 말이 아이누어로 들어온 시기를 한정
하는 결정적인 증거는 없다.

일본의 사료에서 본격적으로 등장하기 시작하는 시기도 분명하지 않다.
일본의 북방(중세까지의 방위관으로는 동방)에 위치하는 '에조치(蝦夷地)'
가 중국과 한국의 북방 지역과 연결되어 있음은 이미 중세에는 알려져 있
었다. 그러나 그것은 보통 '달단(韃靼)' 혹은 '달지(韃地)'로 불려, 근세 초
기까지의 사료에는 '산탄'이라는 말이 좀처럼 등장하지 않는다. 유명한 마
미야 린조(間宮林藏)의 『동달지방기행(東韃地方紀行)』의 '동달'이라는 것도,
달단 동부라는 의미로, 이 종류의 명칭을 계승한 것이다. 1630년대에는 마
쓰마에번에 의한 사할린 탐검(探檢)이 시작되었음을 감안하면, 17세기에
는 일본인(和人)에게도 '산탄'이 전해졌을 가능성이 있지만, 사료상으로는
18세기 초기의 에조치와 관련한 저작인 사카구라 겐지로(坂倉源次郎)의
『북해수필(北海隨筆)』(1739) 등이 오래되었다.

......

6 에도시대 초닌 사이에서 유행한 미의식의 하나. 스이(粋)란 특정 물품에 정통
   한 사람을 가리키는데 쓰였다.

당초 주민명인지 지명인지조차 막연했던 '산탄'이라는 말도, 18세기 후반부터 시작된 막부의 사할린 조사가 진전됨에 따라 점차 주민명임이 판명된다. 그렇지만 직접 그 거주지에 갔던 사람은 없었고, 사할린의 아이누와 사할린으로 건너온 산탄인들로부터 전해들은 정보밖에 없었기 때문에, 그들이 어디에 살고 어떠한 문화를 가진 사람들인지에 대해서는 좀처럼 알 수 없었다. 예를 들면 『에조습유(蝦夷拾遺)』(1786)를 집필한 사토 겐로쿠로(佐藤玄六郎)는 "산탄(山丹)은 조선과 달단(韃靼) 사이에 위치한다. 지금 생각해 보면 고려에 이단(夷丹)이 있었고 그 땅을 열었기 때문에 이단이 물러나 산에 숨었다. (중략) 이처럼 이단 같은 자가 산에 숨어 살았고, 그래서 산탄이 된 것이다"(「別卷赤人並山丹之說」)라고 언급하고, 취음자에서 유추한 것으로 보이는 잘못된 어원론을 전개하고 있다. 또한 곤도 모리시게(近藤重藏)도 『변요분해도고(辺要分解図考)』(1804)에서 산탄의 거주지에 대해 "그 부락은 가라후토(樺太) 안쪽 망고의 대하 해구에서, 산탄 기치 이치요봇토 근처까지 있다"(3권)라고 서술하는 데 그친다. 이 기술에서는 사할린의 대안(對岸)인 아무르강 유역에 거주하던 사람들임은 알지만, 키지 호수 주변의 야지 가샨과 이치요봇토(송화강 우안에 있었던 三姓城, 현재의 依蘭市) 사이는 천 수백 km가 떨어져 있고, 아무르 강의 하구에서 키지 호수와 삼성까지라고 해도 거주지를 한정할 수는 없다.

2. 획기적이었던 린조의 지적

19세기로 들어서는 무렵은 모가미 도쿠나이(最上德內)와 나카무라 고이치로(中村小市郎)·다카하시 지다유(高橋次太夫)에 의해 사할린 조사도 제법 진전했지만 아직 조사대의 족적은 사할린의 중앙부까지밖에 도달해 있지 않았다. 그리고 당 조사관들도 사할린이 반도인지 섬인지 조차도 판단

할 수 없는 상황이었다. 곤도 모리시게(近藤重藏)는 나카무라(中村)·다카하시(高橋)의 정보에 기초해 사할린 반도설을 취했다. 이것만으로는 안쪽에서 오는 산탄인에 대해 정확한 정보를 알 수가 없다. 그들에 대한 정확한 정보는 마미야 린조의 아무르 조사를 기다려야만 했다.

린조는 사할린과 대륙 사이의 이른바 '마미야해협(間宮海峽)'의 발견자가 되어, 일본에서는 일반적으로 높게 평가되고 있다. 하지만 사할린 조사에 관해서는 그와 함께 조사했던 마쓰다 덴주로(松田伝十郎)가 더 큰 업적을 남기고 있다. 사할린과 대륙 사이의 해협을 확인한 최초의 일본인은 덴주로이고 린조가 아무르 탐검 때 동행해주었던 유니라는 이름의 스메렌쿨(니브흐)과 최초로 라포르(Rapport, 신뢰관계)를 구축한 것도 그였다. 린조의 '해협 발견'은 실은 덴주로가 안내한 것으로, 린조는 선수를 빼앗긴 억울함에 덴주로가 그 이상은 위험하다고 여겨 발을 딛지 않았던 사주(砂洲)에 나아가려고 함으로써 거꾸로 덴주로의 빈축을 샀다.

그럼에도 불구하고 1809년과 1810년에 행해졌던 그의 아무르 탐검은 일본인의 '지리적 발견'에서 큰 의미가 있을 뿐만 아니라, 오늘날 민족학에서도 큰 의미가 있다. 그것은 유럽 문명의 영향을 거의 받지 않은(중국 문명의 영향이 컸기 때문에 어떠한 문명의 영향도 받지 않았다고는 할 수 없다) 주민의 모습을 적확하게 전하고 있을 뿐만 아니라, 오늘날에도 중요한 문제인 '민족'의 구분에 대한 중요한 정보를 남기고 있기 때문이다.

그의 산탄에 관한 기술을 인용해 보자.

산탄이란, 동달(東韃) 지방에서 우리 가라후토(樺太) 섬으로 오는 사람을 지칭하여 일본인들은 예로부터 대개 산탄인이라고 불렀고, 그 지방을 산탄의 땅이라고 하였다. 山旦, 山丹, 山靼 등의 한자를 써 왔지만, 마미야 린조(間宮林藏)가 이 지방을 돌아다니며 넓리 온갖 미개한 인민을 보았더니 그 습속은 각각 다르고 한 종류는 아니었다. 스메렌쿨이라고 부르는 사람도 있고, 장타라고 부르는 사람도 있고, 코르뎃케(Colletske)라고 부르는 사람도 있다. 그 속명은 토지의 경계에 있으며 부락을 나누고 있다. 산탄은, 즉 장타의 사투리 소리며, 그것이 하나일 때는 습속의 이름이며 지방명으로 하지 않는다. 산탄족은 스스로를 일컬어 망고라고 하고, 달지(韃地)의 모든 사람들은 이들 인종을 가리켜 장타라고 부른다. 산탄은 장타 소리가 사투리로 된 것이며 우리 가라후토섬 사람들이 쓰는 말이라고 한다(『동달지방기행(東韃地方紀行)』부록).

이 지적은 종래 막연했던 '산탄'이라는 말을 명확히 정의하고 더욱이 그 어원까지 바르게 지적하고 있어 당시로서는 획기적인 것이었다.

오늘날 산탄이란 현재의 울치(올챠, Olcha)라는 민족이라고 한다. 그때 린조가 밝혀낸 거주 범위를 근거로 하는 자가 많지만,[7] 실은 그가 채록한 '망고'라는 자칭(自稱) 쪽이 좀 더 중요하다. 이 호칭은 분명히 후에 러시아인에게 채용된 '망군(Mangun)'과 같다. 이 호칭의 정확한 형태는 '망구니(Maŋgniu)'이고, '망구(Maŋgu)'란 그들의 언어로 아무르강을 의미하고, '니(-ni)'는 '~인'을 의미하는 접속사이다. 직역하면 '아무르인'이라는 의미가 된다. 그들에게는 또한 특별히 '나니(nani)'라는 자칭도 있지만, 이쪽은 '나(na)'가 토지·장소를 의미하기 때문에, '그 토지의 사람'이라는 의미가 된다. 이미 19세기 후반에는 분명해지는 것이지만, 아무르강을 '망구'라고 하는 것은 오늘날의 울치와 그들의 옆에 있었던 나나이의 아무르 하류 방언을 사용하는 사람들이고, 나나이 외의 방언을 사용하는 사람들은 '망보(Maŋbo)'로 부르고, 니브흐(Nivkhs)는 '라(la)'로 부른다. 결국 스스로 '망고'(정확히는 망구니)로 부를 가능성이 있는 것은 오늘날의 울치와 그 바로 상류에 있었던 나나이 하류의 방언을 사용하는 사람들일 뿐이다. 따

7 린조는 『동달지방기행(東韃地方紀行)』의 다른 글에서 상류에는 우루게에서 코르뎃케의 마을이 시작되고, 하류에는 포르(Por)에서 스메렌쿨의 마을이 된다고 언급해 그 사이가 산탄 거주지임을 시사하고 있다.

지명은 마미야 린조「東韃地方舟行里程記」에 의거
( ) 안에는 러시아 측의 지명
[ ] 안은 현재 지명

[그림 1] 아무르강 연안의 산탄인 거주지

라서 산탄인은 린조가 채록한 자칭으로부터 대체로 오늘날 울치의 선조에 해당한다고 할 수 있다.

다만, 예전처럼 "산탄인이란 울치족이다" 등과 같이 말하는 것은 옳지 않다. '울치'(또는 올챠, Olcha)란 구소련이 정책적으로 결정한 '민족'의 구분이고, 린조가 말하는 산탄은 그 고장 원주민끼리의 집단적 귀속의식에 기초한 주민 구분 상에서 린조가 일본에서 통용하고 있는 명칭을 붙인 것이다. 일찍이 일본인에게 '산탄'이라고 불렸던 사람들의 모든 자손이 소련 시대에 '울치'와 구분되었던 것은 아니다. 따라서 어디까지나 오늘날의 울치와 연결되는 사람들, 혹은 그 대다수의 선조라고 할 수 있다.

린조는 '산탄'이라는 말의 어원도 언급하고 있다. 그에 따르면 '쟝타(ジャンタ)'라는 것이 본래의 형태이고, 산탄이란 사할린과 아이누의 사투리라고 한다. 그러나 아무르강 하류 지역 사람들이 그들을 '쟝타'라고 부르던 것을 후의 민족지에서 확인하는 것은 불가능하다. 린조의 조사로부터 40년을 경과한 1850년대에 아무르를 조사한 L.시렌크(Leopold von Shrenk, 1826~1894, 러시아의 민속학자, 박물학자, 상트 페테르부르크의 '인류학민속학박물관' 관장 역임)는 아무르강 최하류에 있는 길랴크(오늘날의 니브흐)가 그 상류에 사는 사람들을 가까운 쪽부터 '오론구슈(Orongsh)', '얀트(Yant)', '촐독(Choldok)'으로 불렀다고 보고하였다(시렌크, 『아무르 지방의 이민족들』제1권). 그러나 유감스럽게 그는 '쟝타'와 가까운 호칭을 채록하고 있지 않다. 그에 따르면 '얀트'라는 것이 '쟝타'에 해당하는 것이 아닌가 하는데, 더욱이 후의 민속학자에게는 '얀트'조차 확인되지 않아 이제는 '산탄'의 궁극적 어원을 찾는 것은 불가능하다.

3. 대하의 은혜가 넘치는 산탄인의 고향

앞서 언급했듯이 린조는 우루게에서 상류로 코르넷케가 있고 포르(Por)보다 하류에 스메렌쿨이 있는데, 산탄인의 거주지는 이 양쪽 촌락 사이의 아무르강 연안 마을들이라고 할 수 있다(그림 1 참조). 이와 같은 거주 범위는 그 후 약간의 변동은 있었지만 근본적으로 변하지 않았다. 예를 들면 1856년의 「산탄인 문서(聞書)의 건」(『대일본고문서(大日本古文書)』「막말외국관계문서 15(幕末外國關係文書之 15)」수록)에 의하면, 산탄인의 거

주지는 하류까지 약간 퍼져 있긴 했지만,[8] 상류 방면에서는 '오레(オレ)' (린조가 말하는 우루게부터 콘뎃케(코르뎃케)의 마을이 시작된다고 한다) 같은 1850년대에 조사한 시렌크의 경우에는, 울치(올챠, Olcha)의 거주지를 아지(アジ)에서 뎬챠(テンチャ)까지로 린조보다 약간 넓게 잡고 있는데 대체로 중첩된다. '민족'의 거주 범위에는 혼주(混住)라는 현상이 제법 보이기 때문에 엄밀한 경계를 긋는 것은 의미가 없다. 또한 시렌크가 말하는 울치와 일본 측 사료의 산탄이 반드시 같은 범위의 사람을 가리키는 것은 아니다. 따라서 19세기 초기부터 후반까지 주민의 거주지에는 큰 변동은 없었다고 해도 무방하다.

이 지역의 지형을 개략적으로 언급해보면, 린조의 시대에 '만주가부(滿洲假府)'가 설치되어 있었다는 데렌과 코르뎃케의 거주지가 시작되는 우루게 부근은 양안으로 산이 밀려들어 비교적 강폭이 좁지만, 아무르를 따라 내려가 키지 호수에 가까워지면 서서히 강폭이 넓어지고, 몇 갈래의 물갈래(水流)가 만들어지면서 키지 호수, 카디(Kadi) 호수, 우딜 호수(Udyl湖) 등의 호수가 점재(點在)하듯 한다. 그러나 산탄 거주 지역을 지나면 재차 산이 밀려들어 물갈래가 합쳐져 한줄기가 된다. 결국 산탄의 거주지는 비교적 열린 분지 상태의 토지였다고 말할 수 있다. 그곳은 평탄한 토지가 펼쳐졌다고는 해도 갈라져 나온 아무르의 물갈래가 복잡하게 뒤얽혀 혼지대(混地帶)를 형성하고 있어, 넓은 경지를 확보하는 것은 어려울지 모른다. 그러나 어류는 풍부해서 강의 은혜가 넘쳐나고 있었다.

기후는 위도상 사할린 북부와 동일하지만(북위 52도 전후), 나카무라 고이치로(中村小市郎)는 "산탄은 당태(唐太)보다 따뜻하다"라고 기술되고 있다. 그것은 산탄들이 말한 기후에 대한 인상이라고 생각되지만, 산탄의 거주지 쪽이 대륙적 경향이 강하고, 여름은 사할린 이상으로 고온으로 올

---

8 포르가 산탄의 마을이라고 적혀서 스메렌쿨은 '호레이레'(시렌크가 말하는 히야레)라는 마을보다 하류에 있었다고 보고되어 있다.

라감을 시사하는지도 모른다. 그러나 한겨울에는 영하 30도까지 내려간다. 그리고 지형과 기후의 문제로 인해 농업은 어렵다. 시렌크와 R.K.마크(시렌크와 같은 때 아무르를 조사한 박물학자)의 보고에 의하면, 데렌보다 더욱 상류의 고린(Gorin)강 하구(河口, 정확히 하바롭스크 아무르강 어귀까지의 중간지대에 해당함) 주변에 기후·식생의 경계가 있었던 것 같다. 그리고 그곳보다 상류에서는 농경과 돼지 사육도 이루어지고 있었는데 역시 하류에서는 할 수 없었던 것 같다. 나카무라 고이치로도 "산탄의 땅은 도저히 작물을 재배할 수 없어, 경작을 하려고 해도, 그러한 종자가 없다. 그렇다고는 하나 토질은 좋았다"라고 언급해, 토질은 비옥했지만 작부할 작물이 없음을 지적하고 있다. 당시는 아직 한랭에 견딜 수 있는 품종의 곡류(穀類)가 없었고 감자도 도입되지 않았다.

　이 산탄인의 거주 지역은 그 자손이 포함된 거주지로서 1920년대까지 유지된다. 그러나 1930년대부터 소련 정부의 집단화 정책에 의해 선주민족의 집주화(集住化) 현상이 나타나 오랜된 옛 마을은 점차 폐촌이 되어버렸다. 현재 울치 사람들은 불라바(Bulava), 보고로드스코예(Bogorodskoe), 우흐타(Ukhta, 보고로드스코예 대안의 마을), 두디(Dudi) 등 특정 마을에 집중해 살고 있다. 또한 소피스크(Sofiisk, 옛 쟈이, 린조가 말하는 챠에), 마린스코예(Mariinskoye, 옛 키지) 등의 근린 시가지(町)와 하바롭스크 등의 도시에 사는 자도 있다. 일찍이 산탄인의 거주 지역에서는 특히 키지 호수보다 상류에서 울치 사람들이 거의 없어지고 러시아인의 이민촌이 웅기중기 남아 있다. 그리고 지명도 러시아풍으로 변경되어, 현재에는 린조가 방문한 만주 가부(仮府) 데렌이 여기에 있었는지 조차 알 수 없게 되었다.

4. 산탄인의 민속

산탄은 아무르 하류의 오늘날 울치의 선조일 것이라는 것은 알았지만, 그 생활 양상은 어떠했던 걸까. 린조는 자신이 정의한 산탄이란 사람들을 다음과 같이 기술한다.

（키지 마을에서）

하나. 주민의 용모는 가라후토섬 안의 스메렌쿨인과 다를 바 없다. 그러나 그 언어는 너무 달라 말을 못하는 사람이 많다. 그 기계 또한 모조리 만주(滿洲)의 것으로, 도자기 등은 많고 의복 또한 대개 무명옷을 입고 있다. 그래서 여성들은 어딘지 모르게 품위 있고 아름다운 사람이 많다.

하나. 이곳은 20여 호수(戶数)가 거주하고 할라타(Hala da) 1명, 가신다(Gašan da) 2명, 만주 통역을 할 수 있는 자가 2명 있어 사람들의 능력이 뛰어난 곳이다. 집의 건축법은 스메렌쿨인과 다를 것이 없다(『동달지방기행』 권위).

하나. 이번에는 주이(主夷) 지오(チキー)도 집에 있어 크게 기뻐하며, 색다른 놋쇠 항아리를 내놓고, 상호차(上好茶)(원주: 아마도 당산(唐山)에서 오는 것) 등을 달여 주고, 둘째 딸에게 명하여 밥을 짓고, 술안주를 올리며(원주: 요리는 가라후토에 사는 스메렌쿨인들이 만드는 것과 다를 바 없다), 밤이 이슥하도록 많이 대접해주었으므로, 마미야 린조가 이렇게 몸을 깨끗이 하는 의미를 갖는 도끼, 줄, 입고 있던 내의를 벗어주고, 그 후의에 감사했더니 주인은 크게 기뻐했다고 한다(같은 책, 하권).

（키지 마을에서 다시 아래로 내려와 아우리 마을 부근에서）

이날이 지나고 슈슈라고 이름 붙인 곳이 있다. 인가가 조금 있어 여기서 처음으로 연어를 먹었다. 에조(蝦夷) 섬에 비해 어업은 조금 빠르다고 본다. 그 어업은 그림과 같이 하류에 표(標)를 세우고, 물밑에 그물을 쳐서 연어가 상류로 오는 부근에 이르러 나아갈 수 없음을 알고 하류로 내려갈 때 그물 속에 들어가기를 기다렸다가 그물을 올려 이것을 잡는다(같은 책, 하권).

그의 이 서술은 간결한데, 산탄인의 생활에 대한 요점은 잘 파악하고 있다. 이보다 상세하게 산탄의 습속을 기록하고 있는 나카무라 고이치로의 『당태잡기(唐太雜記)』의 기술에서 보강하고, 또 19세기 말기 이후의 민족지와 대비하면 다음과 같은 산탄인상이 떠오른다.

첫 번째 특징으로서 산탄과 스메렌쿨 사이에 용모 차이는 없지만 언어가 전혀 다르다고 하는 것을 들 수 있다. 린조는 1808년 조사 이래 스메렌쿨과는 제법 빈번하게 접촉하고, 게다가 이듬해 대륙행도 스메렌쿨 일행과 동행하기도 해서 그들의 언어와 산탄의 언어가 다르다는 것 정도는 간단하게 간파했을 것으로 보인다. 근대의 언어학에서는 산탄의 언어는 퉁구스어의 일종(현재의 울치어에 가깝다)인 데 비해, 스메렌쿨은 후술하듯이 니브흐어(옛 아시아 제어(諸語)의 일종으로 되어 있지만, 실은 비슷한 언어가 없는 고립어이다)를 사용하고 있었다고 생각된다는 점에서 양자는 전혀 통하지 않았을 것이다.

그러나 린조도 지적하듯이 양자에게는 용모에 공통점이 많았다. 구체적으로는 양자 모두 얼굴은 몽골로이드(Mongoloid)이기 때문에, 기본적으

[그림 2] 스메렌쿨 남성(출전: 「男夷」, 『北夷分界餘話』 권8)
일본국립공문서관 소장본

[그림 3] 19세기 니브흐
시렌크, 『아무르 지방의 이민족들』 제2권

로 일본인과 매우 닮아 있다. 세밀한 것까지 들어가면 약간의 차이는 보이지만 일본에도 있을 법한 사람의 얼굴이 적지 않다(1장 도입부의 사진 참조). 현재의 주민은 지금의 일본인과 마찬가지로 머리모양(髮形)을 하고 있는데, 마미야 린조가 조사한 당시는 아마도 남녀 모두 길게 기르고, 한 줄 내지 여러 줄로 댕기를 땋고 있었을 것이다. 아무르의 비교적 상류에 있었던 코르뎃케(나나이의 선조)는 만주처럼 변발의 주위를 깎고 있었지만, 산탄과 스메렌쿨은 밀지 않았다(그림 2, 3참조).

두 번째 특징은 그들이 사용하는 도구류, 의류의 재료, 식료인데 중국의 동북 지방에서 가져온 외래품이 많이 사용되었다. 그것은 당시 산탄인들의 교역이 얼마나 왕성하고, 그 생활에 얼마나 큰 의미인지를 보여주고 있다. 이 같은 내용은 나카무라 고이치로도 지적하고 있고, 『당태잡기』에서도 "산탄 일상의 음식물, 만주에서 온 곡물을 조리해 먹는다"라든가, "산탄의 착의(着衣), 그 고장의 직물은 전혀 없어 만주에서 온 면직류를 산탄 여성들이 바느질해 입는다" 등으로 기술하고 있다. 또한 시라누시에 내항(來航)해서 고이치로(小市郎)가 직접 만났던 산탄인들도 감색천(紺地)과 흰색천(白地)의 목면 의복을 입고 있었다. 아무르에서는 '유피타즈(魚皮韃子)'라는 호칭이 생겨나는 등 어피 옷이 너무도 유명해져 버렸기 때문에 어피가 아무르의 전통적인 의류 소재의 전형으로 여겨지기 일쑤였다. 또한 겨울은 영하 30도로 기온이 내려가기 때문에 모피복도 필수품이다. 확실히 어피도 모피도 오래 전부터 사용되었던 소재이긴 하지만 산탄교역이 이루어졌던 18세기 이후에는, 목면 쪽이 양적으로 훨씬 많이 사용되었다. 제6장에서 다루겠지만, 18세기 이후 모피 공납(貢納)에 대한 은상(恩賞)으로서 매년 방대한 양의 목면 옷감(木棉生地)이 하사(下賜)되어 만주로부터 아무르, 사할린 방면으로 유입되었다.

덧붙여서 산탄을 포함한 아무르, 사할린 선주민의 의장(衣裝)에는 공통의 특징이 보인다. 특히 상의에서 현저한데 그것은 남성용, 여성용 모두 무룷 정도의 길이이고, 통소매와 좌측 앞판(左前身頃)이 크게 앞면을 덮고, 오른쪽 옆구리(右脇腹) 쪽을 단추로 잠그는 형태의 의장이다. 이 형태의 상의는 몽골에서 만주까지 널리 분포해 있는데 아마도 아무르, 사할린 주민은 몽골이나 만주 주변에서 도래한 것으로 보인다. 소재는 다양한데 청조부터 모피 공납의 은상으로 하사된 단자(緞子) 관복부터 목면의 평상복(普段着)과 어피 옷까지 이 형식이다.

앞서 언급했듯이 산탄인의 토지에서는 농업을 할 수 없었다. 경작지가 될 만한 토지도 적고 기후도 엄혹해 한랭지에 적합한 작물도 도입되지 않았기 때문이다. 따라서 그들이 자급할 수 있었던 식료는 아무르에서 잡은 어류, 숲에서 잡은 동물의 고기, 채집된 베리(berry)류와 나무의 열매, 근채(根菜) 등 약간의 식물성 식료였다. 그것들도 풍부하였기에 일단 생활은 충분히 가능했을 것이다. 실제로 교역 활동이 쇠퇴한 19세기 말 이후에는 어로, 수렵, 채집만으로 식료를 얻고 있었다. 그러나 린조와 고이치로가 지적하기로는 산탄인들은 평소부터 곡물(아마도 속죽(粟粥))을 먹고 있었다고 한다. 그것은 1회의 식사로 나오는 양은 그렇다 치고, 매일 먹을 수 있을 만큼의 곡류를 중국 방면에서 가져오고 있었다는 것이 된다.

역시 제6장에서 자세히 언급하겠지만, 식용인 곡류(쌀, 조, 소맥분 등)와 술 등도 청조로 조공할 때 여비나 체재비로서 정부로부터 하사받았던 것 같다. 또한 함께 진행된 교역에도 식료품이 거래되었다. 당시 조공과 교역 여행이 얼마나 중요한 것이었던가를 생각하면, 모두가 대단히 귀중한 것이겠지만, 실제로는 현재 우리들의 상상 이상으로 대량으로 유입되었는지도 모른다. 다만, 린조가 키지에 두 번째 묵을 때 주인인 지오로부터 차(茶)를 대접받고 쌀밥과 술을 향응 받았는데, 이또한 귀중품이고 이전부터 잘 아는(舊知) 진객이기에 가능한 대접이었을 것이다. 고이치로(小市郎)도 쌀에 대해서는 "산탄에는 쌀이 없다. 좁쌀 종류뿐. 하지만 쌀은 만주에서 조각배로 싣고 와서 조금 사용하고 산탄국으로 돌아간다(『당태잡기』)"라고 서술하고 있다.

식료에서도 소금에 대해 린조는 기묘한 서술을 남긴다. 예를 들면 어떤 한 구절에는 "산탄에는 소금은 식료장(喰料丈)으로 만들 수 있다. 만주에서 는 소금을 만들지 못한다"(같은 책)라고 하여, 만주에서조차 소금을 바깥에서 수입하였는데 산탄인의 거주지에서는 소금을 만들었음을 시사하고 있다. 그리고 또 다른 곳에 다음과 같이 확실히 소금 만들기를 지적하고 있다.

> 하나. 산탄 소금은 모찌뿌(モチブ)에서 굽는다. 거의 세척(3尺) 정도의 솥이다. 만치우에서는 만주(満州)보다 동남쪽 해변에서 온 소금을 사용한다(『唐太雜記』).

소금 굽기와 관련해서는 이 외에는 어떠한 사료, 민속지에도 보이지 않는다. 모찌뿌란 마미야해협과 면한 대륙 측의 해안 지명으로 사할린에서 오는 배가 최초로 대륙에 접하는 지점이다(『동달지방기행(東韃地方紀行)』의 「무시보」). 그곳에는 사람이 없었다고 생각되지만, 산탄교역의 경로상 요충이었다. 거기에서 소금을 굽는다는 것은 후세의 민족지에도 확인할 수 없기 때문에 구체적으로 알 수 없지만, 솥의 크기까지 제시한 점을 보면 반드시 잘못된 정보인 것 같지는 않다. 이것은 어디까지나 상상에 불과하지만, 일찍이 나나이와 울치에서는 다시마(昆布)와 생선으로 만든 스프를 최고로 맛좋은 요리로 먹어왔다고 알려진다. 그 다시마는 마미야해협에 면한 해안 일대에서 채취하는 것 같은데, 그것이 소금 굽기와 관계가 있을 지도 모른다. 결국 해수를 머금은 다시마 등의 해조(海藻)를 말려서 염분을 응축시키고, 그것을 구워 소금을 얻는, 이른바 조염(藻塩)을 굽고 있었던 것은 아닐까.

후세의 민족지에서는 보통 시베리아 수렵민은 러시아인과 접촉하기까지 소금을 몰랐던 것처럼 기술되는 일이 많지만, 아무르와 사할린 주민의

[그림 4] 「山靼夷遣漁舟」
『동달지방기행』하권, 일본국립공문서관 소장

경우는 분명히 소금을 알고 있었을 뿐만 아니라 실제로 요리에 사용하였
다. 단지 사용량은 적었고 귀중품이었다. 게다가 북방 사람들은 소금 맛이
옅은 것을 좋아하는 경향이 있어 그렇게 많이 필요하진 않았다. 그들은 생
선 따위를 소금에 절여 보존한다는 것을 알지 못했다고 하지만, 그것은 손
에 넣을 수 있는 양의 문제와 함께 맛의 기호도 관계되어 있었을 것이다.
러시아인이 도입시킨 연어와 송어 염장(塩漬)은 그들에게 현금 수입을 가
져다주었지만, 그 강렬한 짠맛은 그들의 섬세한(delicate) 혀에는 분명 맞
지 않았을 것이라 생각된다.

　앞서 인용한 『동달지방기행』에서 "그 기계(器械)도 모두 만주 물건으로
서 도기 등이 많다"라는 한 구절이 포함되어 있는데, 그 점에 대해서는 후
세에 남겨진 아무르 제(諸) 민족의 유품이 단적으로 보여준다. 예를 들면,
러시아의 상트페테르부르크(옛 레닌그라드)의 〈인류학민속학박물관〉의

[그림 5] 「網猟」
『동달지방기행』 하권, 일본국립공문서관 소장

수장고에 잠들어 있는 방대한 양의 아무르, 사할린 관련 민족 자료(그 대부분이 19세기 말기부터 1920년에 걸쳐서 수집된 것들임)에는 수렵·어로 용구 및 의례 용구와 함께 대량의 도기, 칠기, 금속품(놋쇠 술잔(酒器)과 담뱃대의 끄트머리, 동철제 나이프와 화살촉, 창끝(穗先), 은과 청동 등으로 만든 장식품 등)이 포함된다. 그 대부분은 중국제이고 동북 지방 경유로 들어온 것인데, 소수이지만 일본제인 것도 있다. 또한 아무르강 유역의 현재의 나나이와 울치의 주요 촌락(나이힌과 불라바 등)에 있는 어느 고장의 박물관과 자료전시실(학교에 설치된 것이 많음)에도 수많은 중국제의 도기, 칠기, 금속기가 진열되어 있다. 그것들은 밥공기와 접시, 술잔, 화병, 항아리, 장식품 등이며, 양적으로 볼 때 외래의 기물(器物)이 일상적으로 사용되었음은 분명하다. 물론 그 고장에서 만들어진 목제품도 일상의 식사와 의례 등에서 사용된다. 의례용의 목제 접시와 숟가락, 젓가락 등에는 홀

룡한 조각이 새겨져 공예품으로서도 수준이 높다. 러시아의 많은 민족지에서 그와 같은 목제품을 자신의 "전통적인 물질문화"의 하나로 소개하는 것도 수긍이 간다. 그러나 중국제와 일본제의 도기·칠기를 그들이 사용하는 기물로서 소개하지 않는 것은 분명 이상하다. 중국과 일본으로부터 들어온 도기와 칠기도 그들의 생활 속에 완전히 뿌리내리고 있었던 것이고, 민족지가 기술된 시대에는 교역이 쇠퇴하고 중국과 일본으로부터 도기·칠기가 들어오지 않았을 것이기에, 역으로 그 고장에서 만들어진 목제품을 많이 사용하게 되었을 것이라고 할 수는 있다.

린조가 기술한 제3의 특징은 그들의 어로에 대해서다.『동달지방기행』하권에「산탄이견어주(山靼夷遣漁舟)」와「망어(網漁)」라는 두 그림이 보이는데, 전부 산탄들의 고기잡이 양상을 잘 전해주고 있다. 특히 강 중간에 목책(柵)을 설치해 어로(漁道)를 차단하고, 그물을 쳐놓고 물고기의 진로가 반전했을 때 그물을 건지는 방법은 뒤의 민속지에서도 확인할 수 있다. 어기(漁期)에 대해서 린조는 "어업 계절은 조금 빨랐던 것을 기억한다"라고 말할 뿐이지만 고이치로는 "7월 말 망코우 강에는 연어가 많다. 이것을 잡아 산탄인의 식량으로 삼는다. 만치우에는 가지 않는다"(『唐太雜記』)라고 조금 상세하게 기술하고 있다. 여기에서 말하는 7월 말이란 음력이기 때문에 태양력으로 환산하면 9월 초순이 된다. 이것은 대체로 오늘날의 아무르에서 시로자케(Oncorhvnchus keta)의 어기(漁期) 개시와 부합한다. 민족지 시대(19세기 중기부터 20세기 초두)에는 시로자케 고기잡이는 아무르 사람들에게 있어 1년분의 식료를 확보하는 중요한 활동이었다. 그 의의는 고이치로와 린조의 시대에도 같았고, 역시 어기에는 조공과 교역을 갈 수 없었을 것으로 생각된다. 또한 시로자케보다는 약간 어기가 빠르지만, 가라후토 마스(Oncorhynchus gorbusha, 송어)도 그들의 중요한 식료이고, 한창 즐겨 먹었다. 고이치로도 앞서 인용한 "산탄에서 평소 먹는 음식은 만주에서 오는 곡식을 조리한 것이다"에 이어 "망코베쓰에서 송어를 울이라 부른다. 이것도 잡아먹는다"(같은 책)라고 기술하고 있다. 그가 말하는 '울'이라는 것은 가라후토 마스를 의미하는 산탄 말이고 퉁구스어로 해석할 수 있다. 오늘날 나나이어로는 uru, 울치어로는 ooro 혹은 oworo라고 말한다.

다만 린조도 고이치로도 생업에서 어로의 중요성을 강조하지 않는다. 예를 들면 린조는 데렌에서 돌아가는 길에 마침내 연어를 대접받았으며 (그것에는 계절적인 것도 관계했을지 모른다), 고이치로도 연어랑 송어도 먹는다는 표현밖에 하고 있지 않다. 그것은 후세의 민족지가 아무르 사람들을 어김없이 어로민이라든가, 어식의 백성이라든가, 연어·송어 등 건어물이 빵과 같은 주식이라고 소개하는 것과 대조적이다. 린조가 진객이었기 때문에 곡류와 쌀밥 등 귀중한 식료만을 대접받았을 것이라는 가능성도 있겠는데 그렇지만은 않았을 거라고 생각한다. 결국 실제로 19세기 초두까지는 속죽(粟粥) 등을 많이 먹었고, 연어랑 송어의 식재로서의 위치가 민족지 시대보다도 낮았던 것은 아닌가 생각된다. 게다가 민족지에는 조사를 한 민족학자의 "아무르의 백성은 어로민이다"라는 고정관념이 반영되어 있다고도 생각할 수 있다. 그것에 대해서는 이 장의 마지막에서 언급하기로 한다.

5. 교역이야말로 생업의 주축

이렇게 산탄인들을 기술하지만, 물론 '산타교역'의 명칭의 유래가 됐을 정도니까 교역도 그들에게 중요한 생업의 하나였다. 그들이 교역을 할 때의 모습도 일본의 조사자들이 목격했다. 이렇게 말하기보다는, 마미야 린조 이외에 일본의 조사자들은 교역의 여로(旅路)에 있는 산탄인밖에 보지 못했다.

그들은 대체로 7, 8척의 선단(船團)을 꾸려 여름철(夏場)에 사할린으로 들어온다. 근린의 촌락 사람들과 약속하는 모양이다. 사정에 따라 한 척도 교역에 나오지 않은 해도 있다. 많은 해는 열 척이 넘는 일도 있었다. 나카무라 고이치로에 의하면 1801년에 시라누시(白主)에 내항한 산탄인들의 선단에는 대체로 한 척당 7, 8인 정도가 승선해, 그 중에서 주된 5, 6인이 일본인(和人)들과 교역을 진행했다. 나머지는 리더의 수행자(從子) 아들 등이고 교역에는 참가하지 않는다. 수행자에는 아이누(夷人)가 포함되어 있지만, 그중에는 부채로 인해 신병을 구속받는 사람도 있었다(1801년 내항자에 대해서는 '표 1' 참조).

그들이 체류하던 마을(在村)에서 출발하는 계절은 대체로 음력 4월, 즉 초여름이다. 그중에는 초봄 아직 잔설이 남아 있을 시기에 마을을 떠나, 얼어붙은 마미야해협(네벨스코이 Nevelskoy 해협)을 개썰매 등으로 건너 사할린에서 바다가 열리는 것을 기다리고, 남하하는 그룹도 있었다. 일본 측과의 교역 장소인 시라누시에 도착한 것은 6월이고, 가을까지는 고향으로 돌아간다고 하는 경우가 많았다. 가을에는 그들의 주식의 하나인 연어랑 송어잡이가 시작되고, 그 어획이 이후 1년 생활을 좌우하기 때문이다. 또한 중국 측에 조공 혹은 교역을 가는 것도 보통 여름이기 때문에, 사할린으로 출장 간 해에는 중국에는 갈 수 없다. 산탄인의 토지에는 키지라는 마을까지 만주의 관리들이 오기 때문에, 거기에서 조공과 교역을 하면 좋지만, 때로는 아무르와 송화강을 거슬러 올라가 삼성(三姓)이라는 마을(町)까지 나가야만 하는 일도 있다. 그럴 때는 사할린행을 단념하게 된다. 또한 사할린에 출장 간 해 여름에는 조공을 가지 않고, 겨울에 만주에서 관리가 순찰 올 때, 그것을 행하는 경우도 있었다.

일본의 사료에서는 그들이 교역의 여정에서 사용하는 배에 대해 전부

[표 1] 1801년(享和 원년) 시라누시에 내항한 산탄인(中村小一郎, 『唐太雜記』에 의거)

승조원	거주지	내항일(노정)	비고
◎ 칸텟카 바리가 스이노 코이코노 아츠파노 나나후 시시야카 헤야츠카	타이카산	5월 6일(4개월)	이 일행은 스메렌쿨이다. 칸텟카는 40세 전후. 가라후토에는 26년 전부터 왕래하였다. 이들 일행은 겨울철인 2월에 출발하여 개썰매로 마미야 해협을 건넌 뒤 전년에 준비해 두었던 배에 타서 해안을 남하하여 4개월에 걸쳐 시라누시에 도착하였다. 칸텟카는 만주어 통역도 가능하였다.
◎ 부얀코 키루바 부오타카 타바탓카 치요왓케 반토노 카리야신 치요츠노	킨치마(키지)	6월 3일(2개월)	부얀코는 30년 동안 시라누시를 왕래하였다. 특히 소야 출신 아이누인 카리야신은 이전에 마츠마에 밧카쿠, 오오이시 잇페이, 모가미 도쿠나이 등이 사정 청취를 한 일이 있다.
◎ 시요시요 온부니 시요우나카타 구우카 시야무치야 케오노 이코요 아코	몬콘(몽골)	6월 3일(2개월)	시요시요는 10년 동안 시라누시를 왕래하였다.
◎ 톤코 훈탓카 이리베스 카이보 키세나 타아카와카 호요우 불명	코이만치야 (코이마)	6월 3일(2개월)	톤코는 30년간 시라누시를 왕래하였다. 부얀코, 시요시요와 합의하여 이들의 배에 타서 출발하였는데, 이때는 아직 눈이 쌓여 있었다고 한다.
◎ 하로우 아토 아우탄카 니시얏카 케우츠카 코코우 캇코우	시야린치야 (자레)		하로우는 전년(1800년)에 처음으로 시라누시에 모습을 나타냈다.

'즈아이센(図合船)[9]'이 있을 뿐이고 구체적인 기술은 없다. 그 모습은 『동이 분계여화(東夷分界余話)』 등의 삽화에 약간 남아 있는 정도이다. 그것을 보면, 그 형태는 나나이랑 울치, 니브흐 등의 아무르의 제 민족이 오늘날까지 남겨놓은 강배(川船)와 기본적으로 같은 구조이다. 평평한(平底) 바닥과 그 위에 측판을 한 장 내지 두 장 세우고, 뱃머리에는 파도를 가르는 판을 두 장 맞댄다. 단지 밑바닥에 깐 저판이 뱃머리 앞으로 휘어 돌출해 수면으로 얼굴을 내민다. 거기에는 조각을 새기는 일이 많다. 동력은 인력이고, 차도(車櫂)를 사용해 젓는다. 작은 것이라면 혼자서 젓지만, 교역용으로 짐과 사람을 대량으로 나르는 대형 배의 경우에는 배젓는 사람이 몇 명부터 때에 따라 10인 이상 타는 일도 있다. 또한 때로는 마스터를 세워 돛을 달아 범주(帆走)할 수도 있다. 이와 같은 배는 기본적으로는 평평한 강배이기 때문에 외양(外洋)을 항해할 수는 없다. 그러나 산탄인의 루트는 아무르강과 사할린의 해안가이기 때문에 이와 같은 배로도 충분히 대응할 수 있었다.

현재의 나나이랑 울치 등 퉁구스계 제 민족의 말로는 이 형태의 배 중에서 소형은 ogda 혹은 ugda, 대형은 gila라고 한다. 니브흐 말로는 mu라고 한다. 그 제작 기술은 민족지 시대에는 니브흐 쪽이 우수했다는데, 마미야 린조 일행이 아무르를 탐험했을 때에는 코르뎃케, 즉 나나이의 선조에게 배를 구입했다. 사할린의 아이누에게도 마찬가지로 배는 있지만 그 제작 기술은 대륙 사람들로부터의 차용(借用)일 것이다.

그들의 사할린에서의 교역 활동 역(域)은 서해 연안만이 아니라 동해안과 틤(Tym')강, 포로나이(Poronaj)강 유역 등의 내륙부로까지 미쳤다. 그 상대는 아이누뿐만이 아니고 스메렌쿨과 니그붕(Nigvyng), 오롯코, 즉 현재의 사할린 니브흐와 윌타의 선조도 포함되어 있다. 마미야 린조에 의하면, 그들은 사할린의 촌락 가까이에 상륙하면 해안에 가설 오두막을 짓고,

----

9　에도시대에 홋카이도와 도호쿠 지역에서 만들어진 100석 이하를 실을 수 있는 선박을 말한다.

[그림 6] 「山靼夷行舟」
『북이분계여화』 5권, 일본국립공문서관 소장

가까운 산에서 사냥을 하면서 주민이 도착하길 기다렸다 교역을 했던 것 같다. 그것과 병행해서 주민의 집을 방문하거나 길가에서 교역하는 일도 종종 있었다. 산탄인들도 상대 상관없이 나름대로 교역한 것은 아니고, 특정의 교역 상대, 바꿔 말하면 거래선이 있었다. 그들은 상품의 가불과 신용 대출을 하고 있었는데, 특히 아이누 사이에서 18세기 말부터 누적 채무의 문제가 생겼기 때문이다. 이 문제에 대해서는 앞으로 더 언급하겠지만, 채무가 누적한다는 것은 그것만으로 특정의 상대와 관계가 깊다는 것을 의미한다. 결국 산탄교역은 무질서한 물품의 교환이 아니고, 거래처가 있고 일정한 룰 위에서 이루어진 거래였다.

지금까지 산탄인의 풍속을 간단히 소개했는데, 실은 산탄교역에는 그들 이외에도 다양한 사람들이 참가하였다. 예를 들면 종종 등장한 산탄인의 이웃사람들, 사할린의 중부·북부에도 살았던 스메렌쿨로 불렸던 사람들, 역시 산탄인의 이웃인 코르뎃케, 사할린 중부 산악지대의 순록 사육민 오롯코, 그리고 사할린 남부의 아이누 등이 그들이다. 각각 현재의 어느 민족의 선조에 해당하는지 알 수는 있지만, 역시 산탄인의 경우처럼 일본의 사료에 등장하는 주민명을 오늘날의 민족명과 동일하다고는 생각지 않는 게 좋다.

6. 교역으로 살아가는 스메렌쿨

스메렌쿨은 일단 현재의 니브흐(일찍이 길랴크로 불렸다)의 선조에 해당한다고 한다. 그러나 스메렌쿨의 거주지는 아무르강의 최하류역과 하구(河口) 주변, 그리고 사할린의 북중부 서해안이기 때문에 아마도 니브흐 중에서도 아무르 방언을 사용하는 자(사할린 서해안은 아무르 방언의 분포 역이다)의 선조가 아닐까 한다. 덧붙여서 사할린 동해안과 튐강 유역의 니브흐(자칭 Nigvŋ)는 아무르 방언과는 전혀 다른 방언을 쓰는데 일본 사료에는 '니쿠븐'이라는 명칭으로 등장한다. '스메렌쿨'이란 아이누의 호칭이고 산탄인의 호칭은 아니지만(후세의 울치는 니브흐를 '길레미(Gilemi)'라고 부른다), 18~19세기 당시의 일본에서는 그것이 정착해 있었기에 린조의 저술에서 그것을 사용했다고 할 수 있다.

스메렌쿨의 민속에 대해서는 마미야 린조가 구술서『동이분계여화(東夷分界余話)』중에 특히 2권을 쪼개서 상세하게 소개하고 있기에 그에 따르도록 하겠지만(그것을 근대의 민속지와 비교해서 그 내용의 정확함을 입증하는 것이 가토 규조(加藤九祚)의『북동 아시아 민족학사 연구』이다), 그 속에서 특히 지적해 두고 싶은 것은 그들이 교역을 좋아한다는 것이다. 그것에 대해 린조는 다음과 같이 서술하고 있다.

- 이 인종 또한 교역을 직업으로 하는 남방인처럼 도를 넘고 있다. 실로 남녀의 차별 없이 모조리 교역을 한다. 약 1리, 반 리 정도에 여러 가지 볼일이 있어서 나가더라도 반드시 교역을 위한 모든 물건을 휴대하고 다니며 상호 교역을 하고 돌아온다고 한다. 예를 들어 같은 모임에서 사람들끼리 서로 모여 아주 잠깐 담화를 나누면서도 곧 교역을 하게 된다.

실제로 생산이 제일이다.

- 이 사람들은 온갖 물건을 빌려 주고받는 일을 친구나 친한 사람은 말할 것도 없고 먼 땅 사람이라도 싫어할 것이 없다.

여기에서 언급되고 있는 '남방이(南方夷)'란 사할린 남부의 아이누이기 때문에, 사할린 아이누도 교역에 왕성하게 종사하였음을 알 수 있는데, 스메렌쿨은 그 이상이었다. 린조에 따르면 남녀를 불문하고 교역에 힘써 다른 일로 나가더라도 교역용 여러 물품을 지참하였고, 집회에서도 장사를 시작하는 열정을 보며, 그도 "생산이 제일"이라고 감탄했다. 또한 물품의 대차(貸借)도 왕성해 멀리 떨어진 사람들과도 대차 관계를 굳이 맺었다고 한다.

아무르와 사할린 서해안의 니브흐가 교역을 좋아하는 것은 L.시렌크도 지적하는 부분이다. 그에 따르면, 니브흐야말로 아무르 하류역에서 민족간 교역의 중심에 위치하고 있었다. 또한 시렌크의 조사부터 40년 후인 19세기 말기에 사할린을 조사한 폴란드의 민족학자 B.피우수트스키(Józef Piłsudski)는 아무르의 니브흐가 매년 가을에 사할린 동해안의 니브흐에 신용 임대로 사냥 장비 등을 제공하였고, 그 누적 채무가 동해안 니브흐의 생활을 압박하여, 그들의 사회적 지위 저하를 초래하고 있다고 했다. 일본에서는 특별히 해협을 넘어온 산탄인의 활동이 가장 눈에 띄었기 때문에 '산탄교역'이라 부르고 있지만, 아무르와 사할린 고장에서 물자의 유통과 중국·일본 제품의 보급에는 이 스메렌쿨의 활동이 큰 의미를 지닌다.

[그림 7] 보트를 타는 니브흐인들
시렌크, 「아무리 지방의 이민족들」 제2권

시렌크에 의하면, 19세기 중기 당시의 아무르·니브흐의 교역 활동권은 대단히 넓고, 게다가 거래 상대도 다양했다. 즉, 북으로는 오렐 호수(Orel), 츨랴 호수(Chlya) 호반과 아무르 하구부터 오호츠크해 연안으로 진출해 에벤키(Evenki), 네기달(Negidal)들과 모피와 중국 제품을 거래하고, 서로는 우딜 호수와 아무르강에서 네기달이랑 사마기르(Samagir, 고린강 유역에 사는 나나이의 일파)과 장사를 한다. 남으로는 아무르, 송화강을 거슬러 올라 삼성(三姓)까지 나가 만주와 한족 상인으로부터 비단, 목면 등의 중국 제품을 사들였다. 동으로는 사할린으로 나가 그곳의 동족 외의 윌타, 아이누와 거래하고, 나아가 시라누시(白主)로 가서 일본과도 거래했다. 일본과는 그들이 지참했던 견직물과 수리(鷲)와 매(鷹)의 미우(尾羽)를, 모피와 금속제 냄비·쌀·술·도자기·칠기 등과 교환했다.

니브흐 혹은 그 선조인 스메렌쿨이 일본과 직접 교역한 것을 구체적으로 보여주는 오래된 사례로는 1801년에 나카무라 고이치로가 정보제공자 중 한 사람이었던 칸텟카의 내항을 들 수가 있다. 그는 타이카산으로 불리는 아무르 하구와 가까운 마을에 사는 스메렌쿨로서, 일본에 장사를 하러 오는 일도 있지만, 청조의 관리가 아무르, 사할린의 주민으로부터 조공을 받으러 왔을 때에는 키지의 출장소로 나가 만주어로 통역도 했다. 고이치로가 만났을 때는 그들이 마을에서 겨울 동안 개썰매로 해협을 건너, 사할린에서 바다가 열리는 걸 기다렸다 배로 남하해 왔다고 한다.

아무르의 니브흐들이 선단을 꾸려 중국으로 교역을 나가는 모습은 시렌크가 1850년대의 조사에서 목격하고, 그 모습을 다음과 같이 묘사하였다.

> 아무르의 니브흐들은 자신들의 필수품과 사할린에서의 교역품을 구하러 아무르와 송화강을 거슬러 올라 삼성(三姓)으로 간다. 그 여정은 겨울에 썰매로 이루어지는 일도 있지만, 대부분은 교역용의 대량의 모피를 가지고 가기 위해, 팀을 꾸려 여름에 보트로 나가는 일이 많다. 그것은 겨울에는 사람에게나 개한테도 위험이 많고, 게다가 운반해야 할 모피의 양에 한도가 있어, 모피의 양이 적으면 벌이도 적기 때문이다. 그러나 보트의 경우라고 해도, 갈 때는 물살이 빠른 아무르와 송화강을 거슬러 올라갈 수밖에 없었기 때문에 그렇게 손쉬운 여정은 아니다. 또한 삼성에 도착하면, 이번에는 만주 관리들에 의한 무거운 가세가 기다리고 있어, 복종하고 있다고 생각할 수도 없는 만주 관리들에게 무릎을 꿇는 예를 할 수밖에 없다. 그리고 그 관리들은 니브흐들의 공납품을 챙겨버린다(시렌크『아무르 지방의 이민족들』제2권).

그들은 모피와 함께, 철갑상어의 척추(背骨), 연골(軟骨), 아교(膠) 등을 가지고 장사를 해, 그것과의 교환으로 곡류와 두류, 술, 담배, 도자기의 식기, 용기, 동제의 파이프, 유리옥과 보석, 목면 옷감, 견(絹)제품, 바늘, 실, 장신구용 은제품, 냄비와 솥 등을 사들였다. 그것들은 그들에게 일상의 필수품과 곰 축제 등의 의례에 사용하는 것이지만, 또한 사할린에서의 교역을 위한 상품이기도 했다. 그리고 이런 것들을 사들인 후에는 그것을 운반하기 위한 배를 구입하고, 강의 한가운데쯤의 물살을 타고 하류로 귀환했다. 그것은 귀로의 도중에 빈번히 있는 만주 관리와 한족 상인과 조우하지 않도록 하기 위함이다(시렌크, 같은 책).

그에 따르면, 당시 대단한 기세로 진출했던 한족 상인들에 대항할 수 있는 유일한 그 고장의 상인은 아무르·니브흐뿐이었다. 울치 나나이들은 이미 그들의 거주지(시렌크는 풀 마을에서 그곳에 정주하고 있는 한족 상인들과 만났다)로 들어오는 한족 상인으로부터 중국 제품을 입수할 수 있었는데, 니브흐들은 중간 마진을 빼앗기는 것을 싫어해 자신들이 삼성(三姓)까지 입수하러 가고 있었다. 그리고 한족 상인도 그들의 거주 지역까지는 진출하지 못하고, 무리를 하면 생명에 위험이 있었다고까지 한다. 이러한 사실은 아무르의 니브흐(스메렌쿨)가 얼마나 상거래 활동에 뛰어나고, 그것을 애호했는지를 단적으로 보여준다.

그들이 상거래 활동에 우수한 재능을 갖게 된 이유를 시렌크는 다음과 같이 설명한다. 아무르의 니브흐는 수렵인으로서는 2류, 3류이기 때문에 중국과 일본과의 교역에 필요한 모피 등의 수렵산품을 자신의 손으로 충분히 얻을 수가 없다. 따라서 그것들을 더 수렵에 능한 주의의 수렵인들, 즉 에벤키(Evenki)와 네기달(Negidal), 사마기르(Samagir) 아이누 등과의 교역을 통해 입수해야만 한다. 게다가 수렵산품을 입수하려면 중국이랑 일본과 교역해 섬유제품과 철제품을 사들여야만 한다. 결국, 니브흐는 서툰 사냥 솜씨를 상거래 활동으로 보상받으며 생활을 유지하고 있었다고 시렌크는 결론을 내리고 있다. 그것은 아마도 정곡을 찌르는 결론일 것이다.

7. 강 상류의 이웃, 코르뎃케

스메렌쿨은 산탄인에게 강 하류의 이웃이지만 상류의 이웃은 코르뎃케이다. 코르뎃케는 더 정확하게는 '골독(Goldok)'이고 어원적으로는 L.시렌크가 니브흐로부터 들은 '쥴독'과 동일하다. 이 말도 아이누 경유로 일본에 전해졌다고 여겨지지만, 원래는 산탄인들이 자신들의 상류에 살고 있는 사람들을 가리켜 사용한 말에서 유래한다. 아마도 현재의 울치의 나나이에 대한 호칭인 '골드(Gold)'(또는 '고올드, Gold')와 관계가 있을 것이다(이 골드라는 호칭이 후에 러시아인의 나나이에 대한 일반적인 호칭이었던 고올드의 어원이다). 코르뎃케에 대해서는 일본인과의 접촉 기회가 적었던 탓일까, 일본 측에는 기록이 적다. 린조는 그들에 대해서 다음과 같이 기술하였다.

> - 그 고장 사람들의 용모는 이발, 기타 의복에 이르기까지 산탄인들과 다를 바 없다. 그 언어에 대해서는 다소 차이는 있지만 하루 정박하는 정도로는 그 자세한 점을 알 수 없다.
> - 이 사람들은 전반적으로 잣나무 큰 재목으로 배를 만드는 일을 한다. 남방의 제 민족(諸民族)이 사용하는 것은 모두 이 땅에서 만들어 내는 것이다. 그래서 뱃사람은 이곳에 와서 같은 곳의 짐승 가죽으로 배 한 척을 얻어 여기부터 여러가지 잡기(雜器)를 2척에 나눠 싣고 데렌으로 간다고 한다.
> - 중략 -
> - 그 토지의 사람들 중 만주인처럼 삭발한 사람을 봤지만 그곳 사람인지 아닌지를 물었는데 어디 사람인지는 모른다.

이 기술은 우루게(코르뎃케의 가장 하류의 촌락, 후에 오레에 혹은 이리 등으로 불린다)에서의 관찰을 토대로 하는데, 거기에는 하루밖에 체재

하지 않았는데도 불구하고 코르뎃케의 언어가 산탄의 언어와 약간 다르다는 것(오늘날의 언어학에서는 울치어와 나나이어의 아무르 하류 방언과는 방언 레벨의 차이가 있는 것에 지나지 않으니, 서로 통한다는 것이 지적되고 있다)과 잣나무(五葉松)로 배를 만드는 것을 특기로 하여 사할린에서 온 사람도 그들로부터 배를 구입해 여정을 이어가는 것, 그들 중에는 체두(剃頭) 변발(辮髪)을 맨 자, 즉 만주식으로 머리 주위를 삥돌려 삭발하고 남은 머리카락 세 가닥을 한 줄로 엮어 늘어뜨린 자가 있는 등 후의 민족지에서도 확인할 수 있는 것이 예리하게 지적되어 있다. 실은 체두하고 변발을 맨 자는 이미 사할린의 시라누시에도 나타났고, 나카무라 고이치로도 시라누시에서 만난 적이있다. 그는 그것을 '케시 스님(ケシ坊主)'[10]으로 표현하고 있는데, '우치야'라는 제법 아무르 상류의 마을에서 온 것이기 때문에 코르뎃케 사람일 것이다. 결국 코르뎃케도 산탄교역에 참가하였고 코르뎃케의 자손이 오늘날의 나나이의 대부분을 점하고 있다는 것을 감안하면, 나나이의 선조 또한 비단과 모피의 길을 통해 일본과 중국 간의 교역에 종사하고 있었던 것이다.

8. 오롯코 교역

산탄교역에 관여한 것은 대륙 측의 주민만이 아니다. 사할린의 주민도 적극적으로 대륙으로 건너가 청조의 출장소에서 조공에 응하고, 청의 관리및 대륙 사람들과 교역을 했다. '오롯코'로 불렸던 사람들은 사할린의 중부, 북부의 산악지대에서 순록을 사육하며 사냥과 어로, 바다표범 사냥 등에 종사했는데, 그들도 해협을 건너 대륙 사람들과 교역하였다. 그리고

10 에도시대 소년의 두발 모양을 말한다. 두발 중 일부를 남기고 모두 밀어버리는 경우가 많았다.

시라누시와 쿠슌코탄(Kusunkotan, 久春古丹)에서 마쓰마에(松前)랑 막부의 관리와 거래하였다. 그들도 견직물과 수리와 매의 꼬리털 등 산탄인들과 마찬가지로 상품을 휴대하고 있었는데, 일본 측에서는 산탄인의 것과 구별해 오롯코 교역이라고 불렀다.

오롯코라는 호칭은 아이누가 사용했던 것이고, 1970년대까지 민족명으로서도 종종 사용되었는데, 오늘날에는 자칭 '윌타'를 사용한다. 그들은 사할린 중부의 대하 포로나이(Poronaj)강을 내려와 타라이카(多來加)만으로 진출해 그곳의 아이누와 접촉을 반복하고 일부는 그곳에 정착했다. 그 접촉 초기에는 종종 무력을 동반한 분쟁이 일어났음을 양측의 전승(傳承)을 통해 알 수 있다(이른바 '타라이카 전투'). 그 때문일까『당태잡기』에도 양측 사이에는 혼인 관계를 맺지 않는다고 기술되어 있다(오롯코와 니쿠븐은 혼인관계가 있었던 것 같지만). 그들의 민속에 대해서도 마미야 린조가『북이분계여화(北夷分界余話)』에서 1권을 쪼개 상세하게 기술하고 있기에 여기서는 생략한다.

9. 대륙으로 이주한 아이누들

마지막으로 사할린 남부의 아이누도 언급하지 않으면 안된다. 실은 에도 시대의 기록에는 '아이누'라는 명칭으로 등장하는 것은 드물고, 북방 관계의 저작에서 '이(夷)', '이인(夷人)'이라고 하면 보통은 아이누를 가리킨다. 당시 일본인에게 '이(夷)'란 우선 아이누였던 것이다. 아이누에 관해서는 홋카이도와 사할린, 지시마 열도의 탐험·조사에 종사했던 적이 있는 자는 반드시 언급한다. 그리고 그 민속을 상세하게 기록으로 남겨두고 있기 때문에 새삼 언급할 필요는 없다. 다만, 산탄 교역과 관련해서 언급해 두어야만 하는 것은, 사할린 서해안의 나요로라는 마을의 유력자 집안(야

에비라칸, 요티테아이노, 야엔쿠루아
이노, 시로토마아이노들을 배출한 집
안)이 18세기 중엽 이래 청조로부터
할라 이 다(hala i da, 姓長)라는 칭호
를 받고 조공을 계속하고, 게다가 청
조 측으로부터 사할린 아이누로의 연
락역을 맡았다는 점이다. 모가미 도
쿠나이(最上德內)가 처음으로 일본에
소개한 이래 유명해진 소위 '나요로
문서[11]'의 만주어와 한문 문서도 그들
에게 주어져, 그곳에 보관되어 있다는
것은 그들이 청과 아이누의 중개역을
하고 있었음을 말해준다.

[그림 8] 미오
2002년 8월 러시아 하바롭스크 지방에서 저자 촬영

또한 교역 관계로 대륙에 정주한
아이누도 적잖이 있고, 오늘날의 울치
와 아무르의 니브흐 사이에도 아이누의 혈통을 이어받은 사람과 아이누에
서 유래하는 할라(hala, 부계의 씨족) 출신자가 있다. 예를 들면 울치의 쿠
이사리 할라는 그 명칭부터 분명 아이누 출신이고, 원래는 사할린 서해안
의 주민으로서 북위 49도 정도에 있었던 테이스헤라는 산기슭에 있었다고
한다. 또 전승에 따르면, 두완 할라는 사할린의 이스튜리강 하구의 촌락 주
민이었는데, 일본인과 교역할 때 일어난 주민끼리의 싸움 때문에 대륙 측
으로 이주해 온 사람들의 자손이라고 한다.

아이누의 대륙 이주는 자주적인 케이스도 있었지만, 모가미 도쿠나이와
나카무라 고이치로가 정보 제공자로 삼은 카리야신처럼 하인으로서 산탄

---

11 2통의 만주어와 2통의 한문 문서, 거기에 모가미 도쿠나이(最上德內) 이래에
조사관들이 남긴 9통의 일본어 문서로 된 한 덩어리 문서를 말한다.

인에게 쓰여지거나 부채(負債)의 담보물(質)로 연행되어 대륙으로 간 케이스도 드물지 않았다. 아이누 교역과의 관계와 그 부채에 대해서는 뒷장에서 상세히 다루기로 한다.

10. 편견으로 왜곡된 민족지 서술

지금까지 산탄인을 중심으로 산탄교역에 참여한 아무르와 사할린 주민에 대해 간단히 소개했는데, 이전에 이 지역의 민족지를 읽은 적이 있는 사람들은 본장의 민족 소개를 약간 기이하게 생각할지도 모른다. 그것은 민족지에서 이 지역 사람들을 소개할 때는 그들이 어피와 모피로 만든 의류를 몸에 두르고, 수렵 어로와 채집에 의존한 자급자족의 '원시적'인 생활을 영위하며, 문자도 없이 씨족제도라고 하는 '뒤쳐진' 사회를 꾸리고 있다고 상투적으로 기술하고 있기 때문이다. 그러나 여기에서 소개한 산탄인의 모습은, 목면 의류를 착용하고(때로는 비단의 나들이옷도 입는다) 도기와 칠기 혹은 금속제의 식기를 사용해 조와 쌀 등의 곡류를 상식(常食)한다. 그리고 아라키로 불리는 술을 마시고 중국에서 넘어온 비단이랑 유리옥, 혹은 모피류를 가지고 이웃사람들과 선단을 꾸려 사할린과 송화강으로 교역의 길을 나간다는 것이다.

좀 더 덧붙이자면 그들의 정신생활에 대해서도 종래의 민족지에서는 샤머니즘이라 칭하는 '원시종교'를 숭배한다고 적고 샤면에 관한 기술이 계속해서 이어진다. 그러나 그들의 정신생활에는 한족과 만주의 영향이 매우 강하다. 예를 들면 그들의 지고신(至高神)은 언두리(nduri)로 불렀는데, 그것은 만주의 지고신이기도 하다. 또한 그들은 '미오(mio)'로 불리는 신(神)과 정령들을 그린 성화상(聖畵像)을 가지고 있다. 게다가 거기에 그려진 신들에는 관제(關帝, 『삼국지』의 영웅 관우가 중국의 민간신앙 속에

신이 된 것) 등 분명히 본래 중국의 신들이다. '묘'라는 말 자체도 한어의 '廟'(miao)에서 유래된 것이라 본다. 그러나 종래의 민족지에서 이 묘를 정면에서 취급한 것은 하나도 없다.

이 책의 산탄인들의 민속 소개가 종래의 민족지와 다른 것은 준거한 자료의 성격이 다르기 때문이다. 소위 '민족지'는 러시아와 일본 민족학자의 실지 조사 데이터에 기초해 작성되지만, 여기서는 에도 시대의 막부 조사관들의 데이터를 중시했다. 양자 모두 실지 조사가 이루어져 그 데이터에 기초해 기술한다는 점에서 공통적이지만, 관찰·기술할 때의 시점과 방법이 전혀 다르다. 그 차이는 에도 시대의 조사관들에게는 근대 이후의 민족학자와 인류학자가 공통으로 가지고 있었던 어떤 시점에서 발생하는 편견이 없었던 것에서 기인한다.

확실히 일본 측의 조사관들에게도 어떤 종류의 편견은 있다. 예를 들면 1850년대에 홋카이도와 사할린의 조사를 정력적으로 행하고, 그 고장의 아이누들로부터도 흠모되고 존경받은 마쓰우라 다케시로(松浦武四郎)조차 "오롯코는 연약하고 순박하다. 니쿠븐은 천하고 어리석고, 스메렌쿨은 강하고 천하다. 타라이카인은 이들에 비하면 어느 정도 품위가 있다"(『北蝦夷餘誌』)라고 아마도 편견이 섞인 기질론을 전개하고 있다. 그들의 조사 목적이 막부의 사할린 지배에 필요한 데이터를 수집하는 것에 있었기 때문에 주민의 문화에 대한 평가 기준이 당시의 일본 무사들의 규범 문화에 있었다. 하지만 그 평가는 어디까지나 상대적인 비교로 조사 대상의 사회와 문화 전체를 하나의 체계로 자리매김하고, 그 위치를 절대화까지는 하지 않는다.

그것에 대해서 근대 유럽과 그 영향을 받은 메이지 시대 이후의 일본의 인류학자와 민족학자들의 편견은 기본적으로 유럽 문명을 최고의 단계로 삼는 진화론의 시점에 선 것이었다. 거기에는 연구 대상으로 한 사회와 문화는 진화의 체계 속으로 자리매김되고 절대된다. 그것에 따르면 수렵·어로·채집으로 생산기반을 구하는 것은 최저의 경제 단계에 있고, 그에 동반해 문화적 사회적으로도 최저의 단계에 있게 된다. 아무르와 사할린의 선주민의 경우도 19세기 후반 당시는 주된 생업이 어로와 수렵이고, 농경은 거의 이루어지지 않았다는 점에서 경제적으로는 최저의 단계에 있다는 것이다. 그리고 실제로는 청조와 마쓰마에번이 부여한 위계와 경제 격차 등에 의해 사회의 계층화가 진행되고, 결코 단순한 사회가 아니었음에도 불구하고 그들의 사회를 평등주의적인 낮은 레벨의 사회로 자리매김시켰다. 이데올로기에 속박된 연구자에게는 현실에 있는 것도 보이지 않았던 것이다.

또한 러시아의 민족학자가 본격적인 조사를 시작한 19세기 후반이라는 시대성도 영향이 있었다. 마지막 장에서 언급하게 되지만, 19세기 후반은 산탄 교역의 소멸기이고, 그 이후 산탄인을 비롯한 아무르·사할린 사람들은 아무래도 생활을 위해 어로와 수렵으로 식료를 확보하는 수밖에 없었다. 게다가 그때까지 그들의 문화는 일본과 중국의 교역을 전제로 번성했었기 때문에 교역을 할 수 없게 된 것은 그때까지의 문화생활의 파탄을 의미한다.

예를 들면 민족지에는 그들은 문자를 알지 못했다고 기술되는 일이 많다. 확실히 그들의 고유 언어에는 본래 문자가 없다. 그러나 일상 언어가 서기화(書記化)되어 있지 않은 것과 글을 아는(識字) 것과는 다른 문제로, 아무르·사할린에는 한문(漢文)과 만문(滿文)을 읽을 수 있는 사람이 분명 있었을 것이다. 사할린의 나요로에 남겨져 있었던 만주어와 한문의 문서류와 나나이에 남겨진 만주어 문서류, 혹은 한자로 신들의 명칭을 기술한 미오 등은 그 좋은 증거이다. 그러나 그 지방 대부분이 러시아령이 되고, 청조로의 조공이 금지되고 중국으로부터의 문화적 영향이 저하함과 함께, 그와 같은 능력은 불필요해진다. 그리고 지금까지 누구도 배운 적이 없는 러시아어의 읽고 쓰기가 필요해지는데, 그것에 관해서는 글을 모르는(非識字) 사람이라고 할 수밖에 없다. 그러니까 글을 아는 비율(識字率)이 제로

인 것처럼 기술해버리는 것이다.

　더욱이 19세기 후반 이래 산탄 교역장이 되었던 아무르·사할린 지역 대부분을 영유(領有)함으로써 활발하게 민족 조사를 전개한 러시아와 구소련의 민족학자들의 중국 문화와 일본 문화에 대한 무이해(無理解)도 민족지의 기술을 왜곡하는 원인의 하나가 되었다. 그들은 조사에서 대량의 민족 자료를 실제로 보고 그 일부를 수집했는데, 그 과정에서 적지 않은 양의 중국 도기와 칠기, 금속기, 미오 같은 성화상(聖畵像)을 분명 접했을 것이다. 그러나 중국과 일본의 문화에 어두웠던 그들은 그것들을 주민의 문화 속에서 정당하게 평가하지 못하고, 단지 외래 문화의 영향이라는 이름하에 일괄해서 창고에 방치했던 것이다. 특히 소련 시대에는 냉전과 대중 관계의 악화도 악재로 작용해 아무르·사할린 지역에서 중국과 일본의 영향 등은 입에 담을 수 없는 상황이었다.

　그것에 대해서 에도 시대 일본 측 조사자들은, 한자 소양을 가진 자가 많고, 중국 문화 친밀했다. 사할린에서 중국으로부터의 정치적 문화적 영향의 크기는 그들에게도 놀라움이고 위협적이었을지도 모르지만, 그것을 정면에서 대응하고 상세하게 기술할 만큼의 깊은 지식을 가지고 있었다. 교역 활동에 관해서 러시아 측의 민족지에서는 거의 다뤄지지 않은 것에 비해(시렌크의 민족지는 예외), 일본 측 사료에서는 매우 중요한 용건으로서 취급되고 있다고 하는 차이도, 중국 문화에 대한 지식의 유무가 관계되어 있는 것일지도 모른다. 일본 측에서는 무엇이 중국 측으로부터의 영향인 것인지를 분별할 수가 있기 때문에 그것이 어떻게 해서 사할린까지 침투한 것인지를 찾게 되고, 중국과의 교역 활동에 주목하게 되었다. 한편, 러시아의 민족학자는 진화론적인 머리에 그리고 있던 '원시적인 것' 혹은 '수렵 어로민적인 것'과는 어긋나는 사물에 관해서는 본래 러시아의 것 이외는 이해할 수 없기 때문에, 그것에 대한 사고를 멈추고 무시하기로 했던 것이다. 그로 인해 그와 같은 외래 문화가 아무르와 사할린에 들어오게 된

원인이 되었다. 주민의 중국이랑 일본과의 교역활동에도 관심을 보이지 않았던 것이다.

현재 인류학의 조류에서는 19세기의 진화론을 신봉하는 자는 우선 없다. 또한 민족지가 시간을 초월한 것이 아니고, 역사성에 몇 겹씩 속박되어 있다, 라고 하는 것도 널리 인식되고 있다. 더 나아가 민족지의 기술방법 그 자체에 대한 비판도 일반적이 되고, 인류학·민족학의 방법론을 되묻는 움직임이 활발해졌다. 그러나 아무르와 사할린의 선주민에 대해서는 바로 최근(1990년대)까지, 종래의 민족지의 기술방법 문제점을 의식한 연구는 이뤄지지 않았다. 그리고 이 지역을 연구하는 인류학자와 민족학자들은 아무르와 사할린의 선주민이 마치 고대부터 금세기까지 일관되게 '자연경제'라든가 '원시사회'와 같은 말에서 연상될 법한 생활을 해왔을 것 같은 오해를 독자들에게 부여해 왔다. 결국 현재 우리들이 아무르와 사할린의 선주민족 사람들에 대해 품고 있는 치우진 마이너스 이미지를 만들어낸 책임은, 인류학자와 민족학자 자신들에게 있다. 그들의 역사를 그들의 입장에서 기술함으로서, 종래의 마이너스 이미지를 불식시키는 것도, 이 책이 갖는 의도의 하나이다.

제2장

산탄교역 전사(前史)
: 고대~17세기

물고기 가죽을 무두질 하는 도구
1990년 소련 하바롭스크 지방에서 저자 촬영

1. 오오츠크 문화의 전개

'산탄교역'을 어느 시대의 것으로 생각할 것인가에 대해서는 제설(諸說)이 있지만, 본서에서는 청조의 아무르·사할린 지배의 확립이 이 교역 활동을 유지하는 가장 중요한 요인이었다고 하는 사고에 기초해, 18세기와 19세기로 한정하고 그 이전 시대의 교역 활동을 제외한다. 그것은 또한 일본 측 사료에 '산탄'이라는 말이 종종 등장하는 시대와도 겹친다. 그러나 이 아무르·사할린·홋카이도를 무대로 한 교역 활동 자체는 일찍이 선사시대부터 연면히 이어져왔고, 각각의 시대에 그 고장뿐만 아니라 일본과 중국의 정치·경제·문화에 많은 영향을 끼쳤다. 특히 일본의 중세부터 근세 초기에 해당하는 13세기부터 17세기까지의 시대는 중국 측에서 원·명·청이라는 거대 왕조가 교대한 시기이고, 아무르·사할린으로 중국 왕조가 본격적인 통치를 시도하다가 손 떼는 일을 반복했던 시대이다. 산탄교역의 기본구조는 이 시대에 형성되었다고도 하므로 산탄교역을 거론할 때 그것을 언급할 수밖에 없다. 그래서 본고에서는 이 13세기부터 17세기까지 400년간을 중심으로 산탄교역의 전사를 개관하기로 한다.

아무르·사할린·홋카이도 경유의 사람과 물품의 교류는 후기 구석기시대 말기부터 면면히 계속되었다. 일본 열도상의 구석기시대 사람과 조몬인(繩文人)이 어디에서 왔는가에 대해서는 논의가 다양(百出)하고 아직도 정설은 없는데, 이 경로로 일본열도를 왕래한 사람과 물품이 구석기시대와 조몬 시대에 있었던 것은 사실일 것이다. 세석기(細石器)의 분포는 빙하기 말기부터 완신세(完新世) 초기의 시대에 아무르를 포함한 동북아시아와 일본열도 사이의 문화 교류를 말해주고, 토기의 문양과 형식, 흑요석(黑曜石)의 화살촉과 칼의 분포는 조몬 시대의 교류를 말해주고 있다. 또한 동북 지방을 중심으로 조몬 시대 후기의 유적에서 내륙아시아 형의 청동 검과 그 형태를 모방한 석기가 출토되고 있어, 사할린 홋카이도 경유였든지 어떤지는 알 수 없지만, 대륙 북부와 열도 사이에서 물자 교류가 제법 왕성했었음은 분명해지고 있다.

일본의 고고학상의 편년에 따르면, 홋카이도에서는 혼슈(本州)에서 야요이(彌生) 시대로 접어든 후 조몬 시대(속조몬 시대)가 이어져, 7~8세기경에 사쓰몬(擦文) 문화와 사할린 방면에서 진출해온 오오츠크 문화가 병존하는 시대가 된다. 사쓰몬 문화란 홋카이도의 조몬 문화가 주로 혼슈로부터의 정치·경제적인 영향을 받으면서 변용해 형성된 것이지만, 오오츠크 문화는 완전히 외래 문화이고, 여기에 북쪽 교류로(交流路)는 새로운 전개를 보여주게 된다. 오오츠크 문화는 그 자체가 사할린에 성립한 해양 문화이고, 그것을 떠안고 있던 사람들도 사쓰몬인과는 형질학적으로 이질적이었는데, 북방의 문화 교류라는 시점에서 중요한 것은 그들이 대륙의 말갈(鞨鞨)과 여진(女眞, 女直)으로 불렸던 사람들의 영향을 강하게 받았다는 점이다. 많은 고고학자가 지적하듯이, 오오츠크 문화의 유적에는 칼, 소찰(小札) 등의 철제품과 유리옥을 이은 목걸이 등이 출토되는데, 아무르강 유역과 송화강 유역, 연해주 근처에서 발견되는 오오츠크 문화와 동시대의 말갈·여진 문화의 유적에서 출토되는 것이 매우 유사하다(기쿠치 도시히코(菊池俊彦),『동북아시아 고대문화 연구』). 또는 오오츠크 문화기의 유적에는 도기와 송전(宋錢) 등도 발견되는데, 이 또한 대륙 측과 왕성하게 교류 내지 교역하였음을 말해주고 있다. 오오츠크 문화의 홋카이도 북부, 동부로의 전개는 대륙의 물자를 자신의 물질문화에 집어넣었던 사람들의 이주에 의해 초래된 현상이다.

오오츠크 문화가 홋카이도까지 전개한 10세기부터 13세기 정도의 대륙에서는 당과 발해가 멸망하고, 아무르·송화강·연해주 방면을 지배하는 왕조가 차례로 나타났다. 거란(契丹)의 요(遼, 916~1125), 여진의 금(金),

1115~1234), 그리고 몽골의 원(元)이 백년 단위로 교대한 시대였다. 이 기간에는 안정된 통치와 왕조의 교체에 동반된 전란이 교대로 나타나는데, 일관되게 몽골계의 유목민(거란과 몽골)과 퉁구스계의 농경민(말갈과 여진)의 정치·경제적인 성장을 확인할 수 있다. 그 영향이 사적인 교역 등을 통해 오오츠크 문화 등 왕조 주변의 사람들에게 파급된 것인지도 모른다. 그러나 중국 동북 지방을 그 주요한 판도로 삼았던 요, 금 양 왕조의 정사(正史)에는 사할린 주민과의 직접 조공 관계를 말하는 기록은 발견되지 않기 때문에, 오오츠크 문화 유적에서 출토된 본래의 대륙 유물이 구체적으로 어떻게 해서 오오츠크 문화인의 손에 넘어간 것인지는 알 수 없다. 오오츠크 문화가 해수(海獸) 수렵과 어로에 의존한 해양 문화이기에 해수에서 만들어지는 특산물(모피와 약으로서의 내장 등)이 교역이라는 형태로 대륙 측에 운반되고, 그 대가로 금속제품 등이 사할린과 홋카이도 주민에게 주어진 것인지도 모른다.

또한, 후의 산탄교역에서 주요한 교역품이 된 견직물과 거래되었을 가능성도 부정할 수는 없지만, 문헌적으로도 고고(考古) 유물의 면에서도 증거가 없다. 일찍이 12세기 중기의 후지와라노 다다자네(藤原忠実) 구술의 『중외초(中外抄)』(1143)에 나오는 '에조 이와누 옷감'이 '에조 비단(蝦夷錦)'이라는 말의 초출이라고 했지만, 근년에는 그것이 북방 유래의 옷감이었는지 의문이 인다. 후의 명대와 청대의 사례로는 비단은 정식 조공 관계가 성립된 경우에 은상으로서 통합된 양이 지급되었다. 따라서 사할린과 홋카이도의 주민이 요나 금과 정식으로 조공 관계를 맺지 않은 13세기까지의 오오츠크 문화 시대에는 비단이 그다지 거래되지 않았다고도 할 수 있다.

오오츠크 문화와 사쓰분 문화는 오오츠크해 연안에서 잠깐 공존한 후, 양자가 융합하는 형태로 고고학상의 아이누 문화로 이어진다. 그 시기에 대해서는 의견이 갈려 13세기부터 15세기로 폭이 있다. 한편, 근년의 동부 북부와 홋카이도 남부에서의 중세 유적 혹은 사쓰분 문화기의 유적 발굴 조사의 진전으로 분명해진 것이 있다. 사쓰분 문화에서 아이누 문화로의 이행에는 일본 측과의 교역 발달과 그에 동반한 금속제품 등 일본 제품의 보급으로, 토기의 소멸을 동반한 아이누 문화의 형성에 크게 관여했다는 것이다.

그러나 오오츠크 문화의 소멸과 사쓰분 문화에서 아이누 문화로의 이행에는 혼슈로부터의 영향뿐만 아니라 일본열도 바깥으로부터의 커다란 힘이 작용했다고 할 수 있다. 마침 그 시기에 내륙 아시아에서 성장한 몽골이 거대한 유목제국을 구축해 중국을 지배하고, 동시에 그 군대가 사할린까지 직접 발을 들여놓았기 때문이다. 내륙 아시아에서 몽골제국의 출현과 그 아무르·사할린으로의 진출이 이 지역의 정치·경제 정세를 일변시켰음은 상상하기 어렵지 않다. 그러나 구체적으로 어떻게 관여한 것인가에 대해서는 충분히 검토되었다고 말하기 어렵다.

2. 몽골군의 사할린 원정

몽골의 사할린 진출 자체에 대한 역사상의 평가는 근년 활발한 논의가 전개되고 있다. 대체로 두 가지 의견으로 갈리는데, 하나는 '북쪽에서의 몽고 습래(襲來)' 혹은 '또 하나의 몽고 습래'로서, 그것이 일본을 시야에 넣은 군사행동이었다고 보는 것이고(에노모리 스스무(榎森進), 「13~16세기의 동아시아와 아이누 민족-원·명조와 사할린·아이누의 관계를 중심으로-」 ; 엔도 이와오(遠藤巖) 「오에이(応永) 초기의 에조의 반란-중세 국가의 에조 문제에 부쳐-」), 다른 하나는 어디까지나 사할린을 지배하는 것만이 목적이고 북쪽에서 일본으로 쳐들어가는 것까지 고려한 행동으로 해석하는 것은 과대평가라는 설이다(나카무라 가즈유키(中村和之), 『'북쪽에서의 몽고 습래' 소론-원조(元朝)의 사할린 침공을 둘러싸고-』). 양설의 옳고 그름을 묻는 것은 여기에서 피하겠지만, 적어도 가이호 미네오(海保嶺夫)와 엔도 이와오(遠藤巖)가 지적하듯이 원의 사할린 침공이 13세기에 시작되는 에조(蝦夷) 관영(管領) 안도(安藤) 씨의 내분에 발단이 되는 '에조의 난(蝦夷の乱)'과 어떤 형태로든 관계가 있었음은 사실이다(가이호 미네오(海保嶺夫),『중세의 에조치(蝦夷地)』, 엔도 이와오(遠藤巖)의 앞 논문).

　몽골제국 혹은 원조의 아무르·사할린 방면으로의 진출은 세조(世祖, 쿠빌라이(Khubilai)) 시대에 시작된다. 13세기 중반에는 현재의 암군(Amgun)강이 아무르강으로 합류하는 지점에 있었던 누르간(奴兒干)의 땅에 동정원사부(東征元帥府)가 설치되어, 아무르강 최하류역의 길레미(吉烈迷)를 그 지배하에 두었다. 원대(元代)를 기술한 정사『원사(元史)』에 의하면, 원나라 군대가 처음으로 바다를 건너 사할린으로 진격한 것은 1264년이다. 그것은 남쪽에서 진격해온 골외(骨嵬, 쿠기, 지금의 사할린섬 지역에 거주했던 부족)의 공격 앞에서 고전을 면치 못했던 길레미로의 요청에 의한 출병으로 원의 군대가 골외의 공격을 격퇴한다. 그 후 골외에는 원에 복종한 자가 있었던 것 같은데, 1273년부터 1283년까지 골외와 원 사이의 전투 기술은 없고, 역으로 골외의 군역을 면제했다는 기술까지 확인된다. 그러나 1284년부터 재차 정세가 바뀌어 1286년까지 매년 원과 골외의 전투가 이어진다.『원사』에서는 이후 골외 관계의 기술은 보이지 않게 되지만,『원문류(원문류)』41권「경세대전서록, 초포, 요양 골외(經世大典序錄, 招捕, 遼陽, 骨嵬)」속에 그 후의 골외 동향이 기술되어 있다.

　그것에 의하면, 골외와 원의 전투는 1297년(대덕 원년)과 1305년(대덕 9)에도 있고, 이때는 골외 측이 와영(瓦英)과 옥부염고(玉不廉古) 등 리더의 통솔로 일부 길레미까지 끌어들여 대륙으로까지 진격한다. 하지만 그와 같은 적극적인 공격도 결국 격퇴되고 1308년(지대 원년)에 이르러 저항을 계속했던 골외의 수장들도 투항하면서 매년 모피를 갖고 내공(來貢)하기로 약속한다. 다만, 그 후에 골외의 조공이 계속되었는지에 대한 사료는 없다.

3. 골외(骨嵬)와 '당자(唐子)'의 공통점

산탄교역의 무대가 된 아무르, 사할린, 홋카이도 주민의 중세(12~16세기)의 동향과 주변 국가와의 관계를 분석하기 위해서는 고고학 자료, 일본 사료, 중국 사료 세 종류를 사용해야만 하는데, 각각 취급하기 위한 방법론이 다르다. 고고학 자료는 고고학의 전문가에 의해 발굴되어 정리·분석되지만, 그때 사용되는 키워드는 오오츠크 문화랑 오오츠크 문화인, 혹은 사쓰분 문화랑 사쓰분 문화인이고, 그것은 발굴된 유물, 즉 한정된 물질문화를 기초로 해 세워진 술어(術語)이다. 역사 자료에 대해서는 사료 비판이라는 기본적인 방법에는 상이점이 없지만, 중국 사료와 일본 사료에서는 그 안에서 사용되는 용어가 다르다. 예를 들어 주민명의 경우, 중국 사료에서는 길레미(吉烈迷), 골외 등이 사용되고, 일본 측에서는 '에조' 혹은 그 하위 분류로서 '도당(渡党)', '당자(唐子)', '일본(日ノ本)' 등이 확인된다. 중국 사료와 일본 사료는 그 편자가 다르기에 당연히 주민의 구분도 다르다고 생각해야만 한다.

길레미란 Gilemi의 취음자로 아무르의 퉁구스계 주민이 니브흐를 가리켜 말하는 데서 유래한 것이라 한다. 또한 '골외'는 Kuyi의 취음자이고, 니브흐가 아이누를 가리켜 말하는 데서 유래한다고 한다. 이것은 정설(定說)인 것 같지만, 실제로는 현재의 상황을 중세에 투영함으로써 성립한 설이기 때문에, '길레미=니브흐', '골외=아이누'라고 생각하는 것은 단락적(短絡的)이다. 이미 13세기에 아이누와 니브흐라는 '민족'이 성립했는지는 확증이 없기 때문이다. 중국 사료에서 읽을 수 있는 있는 것은 13, 14세기 당시의 중국에서는 아무르 최하류 유역과 사할린에 '길레미', '골외'로 불리던 정치적으로 대립하고 문화적으로도 다른 특징을 가진 두 집단이 인정받고 있었다는 것이다.

중세의 '에조'라는 말은 대체로 현재의 홋카이도와 쓰가루(津輕) 반도,

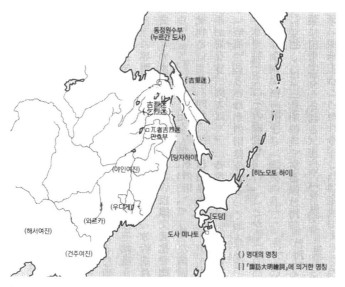

[그림 9] 원명 시대의 아무르·사할린

시모키타(下北) 반도에 거주했던 주민을 가리킨다. 그 내용에 대해서는 안도(安藤) 씨(쓰가루 13항(湊)과 아키타항(秋田湊) 등에 본거지를 갖고 동해(일본해) 교역으로 번창했던 민족)처럼 에조의 지배자를 포함하는지 아닌지에 대해 의견이 갈라진다. 또한 '도당', '일본', '당자'라는 3종의 에조는 유명한 『스와대명신회사(諏訪大明神繪詞)』에 등장하는 것으로, 거기에서 '도당'이란 말은 거의 일본인(和人, 혼슈 이남의 사람들)과 별반 다르지 않은 것에 비해, 나머지 두 사람은 전혀 다르다고 기술하고 있다. 가이호미네오(海保嶺夫)에 의하면 도당은 에조치에 유형(流刑)되어 토착화한 사람들이고, 안도 씨는 그 지배자로서 거기에 포함된다고 한다. 한편, 일본은 단지 동쪽에 사는 사람이라는 의미이고, 홋카이도 동부로부터 지시마열도 일대의 주민을 가리키며, 당자란 그 습속에 중국(혹은 몽골)의 영향을 많이 받은 사람들임을 의미하고, 홋카이도 서부에서 사할린에 걸친 주민들을 가리킨다고 한다(가이호 미네오, 『중세의 에조치』).

성질이 달라 분석 혹은 해석의 방법이 다른 자료·사료에 등장하는 주민명과 문화명을 정합적으로 조합(照合)하는 것은 거의 불가능하다. 확실히 골외를 사쓰분(擦文) 문화와, 길레미를 오오츠크 문화와 연결지어 사할린에서 골외와 길레미의 분쟁은 사쓰분 문화인이 사할린으로 확대해서 오오츠크 문화인과 서로 싸우고 있었다는 것을 나타낸다고 하는 사고도 있다. 그러나 문헌에는 골외와 길레미의 분포 지역과 문화적 특징에 대해 현재 고고학적으로 알려져 있는 사쓰분 문화와 오오츠크 문화의 그것들에 필적할만한 정보는 없고, 또 양자의 분석 방법도 다르기 때문에 '길레미=오오츠크 문화인', '골외=사쓰분 문화인'으로 생각하는 것은 너무 단락적이다.

또한 중세 초기(12, 13세기)의 사쓰분 문화인과 연계시키는 사고도 있지만, 중세의 에조에도 도당처럼 언어문화 면에서 일본인에 가깝거나 당자처럼 중국인에 가까운 자까지 있었기 때문에 특정의 물질문화만으로 구분된 사쓰분 문화와 연결하는 것 또한 무리가 있다. 다만 한 가지 중국 사료의 골외와 일본 사료의 당자 에조에서 뭔가 접점을 발견할 수 있을 것 같다. 그것은 골외는 몽골과 접촉해 복속된 적이 있는 사람들이고, 그 문화에는 분명 중국 혹은 몽골의 영향이 보일 것이다. 반면에 당자란 중국의 영향을 받았음을 보여주는 명칭이고 거기에 공통점이 보인다. 아마도 몽골과의 싸움에서 굴복하고 중국화한 골외의 일부가 일본인 눈에 '당자'로 비친 것은 아닐까 한다.

4. '경계'에 위치한 안도 씨

그런데 몽골의 사할린 침공이 북일본 에조의 난으로 이어졌던 메커니즘에 관해서 일본사를 전공하는 사람들은 몽골의 진출이 파괴와 살육만 초래했다는 마이너스 평가뿐인 부여하지 않는 듯하다. 결국 원과 골외·길레미의 전쟁이 사할린과 홋카이도를 오가는 물자의 결핍을 초래하고, 그로 인해 에조 사회가 혼란에 빠졌다는 것이다. 그러나 몽골의 사할린 침공과 지배는 물자의 결핍과 사회적 혼란만 초래했던 것인가.

근래 몽골제국의 역사적 평가가 재검토되고 있다. 예를 들면 러시아 지배에 대해서도 '타타르의 멍에'라고 했던 종래의 마이너스 평가뿐만 아니라, 모스크바 대공국(大公國)의 발전과 자립에는 몽골제국의 유산이 크게 공헌하였음이 분명하다. 사할린 지배 등은 러시아 지배에 비하면 세계사 속 작은 에피소드에 지나지 않을지도 모르지만, 역시 몽골 지배의 의미는 재검토할 필요가 있다고 본다.

『원사(元史)』와 『원문류(元文類)』에 의하면 골외는 늘 반란을 반복했던 것처럼 보이는데, 몽골군이 그때마다 골외를 모두 죽였던 것이 아니다. 반란을 진압하면 일단 그 통치기구에 편입시켰던 것 같다. 예컨대 『원사』에 의하면 1273년에는 골외에 대한 병양용(兵糧用) 조세를 면제하는 조치가 내려진 적이 있고, 또한 『고려사』에 의하면 1287년에는 이미 골외를 대상으로 만호부(萬戶府)를 설치해 1000명 규모의 만군(蠻軍, 구 남송의 병사)이 사할린에 주류(駐留)했었다고 한다. 『원문류』에 의하면 길레미 중에는 원조부터 백호(百戶)의 장(長)으로 임명되는 자가 여러 명 있고, 아마도 복종한 골외의 유력자도 그와 같은 역직(役職)에 임명되었던 것으로 보인다.

원조의 동북 지방 정책은 기본적으로는 후세의 명대, 청대와 마찬가지로, '수공번상(收貢頒賞)'이었다. 『원문류』의 골외와 관련한 기술이 복종한 골외의 지도자들이 모피를 가지고 조공할 것을 약속했다는 것으로 끝나듯이 원조는 저항하는 골외의 수장을 처형하는 것이 아닌, 모피 조공을 하도록 만들었다. 조공에는 반드시 은상(恩賞)의 하사가 있다. 결국 모피와 은상이 교환되는 것으로서, 거기에서 물자의 교환과 유통이 이루어진다. 그것은 원조의 지배가 반드시 사할린에 살육과 황폐만을 초래한 것이 아니고, 사람의 왕래와 물자 유통의 활성화도 이뤄졌음을 의미하는 것이다.

그러면 그것이 왜 에조 사회에 혼란을 초래해 북일본이 내란에 빠졌던 걸까.

거기에는 안도(安藤) 씨의 에조 지배가 관련되어 있다. 주지하다시피 안도 씨는 쓰가루반도의 토사항과 아키타항을 본거지로 하여 12세기부터 14세기까지 '에조 관령(蝦夷管領)'으로서 에조치에 군림한 일족이다. 또한 그 후예는 아닐까 하는 안도(安東) 씨도 14세기부터 16세기까지 '동해장군(東海將軍)' 혹은 '일본장군(日ノ本將軍)'이라 칭하는 에조치의 맹주(盟主)였다. 근래 쓰가루, 시모키타(下北), 오시마(渡島)의 각 반도에서의 발굴 조사 진전으로, 안도 씨가 이끌던 에조의 교역 활동 실태가 제법 해명되고 있다. 그것에 따르면 중세에는 13항은 동해(일본해) 교역에 의해 제법 번영했던 것 같은데, 토사항뿐만 아니라 쓰가루, 시모키타, 오시마의 유적에서 엄청난 양의 도자기와 철 등이 출토되었다. 도기에는 일본제(노토반도(能登半島)의 스즈(珠州)에서 구워낸 '스즈계 도기(珠州系陶器)')도 포함되어 있는데, 조선제와 중국제 도자기도 많고, 엄청난 양의 중국전(中國錢)도 출토되었다. 이것이 반드시 안도 씨의 선단이 직접 중국과 조선으로 나갔음을 보여주는 자료라고는 할 수 없지만, 동해(일본해) 교역이 왕성함을 단적으로 보여주는 것이라고는 할 수 있다.

가이호(海保)에 의하면, 안도 씨의 본거지였던 쓰가루반도는 다섯 개의 교역로의 결절점(結節點)에 해당한다. 즉, 동해(日本海) 연안을 따라 교토(京都)로 향하는 길, 태평양 연안을 따라 가마쿠라(鎌倉)로 향하는 길, 홋카이도에서 지시마(千島) 열도를 경유해 캄차크로 빠져나가는 길, 홋카이도에서 사할린으로 빠져나가는 길(산탄교역의 길), 그리고 동해(日本海)를 횡단해 직접 대륙으로 향하는 길이다(가이호 미네오, 『북방교역과 중세 에조』). 그로 인해 교토와 가마쿠라에는 본래부터 서일본을 경유해 조선과 중국의 제품이 들어오고, 북쪽을 도는 루트로 모피, 독수리와 매의 꼬리털,

해산물, 녹각(鹿角)과 바다코끼리의 상아 등 북방 산물이 집적(集積)했다. 안도 씨는 이 다섯 개의 루트로부터 들어오는 물자를 움직임으로써 막대한 이익을 올리고, 그것이 에조치 지배의 재정적 기반이 되었던 것이다.

안도(安東)씨의 권력은 이른바 '경계 권력'이라고 한다. 그들은 일본인과 에조의 중간적 존재, 혹은 그 경계 영역의 존재임을 이용해 에조의 정권임과 함께 일본인(와진)의 권력으로부터도 에조치의 지배자로서 인가받아 에조치에서의 권력을 강화하였다. 구체적으로 가마쿠라 시대에는 막부 싯켄(執權)의 호조 도쿠소가(北條得宗家)의 피관(被官)이 되어 에조 관령(管領)으로서 '에조의 사태(沙汰)'를 집행하고, 무로마치 시대에도 무로마치 막부의 승인 하에 일본(日ノ本) 장군 혹은 동해(東海) 장군을 칭하고 에조치 지배를 행하였다. 15세기 이후 안도 씨는 난부(南部) 씨를 비롯한 일본인 무가 세력의 압박을 받아 쇠퇴하지만, 그때 무로마치 막부는 형식상은 안도 씨를 지원하였다. 그러나 한편 그들은 자신을 에조라고 칭하고, 막부에 대해서는 북방의 진품 증여(贈與)로 그 존재를 어필하였다. 따라서 역사학자 사이에서도 그들의 귀속에 대해서는 에조설과 와진설이 대립하고 있지만, 근래에는 양자의 경계성에 착목해 에조인가 와진인가라는 논의를 지양하는 움직임이 유력하다.

5. 어째서 에조 사회는 혼란스러웠을까

안도 씨의 흥륭은 오슈 -娛州, 일본의 옛 지명. 현재의 아오모리(靑森), 이와테(岩手), 미야기(宮城), 후쿠시마(福島)현을 가리킨다.- 후지와라(藤原)씨의 멸망 이후에 현저해지는데, 13세기가 에조 관영으로서 안도 씨의 최성기(最盛期)라고 한다. 그것이 홋카이도에서 사쓰몬 문화의 종말 시기와 가깝다는 것과 혼슈로부터의 도자기와 철기의 보급이 사쓰몬 문화의 종말을 초래했다는 것 등을 고려하면, 안도 씨에게 통솔받았던 쓰가루, 시모키타, 오시마 주변의 에조(주로 도당(渡党)) 교역 활동의 활성화가 홋카이도에서 사쓰분 문화를 종식시키고, 새로운 문화(고고학상의 아이누 문화)를 형성시킨 원동력이 되었다고도 생각할 수 있다. 중세 이후의 홋카이도 아이누 문화는 기본적으로는 철과(鐵鍋)와 철제 수렵 어로 용구를 많이 사용하고, 칠기와 도자기를 사용하는 문화이기 때문에 기본적으로는 일본인과 안도 씨의 통솔을 받았던 에조들과 교역을 전제로 한 문화이다. 따라서 안도 씨는 홋카이도이 아이누 문화의 담당자들(문헌상으로는 일본과 당자)에게 교역을 통해 경제적 혹은 문화적으로 상당히 강한 영향력을 행사할 수 있고, 그것을 정치적인 것으로 확대했던 것은 아닐까 상상된다. 따라서 그 시기에 몽골 원조의 사할린으로의 세력 확대는 안도 씨의 에도 지배지 혹은 영향력에 뭔가 충격을 주었음은 충분히 생각할 수 있다.

다만 그 충격을 주었던 것은 몽골군이 골외를 살육했다거나 물자의 결핍은 아니었다고 본다. 오히려 사할린의 길레미(吉烈迷)와 골외가 원조의 통치구조에 통합되어 정치·경제·문화적으로 '몽골=중국'의 강한 영향 하에 놓였던 것이 충격은 아니었을까. 이와 같은 사고는 본서의 주제의 하나인 청조의 아무르·사할린 지배와 그 주민 간의 관계 문제의 고찰에서 생겨난 것이다. 뒷장에서 자세하게 언급하겠지만, 사할린에서 산탄, 스메렌쿨과 아이누의 관계는 청조의 영향력의 성쇠와 일본(마쓰마에번 혹은 에도 막부)의 세력 진전과 밀접하게 연결되어 있다. 거기에서 유추해 보면, 사할린, 홋카이도, 쓰가루·시모키타반도를 포함하는 당시의 에조치에서 주민의 관계도 원조와 안도 씨의 세력 지도와 결부되고, 원조와 안도 씨의 지배력도 주민과의 관계에서 규정되었던 것은 아닐까 생각된다.

구체적으로 말하면, 일본과의 교역을 중개함으로써 홋카이도 이북의 에조에 영향력을 행사했던 안도 씨는 북쪽에서 온 원조라는 강력한 라이벌과 조우하고 말았다. 안도 씨가 홋카이도의 에조를 정치적으로 어디까지 파악했었는지 알 수 없지만, 적어도 원조는 사할린의 골외와 길레미를 백호·만호 등의 통치조직으로 통합했고 수공반상(收貢頒賞)이라는 수단으로 대량의 물자를 보내 경제적으로도 강력한 영향력을 행사하기 시작했던 것이다. 그 결과 사할린의 길레미와 골외 등은 '몽골=중국 문화'의 세례를 받고, 그 영향은 홋카이도에까지 미쳤던 것으로 보인다. 가이호(海保)에 따르면, 중세·근세 일본의 문헌에서 '당자(唐子)'란 단지 중국적이라는 것이 아니고, 특히 몽골의 영향이 강함을 가리켜 사용하는 말이라고 한다. 어쨌든 홋카이도 서부의 주민이 '당자'로 불렸던 것은 '몽골=중국 문화'적인 영향이 거기까지 미쳤음을 시사하고 있다. 게다가 나중 청조의 영향력을 상상해보면, 그 영향은 문화에 머물지 않고 주민간의 정치적인 힘 관계에도 미쳤을 것이다. 결국 안도 씨의 영향 하에 힘을 가졌던 유력자에게 원조의 영향 하에 새로운 힘을 갖게 된 세력이 대항하기 시작해 양자의 대립이 에조 사회의 혼란을 불러일으킨 것을 아니었을까. 그리고 안도 씨가 거기에 개입했기 때문에 북일본 전체가 혼란에 휘말려들게 된다. 원의 사할린 침공은 일본(가마쿠라 막부와 교토의 조정)까지 사정에 넣은 군사행동은 아니었을지 모르지만, 적어도 안도 씨는 그것에 대해 상당한 위기의식을 느꼈을것으로 본다.

다만 '에조의 난'의 원인은 단순하지 않다. 근래 역사학의 분야에서 종종 지적하는 것은 14세기에 동해(일본해) 교역의 비약적인 융성에 따른 에조의 사회 경제적인 변화 쪽이다. 결국 에조 사회의 혼란을 일본의 시점에서 설명하는 것이다. 나는 그것을 부정하는 것이 아니다. 14세기에 동해(일본해) 교역의 융성은 고고학적으로 뒷받침되었기 때문이다. 그러나 원조의 사할린 지배에 의한 북으로부터의 영향도 가이호(海保)와 엔도(遠藤)의 평가와는 다르지만 무시할 수 없는 것이 있을 것으로 본다.

1308년에 원에 항복한 후의 골외의 정세에 대해서는 지금까지 사료가 발견되지 않았다. 그러나 그 후 골외의 반란이 정사류(正史類)에 등장하지 않는다는 점에서 보면, 수공반상 제도가 정착하고 사할린 지배 안정화된 것인지도 모른다. 그리고 홋카이도 이남에서는 그 여파로 안도 씨의 영향력이 후퇴하고 그에 따른 혼란이 끊임없이 이어진다.

6. 원조(元朝)와 명조(明朝)가 아무르·사할린 통치의 원형을 놓다

그러나 원조의 사할린 지배도 1368년에 주원장(朱元璋)이 거느리는 명이 원을 막북(漠北)으로 몰아냄으로써 파탄난다. 중국 동북 지방에 있던 원의 군대는 고립하고 명군에 격파당해, 누르간의 동정원사부(東征元帥府)도 소멸한다. 명의 영락제(永樂帝)가 1409년 누르간에 누르간도사(奴兒干都司, 도지휘사)를 설치하기까지 약 40년간은 재차 중국에 의한 국가 지배의 공백기가 된다. 그 사이의 사할린, 홋카이도 방면의 정세는 고고학 자료와 일본 측에 약간의 사료가 전해질 뿐 상세한 것은 명확하지 않다. 어쩌면 오에이(応永) 연간 무렵의 '에조의 난'이 그것과 관련이 있을지도 모른다.

와다 세이(和田淸)에 의하면, 명조는 당초 동북 지방을 남부의 건주위(建州衛)와 북부의 올자위(兀者衛) 두 개의 위(衛)로 지배할 예정이었던 것 같은데, 동북 지방의 여진계 사람들로터의 조공이 늘어남에 따라 그 유력자를 차례로 위에 임명하게 된다(와다 세이, 『동아사논수(東亞史論藪)』). 위에도 영고성쇠(榮枯盛衰)가 있기 때문에 그 정확한 수를 추산하기는 어렵지만 설치 범위는 현재의 중국 동북 지방부터 송화강과 아무르강 유역, 그리고 사할린 중부까지 미친다(파라하위(波羅河衛)는 현재의 포로나이강 유역에 있었다고 한다). 누르간에 설치된 도사(都司)는 위를 통괄하기 위한 기관이고, 위가 그 고장의 유력자였던 것에 비해 누르간도사에는 중앙에서 파견된 관리와 군대가 주둔했다. 『명실록(明實錄)』에 의하면, 1427년(선덕 2)에는 주둔병이 3,000명에 달했다. 또한 명조는 누르간까지의 교통을 확보하려고 오늘날의 송화에서 아무르강 연안으로 다수의 역참(驛站)을 설치하였다. 역참이라고 해도 실제로는 그 고장 주민의 촌락이 있는 곳으로 주민에게 얼마간의 교통 편의를 꾀하도록 한 것에 지나지 않았을 것이다. 그러나 누르간도사, 위, 역참이라는 체계의 통치기구를 보여준다는 점에서 명의 아무르, 사할린 지배는 적어도 동북 지방(건주여직(建州女直)과 해서여직(海西女直))에 대한 것과 동등했다고 말할 수 있을 것이다. 역사학자 중에는 명의 아무르, 사할린 지배는 원대의 동정원사부 이상으로 제도가 정비된 본격적인 것이었다고 보는 견해도 있다.

하지만 그 지배도 그렇게 안정된 것은 아니었다. 영락연간(永樂年間)의 말기에는 누르간도사도 약체화 되고, 1413년(영락 11)에 건립된 영녕사(永寧寺)도 한번 그 고장의 길레미(乞烈迷, 吉烈迷와 같음)들에게 파괴되어 1433년(선덕 8)에 재건된다. 선덕연간(宣德年間)의 초기 1420년에 재차 강화되긴 했지만, 1435년(선덕 10) 이후는 누르간도사도 기능을 할 수 없게 되어 명의 아무르, 사할린 통치도 위로부터의 자주적인 조공을 기다리는 등 수동적인 것이 된다.

원대와 명대의 아무르, 사할린 통치의 원칙은 반복해서 지적하듯이 '수공반상'이다. 결국, 모피 등을 가지고 조공에 나갔다 온 자에게 견직물 등의 은상을 준다. 그것은 화이사상(華夷思想)으로 뒷받침된 중국의 전통적인 주변 민족 정책이었다고는 해도, 원과 명처럼 계층성을 가진 통치구조에 편입된 수공반상은 제법 대량의 물자 교환이 된다. 그것은 훗날 청대의 산탄교역에서 유추할 수 있는 것이지만, 역으로 또한 이미 그 원형이 원대 말(14세기 전반)에는 완성되어 있었다고도 할 수 있다. 다만 청대 상황과의 차이는, 일본 측에는 사할린은 커녕 홋카이도조차 충분히 장악한 정권이 없었다는 것이다. 북방 교역의 실력자로 불렸던 안도 씨의 홋카이도랑 사할린의 에조에 대한 통제력은 후의 마쓰마에번의 것과는 비교가 안될 정도로 약했다. 따라서 홋카이도의 에조는 그래도 정치 경제적으로 자립한 존재이고, 그들의 교역은 일본 측 정권에 속박된 것이 아닌 자립했던 것이었다고 본다. 그러나 이권이 컸기 때문일까, 이 교역의 헤게모니를 둘러싼 투쟁이 에조끼리 혹은 재지(在地)의 에조와 안도 씨 등과 반복하게 된다.

7. 누르하치의 여진 통치

누르간도사(奴兒干都司)의 기능이 사실상 정지된 1430년대 중반 이후의 15, 16세기 아무르·사할린의 정세에 대한 정보는 거의 없다. 그 지역과 문서 기록을 남겨온 중국과 중앙정권의 중간지대, 즉 일본 측에서는 홋카이도부터 동북 북부, 중국 측에서는 동북 지방이 전란 시대로 돌입했기 때문이다.

일본 측에서는 1395년에 아키타항의 상국(上國) 안도 씨가 멸망한다. 게다가 토사항의 하국(下國) 안도 씨도 난부 씨의 공격을 견뎌내지 못했고, 15세기 중기에는 적계(嫡系)가 단절되고, 쓰가루·시모키타에서의 지반(地盤)도 잃어 오시마(渡島)반도로 북천(北遷)해버린다. 그러나 거기에서도 그 고장의 에조 세력(슬슬 아이누 민족으로서의 성격이 분명해진다)과 자신의 지배하에 있었던 가키자키(蠣崎) 씨와 대립이 기다리고 있었다. 그리고 코샤마인(무로마치(室町) 중기 아이누의 우두머리, 1457년 오시마 반도 남부에 정착하기 시작한 일본인들의 압박에 대항해서 싸웠지만 패하였다)과의 전쟁에서 이름을 떨친 다케다 노부히로(武田信廣)와 그 자손을 받든 가키자키 씨가 16세기 중기까지 오시마 반도에서 패권을 확립해 안도 씨의 에조치 지배를 종식시켰다. 가키자키 씨는 대립하던 에조 세력과 화해하여 오시마 반도에서 자신의 영지를 확보함과 함께, 쇼쿠호 정권 -織豊, 오다 노부나가(織田信長)·도요토미 히데요시(豊臣秀吉)의 성을 따서 말한 것이며 아즈치모모야마(安土桃山) 시대의 다른 이름이다– 과 도쿠가와(德川) 정권에 접근해 에조치의 지배권을 인정받고, 역으로 그 고장의 에조보다 우위에 서게 된다. 17세기로 들어서면 그들은 마쓰마에 씨로 칭하고 와진의 다이묘(大名)로 전환해, 그 가신이 아닌 에조를 아이누로서 구별해가며 점차 자신의 통제 하에 넣는다. 그것에 대한 아이누 측 최대의 저항이 1669년 소위 샤크샤인 전쟁[12]이었다. 그런데 전쟁에서 패한 아이누는 결국 마쓰마에번에 예종(隷從)을 강요받게 된다. 한편, 대륙 측에서는 여진계 다수의 위(衛)가 분립하는 상태가 계속되는데, 16세기에는 현재의 송화강 중류역을 지반으로 한 해서여진(海西女眞) 혹은 훌룬 구룬(hūlun·gurun)으로 불렸던 일군의 여진 집단이 아무르와 사할린의 모피 산지와 중국 사이의 교통 요충을 제압해 유력해진다.

　'여진(女眞)' 혹은 '여직(女直)'이란 하나의 민족이 아니고 현재의 동북지방부터 아무르 지방, 연해주 일대에 흩어져 거주하던 퉁구스계의 언어로 말하는 사람들을 총칭한다. 일단 중국 사료에서는 건주(建州), 해서(海西), 야인(野人) 3개 집단으로 구분하는데, 그것은 반드시 그들 자신의 구분을 반영하고 있는 것은 아니다. 후에 만주어로 기록한 사료와 조선의 사료에 의하면, 해서 여진은 하다(Hada), 호이파(Hoifa), 여허(Yehe), 울라(Ula) 등 세력의 집합체이고, 건주 여진도 오도리로 불리는 집단이 중심이다. 또한 야인 여직에도 몇 종류나 있고, 조선 국경에 가까운 현재의 길림성과 연해주 근처에는 조선 측으로부터의 우디게(兀狄哈), 와르카(兀良哈)으로 불리는 사람들이 있었다. 실은 누르간에 있었다고 하는 영령사비(永寧寺碑)의 여진어 비문에 의하면, 야인이란 우디게(Udigə, 한국어 '어디고'에 해당한다)의 한어역인 것 같다. –曹廷杰,『동삼성여지도설(東三省

12　에도 전기 히다카(日高) 지방의 시부챠리(シブチャリ) 아이누의 수장, 1669년(寬文9) 마쓰마에번(松前藩)의 교역 독점 강화에 반대하는 아이누족을 이끌고 에조(蝦夷) 각지에서 상선을 습격하게 하고 나아가 마쓰마에를 공격하려고 하다가 모살(謀殺)되었다.

興地圖說)』「附〈永寧寺記〉碑記釋文」- 우디게란 현재의 퉁구스계 언어로 해석하면 '숲의 사람'이라는 의미가 되지만, 아마도 삼림지대에 사는 미개의 사람들이라는 뜻으로 사용되기 시작했을 것이다. 다만 조선 사료(『조선왕조실록』)에 등장하는 우디게는 숲에서 사냥도 하지만, 기본적으로는 하곡평야(河谷平野)에 사는 전작(畑作) 농경민이다.

이러한 여진의 제 집단은 훌룬 구룬으로부터 '야인'으로 불렸던 우디게와 와르카에 이르기까지, 명나라 초기까지는 위(衛) 별로 말과 모피 등의 특산물을 바치는 조공민이었다. 그러나 누르간도사의 기능이 정지되고 명의 정치적·군사적인 영향력이 저하함과 함께, 동북 지방 각지에서 각각의 교역 주도권을 장악해버린다. 당초는 오로지 말을 특산물로 하여 교역했지만, 15세기 중반부터는 중국과 조선의 궁정에서 검은담비를 중심으로 한 모피의 수요가 높아져, 교역품의 중심은 모피 쪽으로 옮겨간다. 그들은 아무르 등의 모피 생산지와 중국 등의 소비지의 중간지대라는 지역 이점을 살려 교역으로 부를 축적한다. 그리고 그 재력으로 중국과 조선으로부터 농기구와 농경용 가축, 나아가 노동력까지 흡수하고 커다란 경제력, 정치력, 군사력을 갖추어갔다.

후에 청조의 기초를 구축한 누르하치(1559~1626, 중국 후금(後金) 초대 황제. 후의 청(淸) 태조)는 건주 여진 출신이라 하는데, 역경(逆境) 속에서 훌룬 구룬과 명의 세력과 잘 결탁하고 힘을 비축해, 결국에는 그것들을 능가해 여진 제 집단을 통합해간다. 그 과정에서도 그는 모피 교역의 중요성을 확실히 인식하고 있었던 것 같고, 모피 생산지와 가까운 우디게와 와르카(만주어로는 워지-weji)를 산하에 넣는 것을 잊지 않았다. 이 지방에는 군을 보내 무력 제압과 동시에 모피 조공을 장려하고 명의 수공반상을 모방한 조공제도를 적용하였다.

8. 경계 권력으로서의 누르하치 정권

이전에 「북해의 교역-대륙정세와 중세 에조의 동향」(이와나미 강좌 『일본통사』 10권 수록)이라는 논문에서 이 누르하치에 의한 여진의 통합 과정과 일본 측의 '가키자키(蠣崎)=마쓰마에'씨에 의한 에조의 통치 과정을 비교한 적이 있다. 거기에서 양자의 대응관계를 논하고, 그 공통점으로서 오오이시 나오마사(大石直正)과 기쿠치 이사오(菊池勇夫)가 제창하는 '경계 권력'으로서의 성격이 보인다는 것을 지적했다. 그러나 에조치와 아무르 지방에 대한 일본과 중국의 정책에 공통점이 보이긴 했으나, 중국 동북 지방에서 생겨났던 여진계의 정권을 안도 씨와 가키자키 씨=마쓰마에(松前)씨와 같은 경계 권력으로 보는 사고방식은 반대의견에 부딪혔다.

확실히 누르하치 정권과 마쓰마에 씨의 정권을 동렬(同列)로 다룰 수는 없다. 양자 사이에는 많은 상이점이 있다. 결정적인 것은 마쓰마에가 번(藩)이라는 도쿠카와 정권의 한 제후에 머물렀던 것에 비해, 누르하치의 후계자들은 결국 중화제국을 빼앗아버렸다고 하는 점이다. 다만, 그들이 '경계 권력인지 아닌지'에 대해서는 재음미하지 않으면 안된다.

나는 역사학을 전공한 사람은 아니기 때문에 오해가 있을지도 모르지만, 일단 '경계 권력'이라고 하는 것을 중화사상의 이데올로기를 기초로 해서 형성된 중앙정권의 지배 영역과 인접 영역의 사이에 위치하고 양자의 성격을 겸비해 다른 영역의 맹주를 자인함과 동시에, 그 근거를 자신의 이인성(異人性)과 중앙권력의 인가에서 구하는 권력으로 이해하고 있다. 안도 씨가 가마쿠라와 무로마치 막부에 에조의 사태(沙汰)를 인정받았던 것과 그들 스스로 에조임을 칭하고 아이누 것에 가까운 궁시(弓矢)를 그 증거로서 전승해온 것은 그들의 경계성을 단적으로 보여주는 것이다.(大石直正, 「북해의 무사단·안도씨(北の海の武士団·安藤氏)」) 마찬가지로 마쓰마에 도 막번 체제의 한 번(藩)이 되면서도 대외적으로는 일본인(和人)과는 다르다는 점을 강조한다.

그러면 누르하치 정권과 그 후계자인 청조는 어떠했는가.

역사학의 상식에서 청조는 '정복 왕조'의 하나로 거론된다. 정복 왕조란 북방계의 비한민족 왕조이고, 독자의 통치 스타일과 고유 문화를 강조해 극력 한문화로 동화되는 것을 피하면서 중국을 지배한 왕조이다. 일단 역사학에서는 거란(契丹)의 요(遼), 여진(女眞)의 금(金), 몽골의 원(元), 그리고 만주의 청이 그에 해당한다고 본다. 그것이 일본의 에조치의 경계 권력과는 상이한 성질의 것임은 분명해 보인다.

실은 중국의 정복 왕조라고 불리는 이 4개의 왕조는 언어적, 문화적으로 두 개의 그룹으로 갈라져 있다. 즉, 요(遼), 원(元)과 금(金), 청(淸)이다. 말할 것도 없이 언어적으로는 몽골계와 퉁구스계, 생태적으로는 초원의 유목과 하곡평야(河谷平野)의 농경의 차이이다. 특히 생태적인 차이는 중국에서 내몰려 이후의 왕조와 그 중핵 민족의 운명을 좌우한다. 그 차이를 단적으로 보여주는 것이 원과 청의 비교이다. 원이 중원을 내쫓긴 후에도 북원으로서 명에 위협을 계속해 현재에도 몽골 민족으로서 고유 언어와 문화를 명확히 유지하고 있는 데 비해, 청은 신해혁명에서 와해한 후 독립한 정치 세력이 되지 못하였다. 게다가 만주는 완전히 한화(漢化)되어, 독자의 언어와 문화를 상실해버렸다. 지금은 만주민족으로서의 존립 기반은 한 명 한 명의 의식에서 찾는 수밖에 없다.

원조와 청조를 비교하고 그것들과 에조치의 경계 권력을 비교했을 때, 원조가 경계 권력이 아니라는 것은 분명하다. 몽골은 중화 세계와 다른 세계의 경계에 있었던 것도, 그 위치관계를 이용해 권력을 장악했던 것도 아니다. 그들은 처음부터 다른 세계에 속해 중화 세계와는 완전히 선을 긋고 있었다. 또한 그들의 생태도 유목이라는 중화 세계와는 상용(相容)될 수 없는 것이었기에, 양자의 융합은 어려워 중화문명의 압도적인 힘 앞에서도 독자의 세계를 유지할 수가 있었다. 그러나 만주의 청조는 어떠했는가.

누르하치가 대두하는 전후 시대의 화북(華北)에서 동북, 아무르 지방에 걸친 지역 생태계의 분포는 일본의 중세 동북 지방부터 홋카이도에 걸친 생태계 분포와 대응하고 있지 않은가. 결국 남쪽에서 북쪽으로 농경이 주체가 되는 지역부터 수렵 어로가 주체가 된 지역으로 서서히 이행하고 있다. 그리고 남쪽에서 북쪽으로 중앙정권의 지배 지역 혹은 그 이데올로기인 중화문명이 확대되고, 거기에 인접한 집단은 중앙정권과 그 외부 세계의 중개역을 담당한다. 에조의 경우는 분포가 좁아서 '경계 영역'임은 금방 알지만, 중국 동북 지방의 경우는 넓어서 좀처럼 '경계'라고 해도 이미지를 알 수 없을지도 모른다. 그러나 그곳도 역시 중화 세계와 북방의 수렵어로민 세계의 경계 영역이다. 안도 씨가 가마쿠라와 교토, 홋카이도와 사할린을 결부시켰듯이 여진의 각 집단도 아무르·시베리아와 북경을 결부시켰던 것이다.

경계 권력론은 안도 씨와 가키자키 씨=마쓰마에 씨가 일본인인지 에조인지라는 논의를 지양하기 위해 등장한 것임은 사실이다. 만주는 명확히 한족과 다른 '민족'이고, 경계 권력론 등을 꺼낼 필요가 없다는 의견이 있을지도 모른다. 그러나 '만주'란 누르하치와 그 후계자들이 여진의 모든 세력을 통합함으로써 만들어진 '민족'이다. 그때까지의 '여진'이라는 집단조차 앞서 언급했듯이 하나의 민족은 아니고, 더욱이 누르하치들은 '만주민족'을 결성함에 있어 대량의 한족을 받아들인다. 또한 명대 여진의 대부분은 한족풍의 성(姓, 漢字一字의 성)을 썼고 누르하치 자신도 동(佟)이라는 성을 썼던 시대가 있었다. 결국 중국의 동북 지방에서도 일본의 동북지방과 마찬가지로 한족인지 여진인지 구별이 되지 않는 부분이 있었다.

'에조', '일본인', '여진'이라는 역사 자료에 등장하는 집단을 경계가 명확한 집단으로 받아들이면, 누르하치 정권과 마쓰마에번을 비교하고, 일본의 동북 지방과 중국 동북 지방에서 같은 경과로 신세력에 의한 지역 통합이 이루어졌음을 이해하는 것은 어렵다. 사료에 등장하는 사람들이라고 해도, 현재의 민족과 마찬가지로 경계가 착종하고 있거나 중층화하고 있기도 해서 더욱 유연하게 파악할 필요가 있다.

제3장

청·러 분쟁과 아무르 부족민들
: 악마로 불린 러시아인

나나이의 전통 배 '오구다'
1990년 7월 소련 하바롭스크 지방에서 저자 촬영

1. 누르하치의 동북 지역 정책

18세기에 산탄교역 융성의 직접 원인은 청조의 아무르, 사할린 통치의 확립에 있다. 그러나 그것은 손쉽게 달성된 것이 아니다. 1616년에 누르하치에 의해 여진의 각 세력이 통일되었다고 해도, 중국의 동북 지방이 완전히 안정되기까지 갖은 우여곡절을 거쳐야만 했다. 누르하치와 그 후계자들이 구축한 청조는 17세기 100년 동안, 동북 지방 주민들의 저항과 러시아라는 전혀 새로운 세력의 침입에 대처하며, 이 지방에 대한 지배체제를 정비해 간다.

청조는 본래 모피 교역으로 경제적인 기반을 다진 여진 세력으로부터 흥륭한 왕조이기 때문에 모피 교역의 중요성은 충분히 인식하고 있었다. 누르하치는 동북 지방에서 자신의 패업(霸業)을 달성하기 이전부터, 이미 송화강 유역보다도 내륙부(奧地)의 워지(우디게)와 현재의 두만강 유역을 중심으로 한 와르카를 비롯한 주민들로부터 모피 조공을 받았다. 가장 이른 시기의 기록은 1599년의 동해(東海) 후르하부(워지부의 일부라는 설이 있다)의 왕거(Wangge)와 장거(Jangge)의 내공(來貢)이다.

그렇지만 누르하치는 그 고장의 유력자가 조공하러 오는 것을 수동적으로 기다리지만은 않았다. 적극적으로 군을 보내고 반항하는 자는 무력으로 진압하면서 '정토(征討)'도 행했다. 그리고 항복한 자를 포로로 데리고 와 그가 창설한 독자군단 '팔기(八旗)'의 일원으로 삼았다. 팔기란 본래 군사행정 조직으로, 300명의 장정(壯丁)으로 이루어진 니루(Niru)로 불리는 부대를 최소단위로 하고, 5개의 니루가 하나의 잘란(Jalan), 5개의 잘란으로 하나의 구사(gūsa)가 결성하는 체계(建前)였다. 구사를 한어로 번역한 것이 '기(旗)'이고, 각각 황(黃), 백(白), 홍(紅), 람(藍) 4색으로 테두리가 없는 정(正)과 테두리가 있는 '양(鑲)' 두 종류를 설치하였다. 8종류의 기(旗) 설치하고 그것들을 문자대로 '기인(旗印)'으로 삼으면서 '팔기(八旗)'라는 이름이 붙었다. 후에 몽골과 한족의 팔기도 편성되었기 때문에 원래 있었던 만주의 말기는 '만주팔기'로 불린다. 최소군단을 가리키는 니루라는 말이 본래 시통(矢筒)을 의미하고 있었기에, 팔기제도는 원래(古來) 만주의 집단수렵(集團獵) 조직을 확대한 것은 아닌가 한다.

누르하치가 워지와 와르카의 주민을 주시한 것은 그곳이 모피의 산지였을 뿐만 아니라, 그들이 '야인여직(野人女直)' 등으로 불려 문명의 은혜로부터 가장 먼 사람들로 여겨지는 한편, 문명에 길들여지지 않은 기질(氣性)의 난폭함을 지녀 전투 요원으로서 훌륭한 자질을 갖추고 있었기 때문이라고 한다. 누르하치는 자신의 군사력 강화를 위해 이 지역 사람들을 지배구조에 편입시킬 필요가 있었던 것이다. 사실 누르하치 시대에 편성된 초기의 만주팔기에는 1할 이상의 니루가 워지와 와르카 출신자로 구성되었다.

다만 워지와 와르카의 성원이 용맹하다는 언설은, 무(武)를 문(文)보다 아래로 보는 중화 이데올로기를 그대로 솔직히 받아들인 것이고, 정말로 워지와 와르카 성원이 모든 여타 여진과 한족보다 무술이 뛰어났는지는 의문이다. 누르하치의 워지와 와르카로의 정토(征討)에는 군사력 강화의 목적도 중요하지만, 가능하면 널리 사람을 모아 자신의 밑으로 통합되는 '여진'이라는 집단을 수적(人口的)으로 크게 보여주는 것도 중요했을 것이다. 누르하치의 시대에는 여진은 스스로 '주션(Jušen)'이란 이름을 썼는데, 2대 태종(홍타이지) 시대에 '만주'(滿洲)로 개칭되어 주션과 여진이라는 명칭은 금지되었다. 태종 또한 '만주'라는 집단을 크게 하는 것에 부심(腐心)했다.

모피 조공과 팔기 증강을 기둥으로 삼은 동북 방면 정책은 누르하치의 사후 태종으로 계승된다. 전문용어로는 모피 조공에 의한 지배체제를 '변민제도(辺民制度)', 무력으로 저항을 진압하고 포로를 팔기에 보충해 가는 정책을 '사민정책(徙民政策)'이라 부른다. 척민정책은 주로 연해주부터 우수리강 유역에서 전개되고, 그 결과 17세기 전반에 수만 명이 팔기에 편입되어 이 지역의 인구가 격감했다고 한다.

태종 시대의 변민제도는 주로 송화강 하류역에서 적용되었다. 그곳은 워지 혹은 후르하(이 명칭은 주로 태종 시대 이후에 사용되기 때문에 누르하치 시대의 워지의 후신으로 생각된다)로 불렸던 사람들이 거주하는 지역이고, 때로는 무력으로 저항하는 일도 있었지만, 태종은 경연(硬軟) 양정책으로 그것을 제압하고 그들을 변민화하는 데 성공한다. 그는 후르하(フルハ) 사람들을 소속시킨 할라(Hala, 만주·퉁구스계 사람들에게 볼 수 있는 부계 출신 집단을 기초로 한 조직, 인류학 용어의 '씨족'에 상당하고 한어에서는 종종 '성(姓)'으로 번역한다)와 가산(Gašan, 마을(村) 혹은 촌락, 한어로는 '둔(屯)', '향(郷)' 등으로 번역한다) 단위로 파악하고, 각 가샨에 장(長, 屯頭目)을 임명한다. 게다가 유력한 할라에도 장(총둔두목)을 임명해 모피 조공을 촉구하고, 모피를 바친 자에게는 지위에 응하는 은상을 부여하였다. 또한 당초 지참한 모피도 검은담비뿐만 아니라, 여우, 살쾡이 등 다양한 동물의 모피가 있고, 은상도 단자(緞子) 관복뿐만 아니라, 말, 노예(奴隷) 등을 포함하였다. 하지만 태종 시대에 제도로 정비되어 가면서 점차 지참하는 모피는 검은담비로, 지급되는 은상은 단자의 관복으로 통일되어 간다. 이 태종 시대의 후르하부에 적용된 변민제도가 18세기 산탄교역을 정치·경제적으로 지탱한 건륭(乾隆)시대 변민제도의 원형이다.

2. 러시아인의 출현

1636년에 태종은 칭기스칸의 자손으로부터 일찍이 원조가 사용했던 황제의 옥새(玉璽)를 손에 넣은 것을 계기로 국호를 '금'에서 '청'으로 바꾸었다. 그것은 청이 여진의 국가에서 만주, 한, 몽골, 조선을 지배하는 제국으로 발전했음을 의미한다. 동북 지방에서도 연해주와 우수리강 유역의 와르카는 사인제도(徙艮制度)에 의해 만주팔기로 편입되고, 송화강 하류역의 후르하도 변민제도에 의해 통치 하로 들어감에 따라 병역 증강의 장소와 재원으로서의 모피수의 산지도 확보되었다. 다음은 어떻게 명에 대항할 것인가였다. 그러나 1643년에 태종이 급사한 후, 시대는 크게 움직인다. 명은 1644년에 이자성(李自成)의 난에 의해 어이없이 멸망하고, 그 이자성도 명의 장군이었던 오삼계(吳三桂)가 산해관(山海關)을 열고 청조의 군대를 끌어들이자, 그곳에서 깨끗이 격파당하고 북경(北京)으로 도망친다. 그리고 청조가 북경에 들어와 중국 전체를 지배하기 시작한다.

동양사에서는 이 청조의 북경 입성이 역사적으로 가장 중요한 사건이지만, 그와 같은 시기에 산탄교역의 무대인 아무르·사할린 방면에도 그 지역에는 역시 역사적 사건이 일어났다. 그것은 러시아인에 의한 첫 아무르 탐검의 성공이다. 17세기의 러시아 아무르 진출과 그에 따른 러시아와 청조의 무력 충돌은 그후의 산탄교역의 발전 과정에 큰 의미를 지니므로 언급해둘 필요가 있다.

러시아의 아무르 지방 진출은 동방(東方) 진출의 종착점중 하나였다. 16세기 말기 이반 4세(雷帝)의 시대에 호상(豪商) 스트로가노프(Stroganov) 집안의 재력과 코사크(Cossack)들의 야망에 힘입어 시작된 러시아의 시베리아 침략은 서시베리아에서 세력을 자랑하던 시비르 칸국(Sibir Khanate)을 멸망시킨 후 노도(怒濤)처럼 동시베리아 각지를 정복한다. 1639년에는 모스크비틴(Moskvitin)이 통솔하는 한 부대가 오오츠크해에 도달하고, 1649년에는 데즈네프(Dezhnev)의 한 분대가 축치(Chukotski) 반도를 둘러싸고 마침내 유라시아 대륙의 횡단을 달성한다. 러시아인의 시베리아 침략의 주된 목적이 모피에 있었음은 말할 것도 없다. 광대한 시베리아를 불과 반세기 만에 정복해버린 것은, 그들이 대하(大河)가 남북으로 통하고 지류가 동서로 통한다는 시베리아 특유의 지형을 수로(水路)로서 교묘하게 이용한 것과 시베리아에는 시비르 칸국 이외에 러시아 무력에 대항할 수 있을 정도의 세력이 없었다는 것이 작용하지만, 그들을 혹한의 시베리아로 몰아넣은 것은 모피에 대한 끊임없는 욕망이다.

코사크들의 동방 진격이 계속되는 가운데 동시베리아에서는 반항하는 야쿠트(Yakut)와 퉁구스(현재의 에벤키의 선조)의 진압과 야사크(모피에 의한 인두세)의 징수를 축으로 한 통치체제가 구축된다. 하지만 그 과정에서 러시아인들은 대하 부근에 다우르(Daur)라 불리는 사람들이 있고, 그곳에는 모피와 함께 비단과 금은재보(金銀財寶)가 넘쳐난다는 정보를 얻었다. 게다가 다우르의 건너편에는 중국이 있어, 아무래도 비단·금·은도 그곳에서 오는 것 같다는 것도 알게 된다. 다우르가 사는 대하가 현재의 아무르강이지만 당시의 코사크들에게는 아무르 지방이 바로 황금향(黃金鄕)으로 여겨졌던 것이다. 그 때문에 그들은 복종한 퉁구스를 선도역으로 삼아 기를 써서 아무르를 향한 길을 찾기 시작했다. 그렇게 해서 처음으로 성공한 것이 바실리 포야르코프(Vasilii Poyarkov)를 대장으로 한 코사크의 한 부대였다.

그들은 1643년에 동시베리아 지배의 거점이었던 야쿠츠크(Yakutsk, 러시아 북동부 사하공화국의 수도, 레나 강에 면한 극한의 땅)의 요새를 출발해 레나(Lena)강의 지류 알단(Aldan)강을 거슬러 올라 분수령을 넘고, 아무르 지류인 제야(Zeya)강을 내려와 이듬해 1644년에 아무르강에 도달한다. 또한 그렇게 하구까지 내려와 그곳에서 월동하고, 1645년에 오오츠크해를 북상해 귀로길에 올라 오오츠크해로 흘러드는 울랴(Ulya)강에서 내륙으로 들어갔고 마야(Maya)강에서 알단강과 레나강을 거쳐 1646년에 야쿠츠크로 귀환했다.

포야르코프대(隊)의 아무르 탐검(探檢)의 성공은 러시아 국가와 러시아 민족에게는 극동 정복의 제1보로서 기념할 만한 쾌거이다. 그러나 당시부터 아무르 유역에 있었던 이른바 선주 민족에게는 억압과 착취의 제1보였다. 그가 야쿠츠크 총독에게 보낸 보고서의 일부가 18세기에 G.밀러(G.Miller)라는 역사학자에 의해 필사되어 상트페테르부르크에 넘어왔고, 19세기 중엽에 고문서위원회에 의해 간행된다(『역사문서집보유(歷史文書集補遺)』 제3권 수록). 그것을 읽어보면, 그의 아무르 탐검이 평화리에 행해졌던 것이 아님을 금방 알 수 있다. 그는 우선 제야강 유역의 다우르와 퉁구스의 성새(城塞)와 촌락에서 야사크의 지불을 요구하였고, 당연히 거부당하자 무력을 통해 징수했다. 곧잘 사용되었던 것은 공격을 하기 시작하면서 부녀자를 인질로 잡는 방법이다. 또한 가축과 수확물, 재산, 모피 등을 모조리 약탈하는 방법도 있다. 아무르 하구 가까이 길랴크(오늘날 니브흐의 선조가 아닐까 여겨지는데 17세기 당시 길랴크에는 인접하는 퉁구스계의 주민도 포함되어 있다)의 촌락에서는 인질을 붙잡아 그 몇 명인가를 야쿠츠크까지 데려갔다.

3. 포야르코프가 얻은 중국 정보

포야르코프는 제야강, 아무르강 유역 일대에 농경을 행하는 다우르, 퉁구스, 주체리(Jucheri)와 오로지 수렵 어로에 종사하는 나토키, 길랴크가 살고 있었다고 보고했는데, 그들 중 그 누구도 총화기(銃火器)를 모른다. 그런데 러시아·코사크대는 한 명 한 명이 소총을 가지고 있다. 주민 측에 대책이 없기에 싸우면 무기 성능의 차가 드러난다. 무기의 우수함을 믿고 고압적인 태도로 대하고 때로는 약탈도 서슴지 않는 패거리(徒輩)를 유역의 주민들이 유쾌하게 맞을 일은 우선 있을 수 없다. 포야르코프 자신이 아무르강을 따라 주체리, 나토키, 길랴크 사이를 통과할 때에는 상당한 경

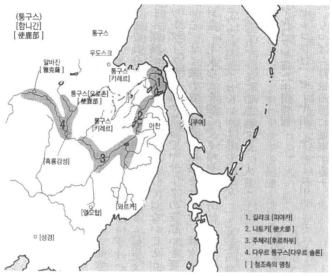

[그림 10] 17세기의 주민 구성

의를 느꼈을 것이고, 귀로길에 오오츠크해로 나갔던 것은 강을 거슬러올라 돌아가기에는 역시 신변에 위협을 느꼈기 때문이다.

그러나 당시 아무르의 다우르와 주체리들에 대해 청조 측도 반드시 우호적으로 접했던 것은 아니지 싶다.

포야르코프는 제야강 중류에 있었던 다우르의 토프티우리라는 자가 지배하는 촌락인데 다우르와 퉁구스, 주체리의 수장들을 심문(尋問)해 다음과 같은 정보를 얻는다.

한(청조 2대 태종—필자)의 마을(町)은 목조이고, 주변에는 토루(土壘)가 둘러싸여져 있다. 한의 군대에는 화기, 활, 대포가 다수 있다. 우리들은 한에 검은담비 모피로 야샤크를 지불하고 있고, 그의 고장에서 검은담비와의 교환으로 은, 비단 단자, 능직(綾織) 견포, 동, 주석(錫) 등을 구입한다. 우리들은 한에게 야샤크를 지불하고 있지만, 한은 각 씨족으로부터 한 명씩 인질을 잡고 있다. 한의 고장에는 많은 씨족 사람들이 인질로서 유치되어 있다. 우리에게 야사크로 수집한 검은담비 모피는 중국으로 보내어 역시 은, 동, 삼배, 단자, 능직 견포 등과 교환된다. 한의 고장에서는 그와 같은 것은 할 수 없었다. 중국에서 들어온 것이다. 한의 이름은 보루보이라고 말한다. 그가 그렇게 불리는 것은 그가 위대한 인물이고 모든 사람을 지배하고 있기 때문이다. 한의 고장에서는 많은 곡물이 수확된다. 한은 인질을 잡으려고 우리들을 공격한 적이 있다. 한은 독자적인 말로 이야기한다. 그는 우리들을 포로로 데려가지만, 거기에는 우리들의 말을 통역한다. 또한 한의 고장에는 독자적인 문자도 있다(『歷史文書集補遺』제3권).

여기에는 많은 정보가 가득 채워져 있다. 청조와 다우르, 퉁구스, 주체리들과의 관계에 주목하면, 청도 모피 조공을 추구하려고 그들에게 무력을 행사하였고 게다가 러시아와 마찬가지로 인질을 잡고 있다. 아마도 그들과 청조의 싸움은 『청실록』 등 청측의 기록에 등장하는 「흑룡강 후르하부(黑龍江虎爾哈部)」 혹은 「차하르 사하르차부(察哈爾查部)」, 「솔론부(索倫部)」(이하 가타카나로 표기) 등 정토(征討)와 관련이 있는 듯하다. 흑룡강 후르하부, 사하르차부, 솔론부란 1630년대부터 1640년대에 태종의 정토(征討)로 청조를 따랐던 아무르강 상류역의 주민을 가리킨다.

그밖에 교역 관계에서 흥미로운 것은 한이 야사크(조공)로 수집한 모피를 중국으로 가지고 가서 은, 동, 삼배, 단자, 면포 등과 교환하고 있다는 점이다. 그러한 물품은 조공한 자에게 내리는 은상과 교역품으로 충당되었을 것이지만, 청조는 그것들을 중국과의 교역에서 손에 넣었다. 결국, 한, 몽골, 조선 등도 지배하는 제국이 된 후에도 청조의 재정과 변민 지배는 변함없이 명의 모피 교역으로 유지되고 있었던 것이다. 바꿔 말하면 입관(入關) 이전의 청조는 여진 시대와 마찬가지로 중국과 아무르, 시베리아의 모피 공급지와의 중개무역에 힘쓰고 있었다고 할 수 있다.

역사학에서는 청이 아무르 지방을 둘러싸고 러시아와 전쟁을 했던 것은 자신의 발상지(發祥地)인 동북 지방을 지키기 위함이라고 한다. 실제로 제4대 성조(聖祖) 강희제는 그렇게 말하고 러시아와 결전을 결의한다. 그러한 의식이 청조의 궁정에 있었던 것도 사실이지만, 진정한 저의는 모피 공급지를 지키는 것에 있었다고 본다. 아무르 지방은 17세기 당시 청조의 입장에선 이른바 생명선이었던 것이다.

4. 러시아의 본격적인 아무르 진출

포야르코프가 죽고 3년 후, 러시아는 아무르를 영토로 삼으려고 본격적인 원정대를 아무르에 파견한다. 그것이 E.하바로프대(隊)이다. 그는 1649년에 올료크마(Olëkma)강에서 아무르 상류로 직접 나가는 코스를 사용해 아무르에 모습을 드러낸다. 한번은 장비를 재정비하기 위해 야쿠츠크로 돌아와 이듬해 1650년 재차 아무르강에 나타났고, 1653년에 사령관을 해임되기까지 아무르강에서 활동한다. 야쿠츠크 총독의 D.프란츠베코프(D.Frantsbekov)가 그에게 부여한 지령에는 가능한 한 평화적으로 주민을 러시아에 복속시키고, 거부했을 때만 무력을 사용하도록 지시했는데 하바로프는 그 반대였다. 결국 그는 형식적으로 주민에게 야사크의 지불을 촉구하는 소리를 내지만, 거부되길 기다렸다는 듯이 공격을 시작해 주민 학살, 처자(妻子) 유괴, 재산 약탈, 마을 방화 등 하고 싶은대로 했다. 그는 야쿠츠크 총독에게 보내는 보고서에서 의기양양하게 전과를 보고했다. 예를 들면 1651년 9월에 그는 제야강 하구를 출발해 아무르강을 내려가 주체리 토지를 통과하는데, 그 경과를 기록한 보고서에는 다음과 같이 적었다.

…… 카메니(Kamen'/小興安嶺-저자)를 지나서 하루에 21개 마을을 통과했다.

이날 최후의 마을을 습격하고, 어떤 자는 붙잡고, 어떤 자는 목을 베고, 포로를 충분히 붙잡은 다음 날 이 지구의 전촌(全村)을 통과했다. 오른쪽으로부터 싱가르(Shingar/송화강-저자)라는 이름의 강이 흘러들고 있다. 이 강의 연안에는 많은 사람이 거주하는 마을(町)도 있다고 한다. 이 강의 하구에는 두 개의 커다란 마을이 있고, 이들 마을은 60호(戶數) 이상이었다. 나 야로프레이코(Yarofreiko/하바로프-필자)는 그들의 마을 주민으로부터 야사크를 징수하려 했지만, 그들은 그것을 거부하고 야사크를 지불하지 않았다. 그래서 우리들 코사크는 포로를 붙잡아 많은 주민을 죽이고 마을을 파괴하고 그 마을에서 야영했다. 그곳에서 아무르를 따라 이틀 주야를 내려간 곳에서 또 마을들을 파괴했다. 그 마을들도 60~70호로 이루어져 있었다. 우리들은 그곳에서도 많은 사람을 죽이고 포로를 잡았다. 싱가르강에서 7일간은 주체리 토지를 통과했다. 그곳의 마을들은 70~80호의 가구로 이루어졌고, 주민은 모두 주체리이고 주위는 모두 경지와 가축의 방목지였다. 우리들은 그곳에 있는 것을 송두리째 뽑고 처자와 가축을 빼앗았다 ······ (『歷史文書集補遺』 제3권).

정복자로서는 커다란 성과이다. 그러나 급습당한 그 고장 주민들의 입장에서 보면, 야도(夜盜)의 약탈 이외 아무 것도 아니다. 그것도 하바롭 본대의 행동으로서 그의 대(隊)에는 분대가 몇 개나 있고 제각기 아무르 위를 유익(遊弋)하고 있었다. 또한 포야르코프의 보고에 자극받은 것일까, 오오츠크해 연안을 남하해 아무르 하구로 들어오는 그룹도 있었다. 그와 같은 코사크의 각 부대가 거의 사욕을 위해 하고 싶은 대로 하였던 것이다. 그러니까 아무르강 유역의 주민이 어떤 참상에 빠져 있었는지는 상상하기 어렵지 않다.

그렇다고는 해서 주민들도 속수무책으로 보고만 있었던 것은 아니다. 1651년 가을 10월에 주체리와 나토키는 서로 협력해 800명의 대군단으로 아무르강 좌안에 건설한 하바롭의 아찬(Achan) 요새를 공격하였다. 러시아 측은 하바롭 이하 106명의 코사크가 점거하고 있었다. 그러나 이때도 무기의 차이가 명암을 갈랐다. 주민 측은 170명의 전사자가 나왔고 다수가 포로로 잡힌데 비해 러시아 측의 손해는 사망 한 명이었다. 주민은 그 다음에 청조에 매달렸다. 그러나 기대는 배신당하고 이듬해 1652년 아찬 요새에서 청과 러시아의 첫 군사 충돌은 러시아 측의 압도적인 승리로 끝나버린다. 그것 또한 총을 가졌느냐 아니냐가 승패를 결정지었다.

그럼에도 불구하고 그 고장의 원주민은 주체리도 나토키도 청조에 모피를 공납하도록 태도를 정한다. 아찬 요새에서 청의 패배 이듬해인 1653년(순치 10)에 사태부(使太部)의 10할라 432호가 대표자에게 모피를 가지고 조공하며 복속을 신청해버린다. 사태부란 후르하보다 하류의 사람들이고, 대체로 포야르코프가 말하는 나토키에 해당한다(덧붙여 주체리는 후르하 부와 겹치는 부분이 크다). 포야르코프가 누구에게도 야사크를 지불하지 않았다고 보고했던 나토키가 하바롭의 침입을 계기로 역으로 청조에 복속을 신청한 것이다.

하바롭의 야망은 1653년에 모스크바에서 실증 시찰하러 온 사찰관(査察官) D.지노비예프(D.Zinoviev)에 의해 부서진다. 그는 국가에 수납해야 할 모피 등 대량의 재물을 횡령한 혐의로 사령관직에서 파면당하고 모스크바로 호송되는 신세가 된다. 그리고 그의 후임에는 O.스테파노프(O.Stepanov)가 취임한다. 스테파노프는 하바롭와 달라서 정력적이지만 관료적으로, 좋게 말하면 질서 있게 야사크를 징수하면서 아무르강 유역의 영토화를 추진한다. 그는 1658년까지 5년간 아무르에서 활동하는데 그 족적은 아무르 본류뿐만이 아닌 송화강 하류와 우수리강까지 이르고, 사할린에서도 야사크를 지불하러 사람이 나타났다고도 알려진다. 그러나 아찬에서 하바롭에게 패한 청조도 본격적인 반격을 시작하였고, 그 5년간에 종종 아무르 혹은 송화강에서 싸웠다. 그리고 1658년에 송화강 하구 부근에서 청조는 스테파노프의 본대를 포착하고 격렬한 총격전 끝에 그들을 섬멸했다. 이때 스테파노프 자신은 전사하고 러시아인 다수가 전사 또는 포로가 되었고, 나머지는 야음을 타 도주하기 바빴다. 이렇게 해서 러시아의 아무르 진출은 일시적으로 좌절(頓挫)된다. 청조가 여기에서 승리할 수 있었던 것은 주민의 반감을 이용한 무인화 전략에 의한 병량(兵糧) 공격이 효과적이었다는 것과 조선으로부터 철포대의 원군을 얻어 러시아의 총에 대항할 수 있는 화기를 갖추고 있었기 때문이다.

5. 수공반상(收貢頒賞) 제도의 부활

청조는 이듬해 1659년부터 아무르강의 러시아인 소토(掃討)작전을 개시한다. 그 결과 아무르 최하 유역의 피야카(Fiyaka)라 불리는 사람들 -러시아 측의 길랴크에 해당되고 원시대의 길레미(吉烈迷)의 자손을 포함한다- 도 조공에 응하게 되고, 명의 누르간도사가 1430년대에 기능을 잃은 이래, 200년이 지나 아무르 최하 유역의 사람들과 중국의 왕조(그렇다 해도 만주의 왕조지만)의 직접 교섭이 재개되었다.

그러나 러시아의 아무르 진출은 그것으로 끝난 것이 아니다. 1665년에 법을 범하고 네르친스크에서 도망쳐 온 체르니코프스키(Chernigovsky) 등이 일찍이 하바로프가 구축한 아무르강 상류의 알바진(雅克隆)의 요새를 재건하고, 그것을 계기로 러시아는 상류 방면부터 식민을 시작했기 때문이다. 아무르 상류 방면의 다우르 등의 주민은 1650년대에 눈강(嫩江)과 대흥안령(大興安嶺), 후룬 부이르(Kölön Buyir, 呼倫具爾) 지방으로 이주하였고, 그곳은 거의 무인지대였다고 한다. 그러나 그곳은 비옥한 하곡평야가 펼쳐져 농업생산력이 높다. 러시아는 그곳으로 농업 이민을 보내 본격적으로 영토화하려 했던 것이다. 당시 아무르 지방에는 알바진향(鄉)이라는 행정구역까지 설치되었다. 또한 1680년대에는 오오츠크해 연안의 요새에서 남하하는 형태로 아무르 하류 방면에도 러시아인이 재차 나타난다.

1660~1670년대의 청조는 황제의 교대(1661년에 3대째 세조 순치제가 사망하고 나이어린 성조 강희제가 즉위했다)와 '삼번의 난(三藩の乱)' 등이 일어나 중국 내정에 몰두되면서, 아무르로부터 조공을 받는 것 외에는 러시아에 대한 대항책을 내놓지 못했다. 그러나 1670년대 후반부터 강희제의 친정이 시작되고 '삼번의 난'도 종식되면서, 재차 반격으로 나온다. 이때는 알바진의 공방과 아무르강으로부터 오오츠크해 방면으로의 소토가 중심이 되지만, 결국 힘과 외교 교섭에서 우위에 선 청조가 1689년에 유명한 네르친스크 조약에 의해, 아무르강 유역에서 완전히 러시아를 배제함으로써 제1차 러시아의 아무르 진출은 실패로 끝난다. 청조는 이듬해 1690년에 얼른 아무르강 하구 지역까지 관리를 파견해 주민으로부터의 모피 조공을 받아들였다. 그때에는 길레미의 자손인 피야카와 함께 쿠여(Kuye, 庫頁)도 나타났다. 쿠여는 말할 것도 없이 원대의 골외(骨嵬), 명대의 고올(苦兀)과 같은 계통의 명칭으로 이미 이 무렵에는 아이누라고 해도 틀리지 않는다. 누르간도사의 기능 정지 이래 이백 수십 년 만에 중국의 왕조와 아무르·사할린 주민과의 수공반상(收貢頒賞)을 통한 관계가 완전히 부활한 것이다.

6. 청·러의 충돌에 휩쓸린 원주민들

아무르를 둘러싼 러, 청의 대결에 대해서는 이미 많은 논고가 있기에 더 이상 언급할 필요는 없지만, 이 두 대국의 분쟁은 무대가 된 그 고장의 원주민에게는 여러 가지 의미에서 큰 영향을 남겼다. 그것은 물론 산탄교역의 동향을 크게 좌우하는 것이다.

그 첫 번째는 주민의 구성 혹은 거주지의 변동이다. 산탄교역의 장이 된 아무르의 최하 유역과 사할린에는 현저한 움직임이 없었지만, 아무르 상류 방면에서는 대규모로 이주가 진행되었다. 예를 들면 포야르코프가 나타나기전 제야강과 아무르 상류 방면에 있었던 다우르와 퉁구스, 중국 측의 사료에서는 흑룡강 후르하부, 사하르차부, 혹은 솔론부 -후에 솔론, 다우르(遠虎爾)로 불린다- 는 1654년에 청조가 내린 명령에 의해 대부분이 눈강(嫩江)과 대흥안령(大興安嶺), 후룬 부이르(呼倫貝爾) 지방으로 이주해 버렸다. 그것은 그들에게 있어서는 결정적인 이주이고 그 이후 원주(原住)인 아무르와 제야강 방면에는 돌아오지 않는다. 아무르 하류 방면에서도 그 고장의 전승에 의하면, 전란과 군대의 약탈을 피해 피난하는 일이 있었지만 최종적으로 이주까지는 이르지 않았다. 1656년에 송화강 하류역의 주민에게 청조로부터 피난 명령이 내려져 러시아에 대한 병량 공격이 시작되었지만, 스테파노프의 패사(敗死) 후 주민은 돌아온 것 같다. 이러한 분쟁에 의한 이주 상황을 보면 아무르 상류 방면의 다우르, 솔론들의 피해는 상당히 컸다고 할 수 있다.

두 번째는 청조에서 그 고장 주민의 지위 변화이다. 우선 1640년대까지는 청조에 조공하지 않았던 후르하부보다 하류의 주민이 1653년부터 조공을 개시하고, 1660년대에는 하구 주변으로부터 한층 지류역의 내륙부(娛地)까지 조공하는 범위가 넓어졌다. 아무르 본류의 사견부(使犬部), 피야카로 불렸던 사람들은 그 후 모피 공납민(변민)으로 정착하지만, 아무르 좌안 지류의 산악지대에서 이동성이 높은 수렵을 주로 생활하던 퉁구스 혹은 킬런(Kilen, 奇勒爾)로 불렸던 집단은 러시아를 따르는 자와 청조의 모피 공납민이 되는 자로 분화된다. 그리고 킬런 집단의 일부는 청대의 기간에 송화강과 아무르 본류로 나와 정주생활로 옮기고, 청조의 변민조직에 편입됨과 동시에 언어·문화적으로 나나이화 해 몇 개의 할라를 형성하였다. 그들이 송화강과 아무르 본류로 진출해 온 것은 이 교역 활동에 참여하기 위함이었다고 여겨진다.

또한 청조는 알바진 요새의 공격과 러시아 국경의 방비를 강화하려고 1670년대부터 자주 팔기군의 증강을 실시했다. 역사학에서는 그것을 '신만주팔기'로 불렀고 송화강과 아무르 모피 공납민이었던 후르하, 솔론, 다우르들의 변민을 대상으로 하였다. 결국 변민의 할라의 장(長, 할라 이 다)과 가산의 장 -長, 가산 다(gašan da)- 을 팔기군의 최소 군단인 니루의 장(長)인 좌령 -佐領, 니루 장긴(niru janggin), 정4품관- 에 임명하고, 그 배하(配下)의 변민들을 니루에 편성했다. 그들은 영고탑(寧古塔, 목단강 중류에 있었던 청조의 아무르 지방 통치와 러시아 전략의 거점이다)의 암반 장긴(amban janggin, 寧古塔 장군)의 배하에 놓여 북경에서 황제를 알현(謁見)한 후에 아무르 방면의 전선(前線)에 파견되거나 영고탑과 삼성(三姓, 만주명은 일란 할라(ilan hala), 목단강이 송화강으로 합류하는 지점에 구축된 마을(町), 현재의 依蘭市이다)에서 변민에 대한 수공반상(收貢頒賞) 업무에 종사했다(이와 같은 지방의 마을과 거점에 배치된 팔기를 '주방팔기(駐防八旗)'라고 하였다).

이러한 구 변민으로부터 신만주 팔기의 편성은 1732년까지 계속되는데 그것은 송화강과 아무르강 유역의 주민 구성에도 큰 영향을 남겼다. 만주 팔기에 편입된다는 것은 민족적으로 만주가 된다는 것을 함의하기 때문이다. 솔론, 다우르는 그 언어와 문화에 만주의 영향을 멈추게 함으로써 끝났던 것 같은데, 후르하부(혹은 러시아가 말하는 주체리)는 이로 인해 크게 영향을 받았다.

후르하부가 있던 변민이라는 지위는 팔기에 속하는 '만주'와는 사회적으로 구별되긴 했지만, 그들 자신은 민속적으로 농경 목축을 하는 만주적 요소와 어피의 의복을 착용하고 어로와 수렵에도 종사하는 아무르의 어로민적인 요소를 겸비한, 중간적 혹은 경계 영역적인 주민이었다. 그러나 그들이 만주 팔기에 편입되어 그 일원으로 더해지면서 의식적·민속적으로 만주와 어로민의 평형 관계가 붕괴되고 만주 측으로 기울어져버렸던 것이다. 결국 의식의 면에서 만주 속하는 것이 자랑이 되고, 이전의 어피 문화를 버리고 만주 말과 문자를 익혀 그 문화를 체득하게 되었다. 다만 자세하게 들어가 보면 그들 사이에서도 계층과 시대에 의한 상이함이 있다. 좌령(佐領), 특히 '세관좌령'으로 불려 자손에게 대물림할 수 있는 좌령으로 임명되게 된 혈통은 거의 만주로 동화되었는데, 그 배하의 병졸과 서민들은 어로민적 의식과 문화를 계속 유지했던 것으로 여겨진다. 그것은 마미야 린조의 『동달지방기행(東韃地方紀行)』에서 볼 수 있는 데렌에 들어온 관리들의 묘사에서도 엿볼 수 있다. 그러나 구후르하부와 솔론부 출신의 만주는 '신만주(ice manju)'로서 그 이전부터 만주였던 '노만주(老滿洲, fe manju)'들로부터 차별을 받았다고도 한다.

한편, 그때까지 후르하와 솔론이 중심 맴버였던 '변민제도'는 이번엔 그들보다 하류에 있었던 사견부(使犬部)와 피야카가 담당하게 되었다. 사견부는 그 후 '허저'(Heje, 赫哲, 黑金, 黑斤, 黑津)로 불리고, '허저 피야카(赫哲費雅略)'라고 하면 18세기 변민의 대명사였다. 주민 구분이 착종하였기 때문에, 제1장에서 소개한 일본 측 사료의 어떤 사람들에 해당되는지를 설명하면 지면이 대폭 길어지는데, 간단하게 말하면 일본 측에서 말하는 스메렌쿨이 피야카에 포함되고 코르뎃케가 허저에 포함된다. 문제는 산탄인데, 그들은 중국 측에서는 허저와 피야카의 양쪽에 걸쳐지게 된다. 산탄교역의 주인공이 실은 산탄뿐만이 아니라 스메렌쿨과 코르뎃케도 들어와 있음을 고려하면, 중국 사료에 등장하는 허저와 피야카가 산탄교역의 주인공이었다고 바꿔 말할 수도 있다.

7. 전승으로 남겨진 러시아인의 이미지

아무르를 둘러싼 러·청 분쟁이 남긴 세 번째의 영향은 러시아 국가·

민족과 청조와 만주 민족에 대한 의식이다. 우선 러시아 국가·민족에 대한 의식과 감정에 관해서 보면, 아무르와 사할린 주민의 의식 저변에는 러시아인에 대한 공포가 깔려 있다. 이미 모가미 도쿠나이(最上德內), 마미야 린조 등 일본 측의 조사자들이 사할린 주민의 러시아에 대한 공포 내지 악감정을 보고하고 있는데, 19세기 후반에 민족 조사를 진행한 러시아 민족학자들도 많은 공포의 전승을 들었다. 예를 들면 19세기 말기부터 1920년대에 걸쳐, 소비에트 민족학의 개조(開祖)의 한사람으로 활약했던 L.슈테른베르크(L.Sternberg, 1861~1927)는 아무르 하구의 미브흐 지역에서, 17세기 러·청 분쟁 당시의 전설 몇 개를 들었는데, 모두 러시아인은 공포의 이인(異人) 혹은 섬멸해야만 하는 적으로 등장한다. 그가 들은 이야기 중에는 러시아인이 아이를 꼬챙이로 찔러 구워 먹고, 여자들의 목을 잘랐다는 등 잔혹한 것까지 포함된다.

또한 동시대에 니브흐, 울치 연구자로 활약했던 A.졸로타예프(A.Zolotarev)가 채취한 이야기는 역사 문서에 아주 잘 부합되는 기록이 남겨진다. 그것은 울치의 오루숙부 할라(Orusugbu hala)에 남겨진 전승인데, 언젠가 큰 배로 바다에서 들어온 3명의 암챠 로챠(Amcha Locha, 러시아인)를 전멸시킨 이야기이다. 그에 따르면 로챠가 여자를 인질로 잡고 위협했지만, 그녀는 계략을 내 로챠를 연회로 유인하고, 접대했던 여자들이 무기를 강에 버리고, 남자들이 로챠를 모두 죽였다(한 명은 도망감)고 한다(졸로타예프, 「울치의 씨족분포와 종교」). 그것은 O.스테마노프의 보고에서 볼 수 있는 오니츠카 로기노프(Onichka Roginov)라는 자가 이끌던 코사크 부대 전멸의 기록에 상당한다고 여겨진다. 아무르 하구로부터 침입한 그와 부하 30명은 길랴크의 촌락에서 행방불명되어, 후에 O.스테마노프가 그곳에 부임해 조사했을 때, 주민의 습격으로 길을 안내한 퉁구스의 남자를 제외하고 모두 죽임당해 집집마다 그때의 전리품으로 보이는 러시아인의 무기와 갑주(甲冑)가 남아 있었다(『歷史文書集補遺』 제4권).

아무르랑 사할린의 제 민족 말로 러시아인은 로챠(Locha), 루챠(Lucha), 누챠(Nucha)로 불린다. 중국 측은 거기에 '나찰(羅刹)', '나선(羅禪)' 등 한자를 붙였다. 일본 측의 기록에는 '눗챠국'이라는 표현으로 『당태잡기(唐太雜記)』 등에 보인다. 자칭 러시아인은 Rossiya 혹은 Russkii이기 때문에 'r'로 시작하기 마련이지만 아무르의 퉁구스계 언어에서는 어두에 'r'을 세우지 않으니까 'l'이 되었다 본다. 누챠의 경우는 그것이 'n'이 되었는데, 'l'과 'n'의 교대도 이 지방의 퉁구스어에는 종종 확인되는 현상이라고 한다. 언어학적으로는 이렇게 설명하고 있지만, 실은 '로챠'의 이면에 숨겨진 의미가 있다. 그것은 '로챠 암바니'라는 형태로 사용되는 일이 많고, '암반(Amban)'이란 악마 혹은 두려움(畏怖)의 대상이 됨을 의미하기 때문에 '러시아 악마'라는 의미가 된다. 중국 측의 '나찰'이라는 표기는 말의 의미를 충분히 고려한 글자(字)의 선택이라고 할 수 있을 것이다.

다만 악마와 같은 러시아인이라는 언설은 제법 과장된 면도 있다. 아무르 주민에게 무력 제압을 가한 점에서는 청조도 마찬가지고, 무력과 인질에 의해 조공을 강요하는 등 주민들이 공포에 떨어도 이상하지 않을 행위를 하였다. 그러나 일부러 러시아인에 대한 공포감이 주민 사이에 스며든 것은 러시아인이 완전한 이인(異人)이었기 때문이다. 아마도 아무르의 주민은 러시아인을 보기까지 유럽계의 사람을 만난 적이 없었다. 따라서 우선 그 풍모에 놀랐고, 다음은 언어에 놀랐고, 그리고 처음으로 총의 위력에 놀랐다고 생각한다. 특히 살상력이 높은 총은 큰 위협이 되었음은 상상하기 어렵지 않고, 그러한 요인들이 '러시아인=악마'라는 이미지를 증폭시켜 버렸던 것은 아닌가 생각된다.

8. 청조의 승리는 원주민들에게 긍정적이었다

한편, 청조의 구성원인 만주민족과 한민족에 대해서는 어떠한 의식과 감정을 가지고 있었을까. 아무르·사할린 지역이라고 해도 넓어서 청조와의 접촉 방법도 한결같이 않아 일률적으로 말할 수는 없지만, 예로서 현재의 나나이를 보면 그들은 만주와 한족에 대해 상당히 우월감을 가지고 있었던 것 같다. 예컨대 한족은 나나이어로, '니칸(Nikan)'이라고 하지만 그것은 '노예'를 연상시킨다고 한다. 전승에 의하면 일찍이 한족 농민이 소작인 혹은 봉공인(奉公人)이라는 형태로 아무르 지역으로 흘러들어 오는 일이 많았다고도 하는데, 19세기 후반의 민족지에도 나나이가 소유한 경지(耕地)와 채원(菜園)을 실제로 경작하는 것은 한족의 소작농들이었다고 하는 기록이 보인다. 나나이들의 니칸에 대한 이미지는 그러한 사실에 기초한 것 같다. 또한 만주에 대해서는 변민제도의 할라와 가샨의 장(長)이 팔기제도의 좌령(佐領)만큼 취급되었기 때문일까, 역시 대등 이상의 의식을 가졌다. 그러나 중앙에서 파견된 관리에는 무서운 자도 있었던 것 같다. 앞서 소개한 악마라는 의미의 '암반'은 만주어로 장관(大臣)을 의미하는 '암반'과 관계가 있을 것으로 보는데, 나나이의 민속 어원설에서는 일찍이 '암반'이라 칭하는 무서운 만주의 관리가 있었다는 것에서, 이 말에 '악마'라는 의미가 붙여졌다고도 한다.

대체로 북방의 유목민과 수렵민은 농민을 깔보는 경향이 강하다. 청대에 팔기의 일원이 되거나 팔기만큼 대우를 받을 수 있는 변민이 되었던 그들은, 농지에 매달리며 대지를 경작하고 자세를 낮춰 세금과 소작료를 지불하는 농민을 자신들과 동등하다고 생각하지 않았다. 이렇게 자부심이 높은 유목민과 수렵민의 자세를 보면 그들의 생활 형태를 최저의 경제사회 단계로 규정하는 문화 진화론과 역사적 발전 단계론은 농경민족이 만들어낸 언설은 아닐까 하는 생각에 사로잡힌다. 그러나 한족 농민은 만만치 않았다. 나나이의 토지에서 소작을 하는 그들은 주인이 사냥을 나가고 비우기 일쑤인 틈을 타서 그 집에서 주도권을 장악하고 최후에는 경지를 자신으로 것으로 만들어버린다. 나나이의 입장에서 보면 처마 끝을 빌려 주었다가 몸채까지 빼앗기는 꼴이다. 그와 같은 것은 19세기 말경부터 우수리강 연안에서 종종 보였던 현상인 듯한데 -로파친(Lopatin), 『아무르·우수리·숭가리의 골도/골디(Gol'dy)』-, 그곳 나나이의 거주 지역은 러시아뿐만이 아니라 한족 조선계 등 외래의 농민들에 이해 순식간에 잠식되었다.

어쨌든 17세기 중기부터 후기에 걸쳐 아무르의 지배권을 둘러싼 청조와 러시아 두 대국의 싸움은 이 지역의 주민들에게 거주지부터 민족의식에 이르기까지 커다란 영향을 남겼다. 그리고 우선은 청조가 승리를 거두고 러시아가 철퇴한 것이 주민들에게는 플러스 결과였다고 본다. 그것은 17세기 러시아의 야사크세 징수에서는 주민에 대한 보살핌이 적었고, 1665년 이후의 동향에서도 알 수 있듯이 러시아계 농업 이민이 대량으로 파견되어 주민의 거주지와 생활의 장을 빼앗는 공포가 충분히 있었기 때문이다. 러시아의 아무르 진출의 목적은 당초부터 야사크의 징수뿐만이 아니고, 농지를 확보하고 시베리아의 식량 공급을 위한 기지화도 포함된다. 그에 비해 청조는 러시아에 대한 대항책이라는 의미도 있지만 은상(恩賞)으로서 양적·질적으로 러시아보다 훨씬 좋은 것을 주민에게 주고, 한족이랑 만주의 농민에 의한 모피 공납민의 거주지로의 이주를 금지했다. 이와 같은 시책은 그 고장의 원주민에게 어로와 수렵 등의 생업 활동의 장을 보장하고 교역을 통해 그들의 물질 문화를 향상시키게 된다. 다음 장에서 상세하게 언급하겠지만 청조의 변민제도는 아무르·사할린의 주민을 수탈·착취하는 시스템이 아니고, 그들의 생활을 향상시키는 시스템으로서 기능하였다.

역사에서 '이프(if)'는 금물이지만 그것을 상상하는 것은 즐겁다. 그러나 아무르·사할린의 선주민에게 '만약' 러시아가 17세기의 분쟁에서 승리를

거두었다면 현재와 같은 민족 존망의 위기가 200년 일찍 찾아왔을 가능성
도 있다. 그리고 18세기의 산탄교역도 전혀 다른 전개를 보였을 것이다.

제4장

청조의 통치체제와 변민 사회
: 친밀했던 공납민과 관리들

나나이의 전통 배 '오구다'에 탄 나나이 남성
1998년 러시아 하바롭스크 지방에서 저자 촬영

1. 변민제도의 완성

네르친스크 조약[13]으로 청조는 광대한 모피 산지를 영토로 가져오고, 러시아는 그로 인해 남진을 저지당하고 이후 캄차카부터 아메리카로 그 침략의 방향(予先)을 돌리게 되는데, 그 토지의 주민에게는 양대 국가의 제멋대로였던 영토 분쟁이 수습되고 평화를 맞는다. 다만, 그 평화는 청조의 지배에 의해 유지되는 것이었다. 많은 역사학자가 지적하듯이 18세기에 청조의 변민 지배의 완성과 그에 따른 산탄교역 융성의 전제는 러시아와 청의 네르친스크 조약 체결에 있다.

청조는 1690년에 아무르 하류역에 관리를 파견하고 피야카, 쿠여, 킬런, 오론촌(Oroncon)들로부터 조공을 받은 이래, 착착 변민의 확충과 제도를 정비했다. 킬런이란 아무르강 좌안으로 흘러 들어가는 지류역의 삼림지대에서 수렵에 종사하는 통구스계의 사람들, 오론촌은 한층 더 내륙에서 순록을 사육하면서 수렵에 종사하는 사람들을 가리킨다. 현재의 아무르 지방의 에벤키는 그들의 자손인데 킬런 중에는 아무르의 본류와 주였던 지류로 나와 나나이화 했던 자도 적지 않다. 나나이 중에 킬러(Kile), 사마르(Samar), 유카민카(Yukaminka), 우딘칸(Udinkan), 돈카(Donka) 등의 할라는 그 자손이다. 결국 변민의 확충 작업이 아무르 본류에서 지류역으로 넓혀져 선(線)에서 면(面)으로 지배 영역이 확대된 것이다.

당초 변민 지배의 거점은 목단강 중류의 영고탑에 있었다. 그곳은 만주어로 닝구타(ningguta)로 불려, 누르하치의 선조가 거처했다고 하는 곳

13 1689년 네르친스크(Nerchinsk)에서 러시아와 청나라와의 사이에 체결된 조약, 아르군 강·외흥안령(外興安嶺) 경계선에 국경을 정하고 청과 유럽국가가 맺은 최초의 대등한 조약.

이기도 하고, 누르하치 시대부터 동북 방면의 요충으로서 그 일족이 주둔하였다. 청조의 입관 이후는 팔기군의 주력이 중국 본토로 옮겨갔기 때문에 머이런 이 장긴(meiren i janggin, 梅勒章京)이 설치되었을 뿐이었는데, 1652년에 아찬 요새에서 패배한 후 강화되어 1653년에 암반 장긴(amban janggin, 昻邦章京)이 주둔하게 되고, 초대 암반 장긴으로서 옛 후르하부 구왈기야 할라(gūwalgiya hala) 출신의 샤르후다(Šarhūda)가 임명되었다. 그는 1658년 스테파노프군 격파 때의 사령관이고, 그 공적은 컸지만 탐욕스럽고 빈번히 출병해서 영고탑의 주민에게 커다란 부담을 강요하면서 제법 원성이 높았다고 한다.

그는 스테파노프군 격퇴 이듬해에 사망하고 아들인 바하이(Bahai)가 그 직을 잇는다. 그 후 아무르강 하류역의 소토 작전과 피야카, 쿠여, 킬린들의 모피 공납민의 확충, 옛 후르하부와 솔론부로부터의 신만주 팔기의 편성 등 강희 시대 동북정책의 거의 대부분이 그의 일이다. 1662년(강희 원년)에는 암반 장긴과 머이런 이 장긴은 한어의 명칭이 부여되어 각각 '영고탑장군(寧古塔將軍)'과 '부도통(副都統)'으로 불리게 되는데(영고탑장군 관할 하의 주방팔기(駐防八旗)의 조직–'그림 11' 참조), 1671년(강희 10)에는 먼저 '부도통아문(副都統衙門)', 1676년(강희 15)에는 장군이 길림으로 옮겨, 영고탑에는 1678년에 부도통아문만이 부활했다. 그러나 아무르의 변민 지배를 위한 거점으로서의 기능은 남았는데, 1780년(건륭 45)에 그것이 전부 삼성(三姓, 현재의 依蘭市)에 이관되기까지 영고탑 부도통이 아무르 변민 지배의 총책임자였다.

옛 후르하부를 대신하는 새로운 변민이 착착 확충되었던 강희 시대의 말기 1714년(강희 53)에는 목단강 하구 우안의 삼성에 4개의 니루(niru)가 설치되고, 그것을 총괄하는 협령(協領)이 임명되었다. 그 니루는 아무르강의 송화강 하구와 우수리강 하구 사이의 지역을 원적(原籍)으로 하는 옛 후르하부의 변민(팔기에 편입된 당시는 옛 사견부 사람과 함께 '허저'로

불렸다)으로 편성되었다. 삼
성이란 만주어의 '일란 할라'
의 역(譯)이고 3개의 할라를
의미한다. 그 유래는 루여러
(Luyere), 거이커러(Geikere),
후시카리(Hūsikari)라는 3개의
할라 사람이 그 땅에 있었다는
데서 온 것인데, 실제로 1714
년 니루에 편성된 것은 슈무르
(Šumuru)라는 할라도 포함되
어 4개의 할라 출신자이다. 각

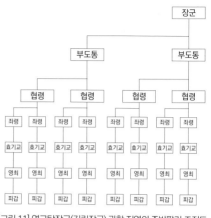

[그림 11] 영고탑장군(길림장군) 관할 지역의 주방팔기 조직도

각의 할라 이 다, 슈무르 할라의 경우는 가샨 다가 좌령에 임명되어, 아무
르강 하구 주변과 사할린으로 변민 확충을 위해 파견되는 관리들의 책임
자가 된다. 변민에서 이제 막 바뀐 이들 할라 출신자가 새로운 변민 확충
의 업무에 임하게 된 것은 아무르와 사할린 주민과의 문화적 혹은 심리적
인 가까움을 이용당했기 때문일지도 모른다.

삼성에는 1731년(옹정 9)에 부도통 설치가 결정되고, 이듬해 1732년에
는 각라(覺羅) 인물 75명이 부도통으로 부임한다. 또한 송화강과 우수리강
의 변민을 대상으로 한 신만주 팔기의 확충 작업이 일단락되고, 삼성의 주
방팔기(지방을 거점으로 주둔하는 팔기)의 진용이 갖춰진다. 그리고 같은
해에 사할린 주민의 초무(招撫)에 성공하고, 그곳의 피야카와 쿠여(결국
사할린의 니브흐와 아이누의 일부)가 6할라, 18가샨, 146호로 조직되어 모
피 공납민으로서 등록된다. 사할린 변민의 수공반상(收貢頒賞)은 당초부터
삼성 부도통의 관할이었다. 그리고 1779년에 영고탑 부도통이 가지고 있
었던 아무르 하류역의 변민 관계 업무가 삼성으로 이관이 결정되어 이듬
해 80년부터 시행되면서, 삼성은 명실공히 청조의 아무르, 사할린 통치의

거점이 된다.

이와 같은 영고탑과 삼성에 변민 관계의 업무를 관할하는 거점이 정비됨과 함께 아무르와 사할린에서 변민의 호수도 증가한다. 예컨대 1676년(강희 15) 1,209호였던 변민은 1722년(강희 61)에 1,910호로 증가했고 1750년(건륭 15)에는 2,250호까지 증가한다. 그리고 1732년(옹정 10)에 146호였던 사할린의 변민은 2호 증가해 148호가 되고 1750년 시점에서 아무르와 사할린의 변민은 총 2,398호가 된다. 1750년 당시 대학사(大學士)였던 부항(傅恒)은 변민 호수의 정액화(定額化)를 황제에게 상주(上奏)해 인정받고 그 이후의 숫자는 고정화된다. 일단 청조의 변민제도는 이것으로 완성된 것으로 보인다.

2. 사할린 진출의 공로자, 입거너(Ibgene)

강희·옹정 시대에 변민 확충 작업이 어떻게 진행되었는지에 대해서는 구체적인 사료가 적지만 사할린에서 변민 확충에 활약한 인물이 상성 부도통아문 당안(檔案, 통칭 상성 당안)에 등장한다. 그것은 정황기효기교(正黃旗驍騎校, 좌령의 부관으로서 정6품)의 입거너(Ibgene)라는 인물이다. 그가 등장하는 당안이란 1743년(건륭 8) 2월 29일자 문서인데 그것은 사직서이고 그때까지의 이력이 기술되어 있다. 그것에 의하면 그는 영최(領催, 주방 팔기의 문서관리원)를 13년, 효기교 직을 17년, 합계 30년간 공무에 몸담았다고 한다. 그의 일생은 정말로 사할린과 아무르강 하류역 주민의 변민화와 그들에 대한 수공반상 업무로 보냈다고 해도 좋다.

그는 공무를 담당하기 이전의 1690년(강희 29)에 이미 피야카어의 통역으로서 피야카 지역에 파견되었다. 1690년이란 네르친스크 조약의 이듬해이고 이 파견은 『청실록』(성조실록)에도 기술되어 있다. 피야카, 쿠여, 킬런, 오론촌의 조공 재개를 촉구하기 위해서였다. 이때는 영고탑 부도 통이 스스로 피야카 지역으로 출장 간 것 같은데 입거너는 통역으로서 수행했다. 입거너는 1710년(강희 49)에는 오론촌어의 통역으로서 오론촌 지역으로 파견된다. 오론촌이란 앞서 언급했듯이 일반적으로 아무르보다 북쪽의 산악지대에서 유목하는 에벤키의 순록 사육민으로 여겨지지만, 건륭 시대의 지도를 보면 사할린에도 오론촌이 있었음을 기술하고 있어, 청대의 기록에 등장하는 오론촌에는 사할린의 윌타도 포함되었던 것으로 보인다. 그러나 이 당안에서 말하는 오론촌어가 에벤키어인지 윌타어인지는 알 수 없다.

1727년(옹정 5) 효기교(驍騎校)에 임명되어 1729년(옹정 7)에는 '서산(西散) 지방' 즉 일본에서 건너온 갑옷(甲衣, 鎧)을 받으러 사할린으로 도해(渡海)한다. 1731년(옹정 9)에는 범죄에 연좌되어 강등(降格)되는데, 1732년(옹정 10)에 사할린 주민을 6개의 할라와 18개의 가샨으로 조직해 변민화 하는 데 성공한 공적으로 효기교에 복직한다. 그가 말하기로는 바다 넘어 사할린으로 건너기를 38회, 공무를 맡은 것이 30년, 그러나 69세의 노령이고 전년도 1742년(옹정 7) 10월부터 손발이 부자유스럽고 실명도 되어 은퇴를 신청했다(『삼성부도통아문만문당안역편』 65호 문서).[14] 당시의 교통 사정(여름은 배, 겨울은 개썰매)으로 영고탑과 사할린 사이의 거리(2,000km 정도)를 생각하면 사할린으로 출장가는 것은 연 1회나 기껏해야 2회 정도밖에 안될 것으로 보인다. 입거너가 그 생애에서 38회나 왕복했다고 하면, 거의 70년 가까운 생애의 반을 사할린의 주민 초무(招撫)와 수공반상 업무에 소비한 것이 된다. 아마도 그의 업무 중에서 가장 빛나는 것은 1732년에 사할린 부민을 변민으로 조직한 것일 것이다.

그가 속한 삼성 주방팔기의 정황기(正黃旗)의 좌령은 대대로 거이커러

---

14 이 역편에는 사할린의 6개 할라, 18개 가샨의 초복(招服)을 옹정 11년이라고 하는데 마츠우라 시게루(松浦茂)에 의하면 원전에서는 옹정 10년이라고 한다.

할라의 족장 가계 사람이 근무하였다. 거이커러 할라 일족은 옛 후르하부의 변민으로, 본래 송화강 하구보다도 하류의 아무르강 유역을 지역 기반으로 했던 것 같다. 1630년부터 사료 -옛 만주당(滿洲檔)과 만주노당(滿洲老檔), 태종실록 등- 에 등장하게 되고, 1650년대에는 아무르강 하류의 사견부의 변민화에 공헌한다. 아찬 요새에서 청이 러시아에게 패한 이듬해인 1653년에 사견부의 10개 할라가 모피를 공납한 것도, 당시의 거이커러 할라의 할라 이 다였던 코리하(Koriha)라는 인물의 활약에 따른 것이었다. 거이커러 할라는 신만주 팔기의 편성이 시작되어도 얼마간은 변민 그대로였었는데, 1714년에 삼성에 주방팔기가 설치되었을 때, 코리하(koriha)의 아들인 자하라(Jahara)가 정황기 좌령에 임명되면서 일족(一族)과 배하(配下)의 자가 그 아래로 배속되었다. 그 후 삼성 주방 정황기의 좌령은 자하라의 자손이 세습하게 된다. 이 일족은 삼성 근처에서는 명사가 되고, 북경에서 일등시위(一等侍衛)로 승진하는 자와 청대 말에는 최고의 삼성 부도통을 배출했다. 다만 거이커러 할라 그 자체는 만주와 나나이와의 경계 영역적인 존재이고 만주의 할라로서 『팔기만주씨족통보』에 이름을 이어가는데, 오늘날 중국 영내의 허저족(赫哲族)과 러시아 영내의 나나이에 동명의 성씨를 칭하는 사람들이 다수 남아 있다.

　입거녀가 어떠한 할라 출신이었는지는 모르겠지만(부관의 효기교가 반드시 좌령과 같은 할라 출신자라고는 한정할 수 없다), 피야카어(니브흐어든지 퉁구스계의 말)과 '오론촌어'(퉁구스계의 말일 것이다)가 가능했다는 점에서 아무르 하류역의 출신일 것이다. 그곳의 주민은 퉁구스계의 말뿐만 아니라 니브흐어 등도 접할 기회가 많기 때문에, 마음먹으면 몇 종류의 언어를 습득할 수 있었다. 거이커러 할라와 아무르강 하류역 주민들의 긴 교제를 고려하면, 아무르 하류에서 태어나 피야카어와 오론촌어를 통한 입거녀가 거이커러 할라의 일족이 배속되었던 정황기에 속해도 부자연스러운 것은 아니다. 청조는 거이커러, 후시카리, 루여러, 슈무르 등의 아무르강 하류역의 주민에게 사회적으로도 심리적으로도 가장 가까운 할라 출신의 좌령들에게 주민의 확충과 수공반상 용무를 명하고, 그 좌령들은 아무르강 하류역 출신자를 부관과 직속 하부로 삼아 일의 원활화를 꾀하였다. 지극히 교묘한 방법이지만 "이(夷)를 가지고 이(夷)를 억제한다"라는 점에서는 청조 자신이 여진의 모피 공납민으로부터 흥한 왕조라는 점을 생각하면 당연히 예상되는 방법이다.

3. 입공전승(入貢傳承)은 언제의 일인가

입거녀가 38회나 사할린으로 건너갔듯이 청조의 사할린 진출은 그들 변민 출신 관리들의 노력에 의한다. 그러나 그들이 어떻게 해서 그곳의 주민을 초복(招服)시켰는가에 대해서는 중국 측의 사료만으로는 알 수가 없다. 그것에 대해서는 마미야 린조가 사할린 조사 때에 흥미로운 전승을 채취하고 있다. 『동달지방기행(東韃地方紀行)』과 함께 마미야의 구술서로서 유명한 『북이분계여담(北夷分界余話)』(또는 『북하이도설(北蝦夷図說)』)이 마지막의 부록에 사할린의 스메렌쿨(제1장 참조)이 어떻게 해서 만주로 입공(入貢)하게 된 것일까, 그 경위를 기술하고 있다. 길기 때문에 전문의 인용은 피하지만 그 내용을 요약하면 다음과 같다.

사할린의 스메렌쿨 속에서 매년 만주의 데렌이라는 가부(仮府)로 가서 짐승의 가죽을 공물로 바치고 은상을 받아오는 자를 '하라타', '카신타'라고 한다. 마치 홋카이도의 족장(乙名), 소사(小使) 류의 사람과 같다. 스메렌쿨에 그 유래를 물어보면 연대는 분명하지 않지만 옛날 이 섬의 사람이 아직 만주로 조공을 하지 않았을 무렵, 어느 나라의 배인지는 모르겠으나 -무라카미 사다유키(村上貞之)는 주(注)에서 러시아 배가 아닐까 추정한다- 매년 이 섬에 와서는 다양한 짐승의 가죽을 교역하는 자가 있었다. 그 일행은 의외로 포악(暴虐)해서 섬 사람들과 싸우는 일이 적지 않았고 섬 사람들도 항상 그들을 무서워하였다. 그리고 1년 후(무라카미 사다유키는 건륭 11, 12년경일 것으로 추정) 만주의 관리가 많은 사람을 거느리고 이 섬으로 건너와 섬을 순검(巡檢)했다. 그때 섬의 주민 대부분이 예의 포악한 일행이 왔다고 생각하고 산으로 도망쳐버렸다. 만주의 관리들은 도망치지 않은 자들을 불러내 인선(人選)을 하고, 서해안의 이토이의 토루베이누라는 사람을 하라타에 임명해, 그곳보다 50리 정도 내지인 카우토라는 마을의 우르토고라는 자를 또 하라타로 명한다. 그리고 동해안으로 나가 토와가라는 곳에 또 한 명의 하라타를 뽑고 카신타를 각지에서 뽑아서 매년 검은담비 모피를 가지고 조공하도록 명하고, 그렇게 하면 그 은상으로서 비단 한권(錦一卷)을 주면서 교역도 허가하는 취지를 약속하고 떠나갔다. 그때부터 매년 조공에 나갔던 것이라고 한다(『북이분계여담(北夷分界余話)』 부록).

이 전승이 어느 시대의 것을 말하고 있는 것인지가 문제이다. 필기자인 무라카미 사다유키는 여기저기에 주를 달았고, 그 하나에 만주 관리의 처음 내방(來訪)이 1746년, 1747년(건륭 11, 12) 언저리라는 것을 지적하고 있는데 그것은 분명히 잘못이다. 그것은 이미 1743년(건륭 8) 11월 14일 날짜가 붙여진 삼성 당안(三姓檔案)에 토루베이누와 동일 인물로 생각되는 둘비야누(Dulbiyanu, 都勒畢雅努)라는 인물이 초민 할라(Comin hala, 綽敏姓)의 할라 이 다로서 등장하고 있고, 토루베이누는 그때까지 할라 이 다가 되어 있었을 터이기 때문이다. 다만 삼성 당안에는 1743년부터 1873년(동치 12)까지 모피 공납자의 일람표가 16건 남겨져 있는데, 내공자의 이름이 100년 이상 변하지 않는 상례도 있고 내공자의 이름과 숫자는 신용할 수 없는 점이 많다. 초민 할라의 할라 이 다, 둘비야누도 건륭 8년에 당안(檔案)으로부터 동치 12년의 당안까지 실로 130년이나 할라 이 다로서 등장하기 때문에, 실재는 확실하지만 어느 시대에 살았었던 것인가를 삼성 당안을 통해서는 알 수 없다.

마미야 린조가 기록한 전승에서 이야기하는 만주 관리의 사할린 순검의 연대를 알 수 있는 단서는 그들이 단지 모피 공납을 받았을 뿐만 아니라, 각지의 유력자를 할라 이 다, 가샨 다로 임명하고 돌았다고 하는 점이다. 사할린의 주민이 청에 조공한다는 것 만이라면 입거너가 젊은 시절 통역으로서 동행했던 1690년(강희 29)의 영고탑 부도통의 피야카 지역으로 갔을 때 이루어졌을 것이다. 그러나 그때는 사할린의 주민에 대해서는 단발의 조공으로 충분히 조직화되어 있지 않았던 것이 아닐까.

그 다음에 만주의 관리가 사할린에 건너갔을 것으로 생각되는 것은 호라 토미오(洞富雄)가 말하는 1709년(강희 48)에 예수회 수도사 레지스(Régis)들에 의한 아무르강 유역 실측 조사 직후의 만주 관리에 의한 조사 때이다. 호라 토미오에 의하면 이때 관리들은 사할린 남부에 대한 지식이 없었기 때문에 레지스들이 만든 지도에는 사할린 남부가 빠졌다는 것이라고 한다(호라 토미오, 『북방영토의 역사와 장래』). 또한 마츠우라 시게루(松浦茂)는 『대청회전(大淸會典)』(옹정회전)에 1712년(강희 51) '고야(庫耶)'의 특묵이성(特墨伊姓) 등이 새로이 귀순하고, 그것을 86호로 편성하여 상급(賞給)하는 것으로 했다는 기록이 있음을 지적하였다(마츠우라 시게루(松浦茂), 「18세기 말 아무르강 하류지방의 변민조직」). 특묵이는 할라명이 아니고 지명 같은데 그 위치가 불분명해 고야(庫耶)라는 것이 아이누를 가리키는 것인지, 단순히 사할린을 가리키는 것인지는 알 수 없다. 또한 관리가 사할린까지 파견되었던 것인지, 아니면 주민이 대륙 측까지 나와서 조공에 응했던 것인지도 알 수 없다. 하지만 변민의 조직화가 진행되었던 것은 사실인 것 같다.

실제로 관리가 사할린으로 나가서 변민을 조직했다는 것이 사료상 확실한 것은 정황기(正黃旗) 효기교였던 입거너가 활약한 1732년(옹정 10)의 6개 할라, 18개 가샨의 조직이다. 입거너의 인퇴원의 문서에는 없지만 『청실록(淸實錄)』(세종실록)에는 초민 할라 이하 6개 할라가 초복되

었다고 기술되어 있다. 삼성 당안에 포함되어 있는 사할린의 모피 공납자의 일람표에는 초민 외에 너오더(Neode), 두와하(Duwaha), 슐룽구루(Šulungguru), 야단(Yadan), 토오(Too) 6개 할라의 이름이 기술되어 있으니까 실록에 등장하는 6개의 할라는 이들을 가리킨다. 이미 강희 51년에 한번 조직화가 이루어졌다고 한다면 그해의 편성은 거기에 새로운 할라를 더해 좀 더 정비한 것이 된다. 1743년(건륭 8) 11월 14일자의 당안에 등록된 초민 할라의 할라 이 다인 둘비야누가 린조가 말하는 이토이의 토루베이누와 동일 인물이고, 두와하 할라가 사할린 동해안의 두와가라는 지명에서 유래한다고 한다면, 린조가 기록한 전승은 실록과 삼성 당안에 등장하는 옹정 10년에 일어난 일 가능성이 높다. 그러나 린조의 전승에서는 스메렌쿨의 3개 할라의 조직화가 언급되고 있을 뿐이고, 그때 동시에 나요로(ナ크モ) 등 훨씬 남쪽의 아이누 거주지까지 관리가 나갔는지 그 여부는 알 수 없다. 강희 29년에 고야(庫耶)의 조공 사례가 있고, 강희 51년에 86호의 변민 조직화가 보인다는 점에서 사할린 주민의 조직화는 여러 번 진행되었으며 그 최종적인 형태가 옹정 10년의 6개 할라, 18개 가산이었다고 생각하는 것이 타당하다. 그렇다고 한다면 린조가 채록한 스메렌쿨 입공전승(入貢傳承)은 1710년대(강희 말기)부터 1730년대(옹정 시대) 사이의 일이라는 것이 지금으로서는 타당할 것이다.

4. 청조는 통치기구를 어떻게 확립했는가

『북이분계여담』 부록에는 스메렌쿨의 만주로의 입공 개시에 이어 사할린 남부 아이누의 입공 경위를 전하는 전승이 소개된다. 그것은 그가 사할린 남부 각지의 70세 이상 노인들로부터 들은 이야기로, 그들이 아직 어린이였을 무렵 나요로의 추장(酋長)에게 아에비라칸(ヤエビラカン) '한활폭

려(悍猾暴戾)'라는 인물이 있고, 그곳으로 만주 소속의 스메렌쿨과 산탄들이 교역을 하러 왔을 때, 야에비라칸들은 그들을 죽이고 가지고 온 교역품을 약탈했다. -원주(原注)에는 살인까지는 안한 것으로 되어 있다.- 그리고 그곳에서 달아난 자가 만주의 관리에게 사태를 고발하였고 그로 인해 이듬해 만주의 관리가 3척의 배를 타고 와서(원주에 의하면 나요로에 만주의 관리가 온 것은 이때가 처음이었다고 한다) 전년도에 약탈에 가담한 자를 모조리 포박하고 주변 마을의 유력자들을 모아 질책(叱責)하고 보물을 헌상하도록 조치하면서 겨우 사면되었다고 한다. 다만, 나요로와 야에비라칸은 수모자(首謀者)였기 때문에, 그 아들인 요치이테아이노, 칸테츠로시케를 인질로 바쳐 매년 짐승가죽을 갖고 내공(來貢)할 것을 명령받았다. 그리고 매년 입공(入貢)함으로써 두 아들은 되돌아왔지만, 그때 둘을 할라 이 다로 임명하고 그 밖의 재각(才覺)이 있는 자를 가샨으로 임명해 그 후 자손들이 직을 계승해 입공하고 있다는 것이다.

린조가 노인으로부터 청취 조사를 실시한 것은 1808년경으로 추정되지만 당시 70세 이상의 노인이 '유약(幼弱)'한 무렵(頃)이라고 하면, 대체로 1740년 전후라고 생각된다. 그러나 삼성 당안에는 이미 1743년(건륭 8)의 문서에 야에비라칸에 상당한다고 생각되는 야비리누(Yabirinu)라는 인물이 야단 할라의 할라 이 다로서 나타났고, 그 야단 할라는 늦어도 1732년에는 모피 공납민이 되었다. 그렇다고 하면 린조가 청취한 전승 가운데 야에비라칸의 아들인 요치이테아이노가 나요로 최초의 할라 이 다이다고 한 부분은 잘못된 것이 된다. 야단 할라가 초민 할라 등과 함께 1732년(옹징 10)에 변민화되었다고 한다면 이토이의 토루베이누, 초민 할라의 둘비야누들과 함께 야에비라칸, 야비리누도 나요로의 할라 이 다에 임명되고 있었다. 사건이 일어난 연대가 린조가 인포먼트(언어 자료 제공자) 노인이 말하는대로 1740년 전후라고 한다면 야에비라칸은 할라 이 다이면서 약탈 사건을 일으켰었다는 것이 된다.

18세기 전반에는 아직 사할린의 정세가 안정되지 않았던 것으로 보인다. 그것은 네르친스크 조약 후에도 러시아의 선단은 사할린 연안에 출몰해 주민과 마찰을 일으켰고(그들은 오오츠크와 캄차카, 지시마 열도를 경유해 사할린에 접근하고 있었다), 홋카이도까지는 다스렸던 마쓰마에번도 사할린에 관해서는 어장과 교역장의 탐색에 머물러 건실하게 그곳의 아이누를 통치하려고는 하지 않았다. 결국 1730년대까지는 사할린의 주민을 통치할 수 있는 나라는 아직 없었고, 그 때문에 주민들 간에 특히 아이누와 그 이외의 사람들과의 트러블이 종종 있었던 것이 아닐까. 그와 같은 트러블에 대해서 대륙에서 교역하러 왔던 스메렌쿨과 산탄들은 이미 자신들이 따르고 있는 청조의 관리에게 구제를 요청했고, 청조는 그것에 개입하며면서 주민들에게 청조의 권위와 통치기구를 침투시켰던 것이라고 생각된다. 사할린의 변민제도는 1832년(옹정 10)에는 일단 만들어지고, 거기에는 남부의 아이누도 참여했었는데, 청조의 권위는 충분히 인식되어 있지 않았던 것이 아닐까 한다. 그러나 이와 같은 사건의 처리를 기점으로 해서 1740년대부터 그들에게도 그 권위가 인식되게 되고 청조의 사할린 지배도 안정기를 맞는다.

이때 변민에 편입되었던 사할린의 주민을 정리하면 초민·너오더·두와하·슐룽구루·야단·토오의 6개 할라, 18개 가샨, 146호이다. 가샨의 상세한 명칭은 삼성 당안에도 남겨져 있지 않은데, 각 할라의 할라 이 다가 있었던 마을의 위치와 린조의 서술에서 초민이 이토이의 스메렌쿨(중국 측이 말하는 피야카), 너오더가 카우토의 스메렌쿨, 두와하가 동해안(東海岸, 토와가 후에 서해안의 타무라오로 옮김)의 스메렌쿨, 야단이 나요로의 아이누, 토오가 타라이카 주변의 아이누(마츠우라 시게루에 의하면 토오 할라가 있었던 다리카 가샨이 타라이카가 아닐까라고 한다), 슐룽구루가 동해안 코탄케시(마찬가지로 쿠탄기가 코탄케시에 해당한다고 한다)의 아이누라는 것이 된다.

이처럼 강희·옹정시대에 진척시켜왔던 아무르 하류역부터 사할린에 걸쳐서의 지역 주민의 변민화는 대체로 주민 간의 트러블과 러시아 등의 외부로부터의 침입자와 생기는 트러블을 해결함을 구실로 관리가 파견되어 주민을 할라와 가샨으로 조직하면서 진행한 경우가 많다. 그리고 그 작업은 일단 그 호수를 고정화한 1750년(건륭 15)에 종료된다. 그렇다면 그 완성된 변민제도란 어떤 체제였던 것일까.

5. 변민제도의 세 단위: 호·가샨·할라

청조의 변민 통치의 기본적인 단위는 '호(戶)'이다. 태조 시대의 후르하부를 대상으로 했던 변민제도 이래 모피 공납과 은상반포의 대상이 된 기본적인 단위는 '호'였다. '호'는 만주어로는 '보오(boo)'라고 한다. 하네다 토오루(羽田亨)의 『만화사전(滿和辭典)』에 의하면 보-란 '집(家), 가옥(家屋), 가방(家房)'이다. 만주어의 의미를 자의(字義)대로 보면, 가옥 1호가 모피 공납과 은상 반포의 단위라는 것이 되는 걸까. 니브흐, 울치, 나나이를 비롯한 아무르강 본류의 주민은 어로 활동에 의해 식료 사정이 안정되었기에, 대형의 목조가옥(혹은 바닥을 파고든 반지하식 목조가옥)에 복수의 가족이 생활하는 경우가 많다. 게다가 결혼한 자식이 양친과 산다고 하는 가까운 가족끼리 함께 사는 것(共住)뿐만이 아닌, 친구·지인 관계밖에 안되는 타인의 가족과 함께 생활하는 경우도 있었다. 집 안에서는 각각의 가족이 장소를 정해 나눠 살았지만, 화덕의 불이나 개를 기르는 장소(餌場) 등은 공유하고, 많은 경우 한지붕 아래 있으면 대체로 가계(家計)를 공유하게 된다.

그러나 '호'(또는 보오)의 숫자는 모피를 지불해야만 할 성인 남자의 수를 나타내는 것인지도 모른다. 삼성 당안의 기술을 보면 각호에서 한 명씩

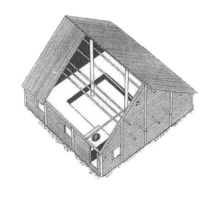

[그림 12] 나나이인과 울치인의 주거 구조
레빈 포타포프 편, 『시베리아 역사민족지도』

대표자(성인 남자)가 나와, 한 장의 모피를 공납하고 1인분의 은상을 받는다는 것이 원칙이었다. 따라서 호수, 모피 공납자의 수, 거둬들인 모피의 수, 건네진 은상의 수, 이 네 가지(四者)는 일치한다. '호'는 또한 한 명의 성인 남자로 대표되는 하나의 세대라고도 할 수 있다. 당안에는 '호'를 어떻게 정의한 것인지 혹은 관리들이 마을에서 무엇을 세었는지에 대해서는 기록이 없다. 그 때문에 그들이 가옥의 숫자를 셌던 것인지, 그렇지 않으면 모피를 지불하듯 성인 남자의 숫자를 셌던 것인지는 알 수 없다.

어쨌든 그 호수는 1750년(건륭 15)의 상태에서 고정되었다는 점에서, 당안에 기록된 수치는 전혀 현실을 반영한 것이 아니다. 뒤에서 상세하게 언급하겠지만, 가샨 다의 임명서에는 관할해야만 하는 마을의 호수가 기술되어 있다. 그 수치도 삼성 당안에 기술되어 있는 건륭 15년의 것이고 실제의 마을 호수와 인구를 나타낸 것이 아니다. 그것은 이른바 가샨 다가 지참해야만 할 모피의 수량이고, 청조가 그에게 수여한 은상의 숫자이다. 표면상으로는 할라 이 다와 가샨 다 등의 역직자(役職者)는 임명서에 기술된 수의 호의 대표자로서 그들로부터 모피를 모아 은상을 배포해야만 하는 것이지만, 결국은 자신이 수렵과 교역에서 모은 모피를 공납하고, 주어진 은상은 자신의 수입으로 삼았다고 생각하는 것이 자연스럽다. 따라서 많은 호의 대표자가 된 자일수록 수입이 컸다고 할 수 있다.

변민이 되었던 모든 호는 가샨과 할라에 조직되었다. 앞서 언급했듯이 가샨이란 본래 마을, 촌락의 의미이고(한어로는 '屯', '鄕'으로 번역된다), 할라는 부계의 씨족에 가까운 집단이다(한어로는 '姓'으로 번역된다). 삼성 당안에 의하면 아무르강 유역의 허저, 피야카, 킬런, 오론촌 등에서는 171개의 가샨과 50개의 할라가 등록되어 사할린의 쿠여, 피야카 등에서는 18개의 가샨과 6개의 할라가 등록되었다.

그러나 당안 등의 정부 공문서에 기재되어 있는 가샨과 할라는 주민의 본래 조직과는 반드시 일치하지 않는다. 게다가 1750년의 단계에서 고정되어 있기 때문에 시대가 내려갈수록 실태와는 동떨어진다. 가샨의 경우 아무르강 본류를 따른 것에는 19세기 중기 이후의 민족지와 국세(國勢) 조사, 혹은 지도 등에서 볼 수 있는 것과 일치하는 것이 많지만, 그 이외에는 거의 비교 추정을 할 수 없다. 그것은 커다란 하천의 연안 주민은 정주성이 높기 때문에 촌락도 비교적 장기간 유지되지만, 산악지대에는 이동성이 높아지기에 촌락의 유동성이 높아지기 때문이다. 게다가 청조의 지배 시대부터 종종 천연두(天然痘) 등 역병이 유행해 그로 인해 수많은 촌락에서 주민이 전멸되거나 병을 피해 이주하게 되면서 대하천 연안에도 촌락의 안정성이 반드시 높지는 않았다. 대륙 측의 171개 가샨도 1750년 당시에는 존재했을 것이지만, 현재에는 전승에만 남겨진 것과 민족지 시대에 소멸한 것을 확인할 수 있는 것, 혹은 이미 다른 사료에서는 전혀 확인할 수 없는 것 등이 많은 편이다.

아마도 가공의 촌락을 기록하는 일은 없었다고 여겨지는 가샨에 비해 할라 쪽이 한층 현실로부터 유리되어 있다.

할라란 본래 만주 퉁구스계의 사람들 사이에 공통으로 보이는 사회조직으로 부계 출신 집단[15]이 중심이 되어 결성되고, 성원권(成員權)은 아버

---

15 부친 쪽의 선조를 공유하는 친족집단, 그 가운데 그 선조에 대한 계보가 명확한 것을 '리니지'로 부르고, 계보가 명확하지 않고 그렇게 믿고 있음에 불가한 경우를 '씨족'이라 한다. 퉁구스계의 할라는 씨족에 가깝다.

지에서 아들로 계승된다. 그것은 족외혼의 단위이고, 공유재산을 관리 운영하며, 의례와 재판 등의 사회적인 행위를 하는 데 있어 기본적인 단위가된다. 다만 보통의 식료랑 현금을 얻기 위한 수렵과 어로 활동의 단위는되지 않는다(그것은 가샨과 거주 집단이 단위가 된다). 대체로 할라의 성원은 일정한 범위에 거주하는 것이 많지만, 반드시 하나의 가샨을 하나의할라 성원이 차지하는 것은 아니고 복수의 할라 사람이 잡거(雜居)한다.또한 만주와 나나이 사이에서는 오랜 세월 동안 사람 숫자가 너무 늘어나거나 성원의 거주지가 분산되거나 하면서 할라가 사회조직으로서 기능할수 없는 사례가 많았다. 그와 같은 경우에는 실제로 함께 활동할 수 있는범위의 성원이 하위조직을 만들어, 그것이 할라를 대신한다. 예를 들면 외혼 집단도 그 하위조직 쪽이기 때문에, 그것이 다르면 동일한 할라 속에서도 결혼할 수 있는 경우도 있다. 그와 같은 하위조직을 무쿤(mukūn)으로불렀는데 무쿤에는 고유의 명칭은 없고, 명칭은 할라의 것을 사용한다.

그러나 퉁구스계에는 없는 니브흐와 아이누의 선조의 경우는 사정은다르다.

니브흐의 경우에는 '칼(qhal)'로 불리는 부계 출신 집단을 볼 수 있다.그 명칭은 어원적으로 퉁구스어의 할라와 공통하고 있는 것이지만 조직의 기능과 형태는 제법 다르다. 칼도 재산 관리·의례·재판의 단위이지만,퉁구스계 사람들과는 약간의 차이를 보인다. 예를 들면 니브흐의 곰 축제는 아이누와 함께 '사육곰의식(飼いグマ儀礼)'로서 유명한데, 그것은 그때까지 사망한 칼의 성원을 조령(祖靈)하기 위한 조문의 의식이고, 그 안에서 연기하는 사람들의 역할은 주체 칼과의 관계에 의해 규정된다. 그와 같은 곰 축제는 퉁구스계 속에서는 울치에서 보일 뿐 다른 민족에서는 보이지 않는다. 또한 칼의 성원권은 만주·퉁구스의 할라와는 다르게 거주에 규정된다. 결국 다른 토지로 이주해서 세대가 거듭되면 이전의 칼 구성원과는 소원해지고 새로운 칼로 간주되게 된다. 그 명칭도 마을의 이름과 지명

에서 유래하는 것이 많고 칼이 거주지와 밀접하게 연계되어 있음을 시사한다. 니브흐는 기본적으로 정주민이라고는 해도 생업지의 변경과 역병 유행 등에 따른 이주도 많았기 때문에, 새로운 칼이 생성소멸을 반복해 숫자도 많아지기 일쑤다. 따라서 칼 하나하나는 사람 수가 적고, 거주지가 하나의 마을과 근처의 마을과 통합되어 있는 것이 보통이다. 그와 같은 상황을 1750년의 단계에서 고정해버리는 듯한 청조의 변민제도가 적확하게 파악할 수 있을 리가 없다. 따라서 당안에 남겨진 니브흐의 선조로 판단되는 피야카의 할라는 민족지에 남겨져 있는 칼과 비교 추정(比定)할 수 있는 것이 전혀 없다.

아이누의 경우에는 할라와 칼처럼 명칭이 붙은 단계(單系) 출신 집단이 존재하지 않는다. 따라서 사할린에 설치된 그들의 할라, 즉 야단, 슐룽구루, 토오 등은 완전히 가공의 조직이었고 장부상에서밖에 통용되지 않는다.

청조가 변민의 조직으로서 등록한 할라는 이처럼 통구스계 주민은 어느 정도 주민의 사회구조가 반영되었지만, 니브흐와 아이누 선조의 경우에는 전혀 반영되지 않았다. 따라서 오늘날 그들의 사회에도 그 흔적은 거의 찾아볼 수 없다. 또한 청조는 그 정도까지밖에 그들의 사회를 파악할 수 없었다.

통구스계의 경우에도 반드시 청조는 그 고유의 할라와 무쿤을 그대로 이용한 것이 아니다. 예를 들면 내가 1990년에 아무르강 유역의 민족 조사에 종사(從事)했을 때, 다에르가(Daerga) 마을 재주의 이반 타라코비치 베리디(Ivan Tarakovichi Berridi)라는 노인(당시 70세 이상임)은 자신이 소속된 베리디(Bel'dy)라는 거대한 할라의 유래에 대해 흥미로운 전승을 얘기해 주었다. 그것에 따르면 베리디에는 내부에 몇 개의 무쿤이 있고, 같은 베리디라도 유래와 출신이 다른 사람이 많아 서로 결혼도 할 수 있었다는 것이다. 그리고 왜 그렇게 거대하고 내부에서 결혼관계도 맺을 수 있는 할라가 출현했는가 하면, 언젠가 만주에서 온 관리가 마을들을 돌았을 때, 그의 선조가 살았던 지방의 주민을 모조리 베리디라는 할라명으로 등록해버렸다는 것이다. 이 전승은 나나이의 할라가 반드시 오래전부터 있었던 것이 아닌, 청조의 변민제도로의 편입에 의해 새롭게 명명되고 등록됨으로써 만들어진 것임을 시사하고 있다.

그러나 나나이의 선조는 청조에 순종적이었다. 그것에 대해서는 제7장 '교역의 종언'에서도 언급하겠지만, 청조에 의해 규정되었던 할라가 역으로 나나이의 사회를 속박하고, 그 고유의 사회조직으로 바뀐 것이다. 그 증거로 1897년 러시아의 국세 조사 때 기록되었던 나나이의 씨족 약 3분의 2가 청조 시대부터의 할라였다. 게다가 1653년 처음으로 사견부가 조공에 나타났을 때 기록된 10개의 할라, 즉 빌다키리(Bildakiri), 푸스하라(Fushara), 허치커리(Hecikeri), 우잘라(Ujala), 자크수루(Jaksuru), 가킬라(Gakila), 쵸고르(Chogor), 투멀리르(Tumelir), 호미얀(Homiyan), 조르고로(Jorgoro) 모두가 19세기 말기까지 남아 있었다. 유감스럽게 호미얀은 19세기 말기에 단절되고 소멸했지만, 나머지 9개의 할라는 오늘날에도 나나이의 성으로 살아 있다. 덧붙여 현재에는 빌다키리는 베리디로, 푸스하라는 팟사르(Passar) 또는 풋사르(Fussar)로, 허치커리는 호저르(Hojer)로, 우잘라는 오잘(Ojal)로, 자크수루는 자크소르(Jaksor)로, 가킬라는 가에르(Gaer)로, 쵸고르는 사이고르(Saigor)로, 투멀리르는 투마리(Tumari)로, 조르고로는 조로르(Joror)가 되었다. 그 밖의 성에서도 거이커르-거이커러 할라(Geikere hala), 킬러-킬러르 할라(Kiler hala), 사마르-사이마르 할라(Simar hala), 우딘칸-우딘카 할라(Udingka hala) 등이 청조 시대의 할라 명칭에서 유래하고 그 가운데는 선조가 모피 공납민이었다는 사람이 있다.

6. 변민의 네 지위

실제로 주민 고유의 사회를 어디까지 반영하고 있는가는 지역에 따라 다르지만, 청조는 이미 변민을 보오(호), 가산(향), 할라(성)의 단위로 정리해 통치했다. 다만 주민을 모두 평등하게 취급한 것은 아니고 지위를 구별했다. 즉, 할라의 장인 할라 이 다, 가샨의 장인 가샨 다, 그 자제(子弟)로 할라 이 다와 가샨 다의 후계자인 더오터 주서(Deote juse), 그리고 일반의 공납민인 바이 니얄마(Bai niyalma)로 4개의 계층이다(실은 그 이외에 등록된 공납자의 가족 등 미등록자가 다수 있었을 것이다). 이 4자 사이에서는 매년 공납하는 담비의 모피 수는 같았지만, 부여된 은상은 지위에 따라 차이가 매겨졌다. 즉, 할라 이 다에게는 망단(蟒緞)으로 불리는 용 문양이 그려진 단자(緞子) 관복이, 가샨 다와 더오터 주서에게는 팽단(彭緞)이라 불리는 용문(龍文)이 없는 단자 관복, 바이 니얄마에게는 청지(淸地)의 면포가 지급되었다. 또한 부대급부(付帶給付)로서 할라 이 다에게는 칠도(漆塗)의 작은 상자가 주어졌고, 또 전원에게 청지의 면포가 지급되었다. 그것들은 산탄교역에서 유통하는 상품들인데 그 품질과 가치 등에 관한 것은 제7장에서 자세히 다루기로 한다.

그런데 할라 이 다, 가샨 다, 더오터 주서, 바이 니얄마라는 것은 낱말의 의미 그대로는 '할라의 장'. '촌장', '자제', '서민'이지만, 그들은 반드시 글자 그대로의 일을 했던 것이 아니다. 예를 들면 할라 이 다는 각 할라에 한 명 있어도 좋지만, 아무르와 사할린의 56개 할라 가운데 할라 이 다가 있었던 것은 17개 할라에 불과했다. 사할린의 6개 할라에는 모두 할라 이 다가 있었기에, 대륙 측에서는 11개의 할라에만 할라 이 다가 있었다는 것이다. 다만 할라 이 다의 총수는 22인이고, 할라 이 다가 있는 할라의 수보다 많다. 그것은 아무르의 가장 하류에 있었다고 하는 피야카라는 명칭의 할라(이것은 거주명으로서 피야카와는 다르다)에 6명의 할라 이 다가 있었기 때문이다. 여기에서도 알 수 있듯이 할라 이 다라는 것은 할라의 장이라는 직명이 아니고, 칭호 혹은 위계이다.

할라 이 다란 대종(大宗) 시대의 '총둔두목(総屯頭目)'의 흐름을 잇는 지위이고, 옛 후르하부의 할라 이 다는 후의 신만주팔기 편성 때에 좌령이되었다는 점은 이미 언급하였다. 좌령이라고 하면 일본의 도쿠가와 막부의 기본(旗本)에 해당할 듯한 사람들이고, 각각 기지(旗地)로 불리는 영지를 소유하고, 방위(防衛)와 효기교(驍騎校) 이하 300명의 장정(壯丁)[16]을 거느리는 도노사마(殿樣)이다.

할라 이 다란 그것에 필적하는 지위인 것이다. 따라서 그 지위를 얻는다는 것은 청으로부터 크나큰 신뢰를 얻었음을 의미한다. 사할린의 6개 할라에 각각 할라 이 다를 임명한 것은 원격지에 대한 배려로 보인다. 대륙 측에서는 피야카 할라의 6개 외에, 푸스하라, 빌다키리, 허치커리, 우잘라, 자크수루, 투멀리르, 킬런, 사이마르(Saimal), 불라르(Bular), 키지 10개의 할라에서 임명되었는데, 모두 모피 공납을 행하는 호수가 많고 큰 할라이고, 청조가 모피 공납민으로서 기대를 걸고 있는 할라이다.

마찬가지로 가샨 다와 더오터 주서도 호칭과 위계라고 생각하는 쪽이좋을 듯하다. 나는 러시아 상트페테르부르크에 있는 '인류학민속학박물관'에서 일찍이 나나이의 유력자에게 발행된 가샨 다 임명서를 실제로 본적이 있다. 그것들은 나나이어로 '피오(Pio)'로 불린 것 같은데 한어의 '票'에서 유래한 말이 아닐까 생각된다. 전부 4통이었던(그 가운데 한통은 트레이싱 페이퍼(tracing paper)로 복사한 것) 그 임명서는 모두 삼성의 부도통아문이 발행한 것으로, 연대는 대단히 새롭게 1875년부터 1894년까지의 것이다. 1858년과 1860년의 조약에 의해 이미 아무르강 유역의 나나이

16　성인남자, 그들은 모두 병사가 되는 것은 아니고, 당초는 50인, 후에는 100인 정도가 병사가 되고, 나머지는 치중부문(輜重部門)을 담당하거나 경작민이 되곤 했다. 그러나 그들에게도 가족과 하인 등이 있고 좌령이 거느리는 니루는 제법 대소대(大所帶)였을 것이다.

의 거주지는 러시아령이 되었을 터이기 때문에, 그 무렵까지 삼성 부도통이 가샨 다의 임명서를 발행하고 있었던 것은 이상하기도 한데, 사실 나나이는 청조 붕괴까지 모피 조공을 계속했었다.

어쨌거나 그 문장을 보고 놀랐던 것은 적혀 있는 할라 이름도, 가샨 다의 이름도, 게다가 관할했던 가샨 다의 호수까지 삼성 당안에 등장하는 것과 일치했다는 것이다. 각 문서에는 다음과 같은 적혀 있었다(원문은 만주어이지만 번역한 것만 적기로 한다. 또한 전체는 3~4행이고 도중에 개행(改行)도 되지만, 여기서는 이어서 기술한다. 1행 왼쪽 반 정도 해독되지 않는 행이 있지만 그것은 후술하듯이 할부(割り符)로 사용된 부분이어서 번역(譯出)하지 않는다).

푸스하라 할라(Fushara hala) 워크수미 가샨(Weksumi gašan) 19호, 가샨 다(gašan da) 랑푸(Langfu) 광서 16년(1890) 6월 30일(표본번호 5747-177)

자크수루 할라(Jaksuru hala) 마칸 가샨(Makan gašan) 9호, 가샨 다(gašan da) 리오던(Lioden) 광서 원년(1875) 7월 7일(표본번호 5747-178)

어여르구 할라(Eyergu hala) 킵터린 가샨(Kibtelin gašan) 13호, 가샨 다(Gašan da) 둥거(Dungge) 대신에 그의 아들 두야(Duya)가 계승한다. 광서 15년(1889) 6월 29일(표본번호 5747-179)

빌다키리 할라(Bildakiri hala) 돌린 가샨(Dolin gašan) 12호, 가샨 다(gašan da) 코무(Komu). 광서 20년(1894) 6월 1일(표본번호 5747-454)

주1-푸스하라는 현재 팟사르(혹은 풋사르)라는 성이 되었다. 어여르구 할라는 19세기 말기에는 오닌카(오넨코)라는 할라에 흡수되었다. 빌다키리는 현재 베리디라는 명칭의 성이 되어 있다.

주2-워쿠수미는 하바롭스크보다 약간 하류에 있고, 현재는 사라프리스코에로 불리고 있다. 마칸과 킵터린은 현재 사라졌다. 다만 오닌카 할라 속에는 '키프터린 켄'(킵터린 사람이라는 의미)로 불리는 사람이 있었으므로 예전에는 존재했을 것

이다. 돌린(강의 중앙이라는 의미)이라는 가샨은 현재 토로이쓰코에(하바롭스크 지방 나나이 지구의 중심지)라 불린다.

삼성 당안에 기술되어 있는 할라와 가샨의 호수는 1750년에 고정된 것이라는 것은 이미 언급했지만, 그것이 150년이 지난 19세기 말기까지 전혀 변하지 않았을 리는 없다. 앞서 언급했듯이 아무르의 촌락에는 어느 정도의 유동성이 있고, 호수의 변화는 물론 가샨(村) 그 자체도 생성 소멸을 반복한다. 내가 실제로 본 임명서의 경우, 할라명은 모두 실제의 것이었는데, 가샨은 당시 19세기 말기에도 2개는 이미 소멸한 것이고, 호수는 물론 모두 임명 당시의 실제 숫자(實數)가 아니다. 결국 그 임명서의 수여는 가샨 다라는 직에 임명하는 형식을 취하면서, 그 지위와 칭호를 부여한다는 의미로 해석을 할 수 있다. 상당히 성격은 다르지만 일본의 에도 시대 다이묘가 조정으로부터 본래 국사(國司)의 관직인 '무슨 무슨 수(守)', '무슨 무슨 개(介)'라고 한 관위(官位)를 받았던 것과 같은 것이다. 조정의 관위는 각 다이묘에게 신분의 상징(스테이터스 심볼)에 지나지 않고, 그 수여 인가권을 막부가 가짐으로써 막부가 다이묘와 조정 양자에 위엄을 보일 수 있었다.

일단 가샨 다의 임명에는 실질적인 의미도 포함된다. 그곳에 적혀 있는 호수란 관할해야만 하는 호수는 아니고, 가샨 다가 삼성에 지참해야 할 모피의 매수라고 해석할 수 있고, 가샨 다는 매년 임명서의 숫자대로의 모피를 공납하고 같은 숫자의 은상을 수여받는다. 그러나 나나이에게도 가샨 다라는 지위 혹은 칭호가 갖는 사회적 의미, 즉 자신의 사회에서 스테이터스 심볼로서의 의미 쪽이 중요했다. 상트페테르부르크 박물관에 보존되어 있었던 임명서는 모두가 1930년대에 채취된 것으로, 작고 접혀져 있긴 했지만 청색 비단천으로 감싸 소중하게 보관되어 부모로부터 자식으로 계승되어 왔다고 한다. 나나이 사이에는 그 무렵까지 청조의 권위가 살아 있었다는 것이다.

할라 이 다와 가샨 다의 권위는 단지 해당하는 할라와 가샨의 성원에게만 통용되는 것이 아니었다. 그것은 그들이 거주하는 지역과 가샨 전체로 미치고, 교역과 수렵 등을 위해 가끔 들리거나 체류하거나 하는 외래자도 그 지휘를 따라야만 했다. 린조는 그것에 대해『북미분계여화(北夷分界余話)』부록에서 다음과 같이 기술한다.

> 이러한 하라타 카신타라고 칭하는 자는 현지인만이 그 지휘를 받지는 않는다. 동달의 주민 스메렌쿨, 산탄은 이곳 나요로에 올 때 모두 야엔쿨의 지휘를 따르고, 이를 받들고 다른 서이(西夷)를 향해 강한 척 근거 없는 말을 하지 않는다. 섬 사람들이 달지에 들어갈 때도 마찬가지라고 한다.

산탄인들은 부채를 짊어지고 있는 사할린 남부의 아이누에 대해서는 상당히 방약무인으로 행동했음이 알려져, 아이누들은 산탄인을 무서워하고 "산탄인은 마음씨(心根)가 나쁘고, 개와 마찬가지로 무섭다"(마쓰다 덴주로, 「사할린 嶋娛地見分仕候趣奉申上候書付」) 등으로 말하고 있었던 것 같은데, 나요로의 할라 이 다의 가계 사람들에 대해서는 산탄인들도 경의를 표하지 않으면 안 되었던 것이다.

7. 사르간 주이(Sargan jui)와 호지혼(Hojihon)

할라 이 다의 지위가 본래는 좌령에 필적한다고 말하였지만 실제로 팔기와 변민에서는 사회적인 지위에서 확연한 차이가 있다. 그러나 청조는 변민들을 부추겨 검은담비 모피를 확보하려고 했다. 그 '부추기는 정책'의 하나로서 '사르간 주이'와 '호지혼' 제도가 있다.

[표 2] 호지혼이 된 변민(『삼성부도통아문만문당안역편』 제138·139호 문서에 의거)

신청시기	성명	할라	가산	지위	헌상품	수량	혼인 상대
건륭 26년 (1761)	各古吉	키레르	히크징거	더오터 주서	白珍珠毛狐皮	4	
					9枚의 玄狐製褥子	2	
					黃狐皮製褥子	4	
					貂皮	304	
건륭 32년 (1767)	額勒達色	키지	두가진	가샨 다	白珍珠毛狐皮	4	鑲白旗滿洲 鳥 雲泰佐領 휘하 披甲 劉達色의 양녀
					9枚의 玄狐製褥子	2	
					黃狐皮製褥子	4	
					貂皮	304	
건륭 39년 (1774)	里達喀	피야카	우후타	바이 니얄마	黑狐皮	2	북경에서 천연두로 사망
					褥子2枚分의 玄狐	18	
					9枚의 黃狐製褥子	1	
					褥子3枚分의 黃狐	27	
					貂皮	304	
건륭 59년 (1794)	卓鳥努	우잘라	피유리	바이 니얄마	白珍珠毛狐皮	4	京城委護軍校 薩朗阿의 양녀
					9枚의 玄狐製褥子	2	
					黃狐皮製褥子	4	
					貂皮	304	
가경 8년 (1803)	査克崇阿	피야카	몽골로	바이 니얄마	白珍珠毛狐皮	4	
					9枚의 玄狐製褥子	2	
					黃狐皮製褥子	4	
					貂皮	304	

사르간 주이와 호지혼은 문자 그대로 번역하면 '소녀'와 '사위(娘婿)'라
는 의미이지만, 아무르와 사할린의 변민제도에서는 이것이 특별한 의미를
지닌다. 결국 사르간 주이란 변민에게 시집가는 팔기(만주팔기의 성원)의
아가씨를 말하고, 호지혼이란 팔기의 아가씨와 결혼한 변민을 말한다. 양
자는 변민제도 속에서는 매우 높은 지위에 있으며, 특히 사르간 주이는 할

라 이 다 위에 위치하여 매년 은상이 지급되고, 게다가 내용이 할라 이 다보다도 좋다. 여성용의 팽단(彭緞) 관복과 오동나무(桐) 소상(小箱), 거기에 견직물과 면직물이 부가된다. 그리고 남편인 호지혼도 은상이 있고 수행자(從者)를 거느릴 수가 있었다.

이 제도의 원형은 청조의 시조인 태조 누르하치가 송화강 유역에서 조공을 하러 온 자에게 은상을 부여함과 동시에 희망자에게는 처를 맞이하게끔 한 것에 있는 듯하다. 그 무렵은 아직 만주도 큰 집단은 아니고, 누르하치도 혼인 관계에 의해 모피 산지 사람들과 연계함의 중요성을 인식하고 있었기에 기인(旗人)의 딸을 혼인하게 했던 것 같은데, 건륭 시대 이후가 되면 기인도 친자식을 시집가게 하는 것이 아닌, 시정의 아가씨를 자신의 양녀로 삼아 그녀들을 변민에게 시집 보냈던 것이다.

변민에게는 그와 같은 아가씨와 결혼하는 것이 만주의 기인과 인척(緣戚) 관계를 맺는 것이기 때문에 변민 사회뿐만 아니라 만주 사회에서도 지위의 향상으로 이어진다. 하지만 그렇게 하기 위해서는 제법 재력이 필요했다. 즉, 사르간 주이를 아내로 맞이하고, 호지혼이 되려면 최소한의 규정에서 정해진 흑호피(黑狐皮) 2매, 9매의 현호피(玄狐皮)로 만든 담요(褥子) 2매, 9매의 황호피(黃狐皮)로 만든 담요 4매, 통상의 담비 가죽(貂皮) 100매를 정부에 바쳐야만 했는데, 실제로는 바쳐야만 할 담비 가죽이 304매였다('표 2' 참조). 그것도 혼례는 북경에서 행해지기 때문에 삼성에서 일부러 북경까지 걸음을 해야만 했다. 그 여행에는 일단 효기교를 필두로 하는 수행원이 붙고, 여비도 식료 형태로 지급되지만, 그럼에도 긴 여행에 견딜 수 있을 만큼의 체력과 재력이 필요하다.

사할린과 나요로(ナヨロ)에서 모가미 도쿠나이(最上德內)가 처음으로 발견한 나요로 문서 1호는 이 사르간 주이를 구하는 변민들의 여행 시기를 몸에 무리가 없는 가을로 하자는 통달이었다. 그것에 의하면, 삼성 당안에도 이름을 남기고 있는 피야카 할라, 우흐타·가샨의 리다카(Lidaka, 里達

喀)는 규정의 모피를 바치고 호지혼이 되는 권리를 얻었다. 하지만 삼성에 겨울이 지나갈 때까지 머물며 봄의 천연두 유행 시기에 북경에 체재하는 일정이었기 때문에, 천연두에 걸려 목숨을 잃었던 것 같다. 북경의 정부는 그것을 애석해 하고, 그러한 사태가 재발하지 않도록 여름의 포피 공납이 마무리되면 곧바로 삼성을 출발해 가을의 선선한 시기에 북경에 올 수 있도록 지시한다. 호지혼의 지위는 높다고는 해도 거기에는 목숨 건 여행을 각오해야만 했던 것이다.

그럼에도 불구하고 여러 가지 어려운 조건을 해소하고 호지혼이 되려는 변민은 끊임없이 있었다. 지참했던 규정의 매수의 모피를 바치고 상대가 되는 여성이 정해지면, 곧바로 결혼 의식과 피로연이 마련된다. 그리고 고향으로 돌아갈 때는 규정에 의한 견직물을 비롯해 여러 가지 선물과 여비로서의 식료, 기승용(騎乘用) 말까지 지급되고, 거기에 수행자도 붙는다. 그리고 사르간 주이는 매년 할라 이 다 이상의 은상이 지급된다. 삼성 당안에 남겨져 있는 것만으로도 건륭 연간(乾隆年間)부터 가경(嘉慶) 초두에 걸쳐 반세기 남짓 동안에 5인의 호지혼이 기록되어 있다. 또한 이 제도에 의해 아무르를 내려가 시집갔던 여성도 많이 있어, 건륭 연간에는 10인의 사르간 주이를 볼 수 있고, 러시아의 민속학자들의 조사에서도 중국과 만주에서 온 여성의 전승과 그와 같은 여성을 조상으로 둔 사람들의 존재가 기록되어 있다.

8. 삼성의 활황

여기까지는 청조가 아무르와 사할린의 주민을 대상으로 설치한 조직과 제도인데 이제 그것을 운영하려고 정부가 언제, 어디서, 어떠한 사람들을 파견하였는지 살펴보기로 한다.

우선 아무르와 사할린의 변민지배 전성기의 거점이었던 삼성에 대해서
인데 거기에서 수공반상 업무를 관리한 것은 부도통(副都統)이다. 아마 그
곳에서의 의식에서는 부도통 스스로 모피를 수취하고 은상을 하사했다고
여겨진다. 삼성의 번성에 대해서는 모가미 도쿠나이와 나카무라 고이치로
의 인포먼트(언어자료제공자)를 맡았던 소야(宗谷) 태생으로 대륙 측의 키
지촌에 살았던 카리야신이라는 인물이 다음과 같이 생생하게 묘사하고 있다.

> 1. 이치요홋트(イチヨホツト)의 공무원 집은 읍내를 벗어나 조금 높은 곳에 통
>   나무로 화살촉처럼 울타리를 치고, 그 안에 집을 지어 대략 14, 5칸의 용마루
>   를 갖추고 있다. 가라후토의 운반 장소나 번소(番所)를 가리켜 이를 하나로
>   묶은 정도라고 말한다. 철포 두세 자루가 장식되어 있다. 그 밖에 집이 무너
>   질 만큼 큰 통도 있다지만 보지 못했다(『唐太雜記』).

이것은 삼성주방(三姓駐防)의 부도통과 좌령을 비롯한 상급 관리들의
거주 장소와 그 구조를 언급한 것이다. 아마 그것은 주거임과 동시에 조공
업무를 집행하는 관청(役所)이기도 했을 것이다. 그에 의하면, 상가가 모
인 장소에서 조금 떨어진 조금 높은 언덕 위에 대나무 울창 같은 목책(柵)
을 설치하고, 그 안에서 14, 5칸(15~30m) 정도 크기의 용마루 지붕의 집
을 세웠던 것 같다. 그리고 철포가 2, 3정 진열되어 있고 카리야신 자신은
눈에 띄지 않았다고 하는데 대포도 갖춰져 있었다고 한다. 삼성은 아무르
강 유역의 주민에 대한 조공 업무를 행하는 곳임과 동시에 대 러시아 전략
의 거점이기도 했다. 카리야신이 방문한 18세기 후반에는 러시아의 위협(脅
威)은 적었지만 그 흔적으로서 대포·철포 등이 갖춰져 있었던 것 같다. 삼
성의 번화가(町中)에 대해서는 다음과 같이 언급하고 있다.

- 이치요홋트사(寺)가 있다. 현관 양 옆에 승려가 한 명씩 파수꾼처럼 서 있는

데, 돈 4문(文)을 주면 산탄인도 절에 들어가 불상을 구경할 수 있다고 한다.
승려는 만치우(マンチウ) 풍으로 옷을 짓는다.

- 이곳에 유녀가 있다. 총발(惣髪·総髪)로 머리 위에 말아 묶고, 빗과 비녀를 꽂고, 기름은 바르지 않고, 십덕(十德) 혹은 무명(木綿)을 입고 있다. 유녀를 불러 노는 대금은 상급 유녀의 경우 돈 100문만 내면 식사와 술은 물론 하루 놀아준다. 말단 유녀의 경우는 45문 정도이며, 유곽 구조는 크고, 한 집에 20명이나 데리고 있어 1인당 거실을 하나씩 가지며, 1인당 거실은 대략 다다미(畳) 3장 넓이 정도라고 한다.

앞부분은 삼성에 있었던 불교 사원에 관한 내용이다. 현관 양편에 승려가 한 명씩 있고, 입장료(보시와 같은 것일까)를 받고 참배를 시키던 모습을 엿볼 수 있다. 승려의 의복도 만주제의 목면을 사용하고 그 스타일도 만주복 -통소매에 왼쪽 옷의 앞길(左前身頃)이 크고 오른쪽 배 쪽에서 채우는 스타일이다- 과 같았다. 카리야신이 삼성에 조공하던 건륭 시대에는 건륭제 자신이 티베트, 몽골 대책도 있고 티베트 불교를 열심히 신앙하고 있었다. 삼성에 불교 사원이 있었다고 하는 것은 그 당시의 불교의 융성이 동북의 변경에까지 미치고 있었음을 보여준다.

삼성은 아무르 하류역을 대상으로 한 변민 통치의 거점이었다는 점에서 만주와 한족의 관리, 상인, 또는 아무르로부터의 모피 공납민 등 많은 민족의 다양한 사람이 모여들었다. 그리고 그들을 상대로 다양한 장사가 번성한다. 인용문 뒷부분에 언급되는 창관(娼館)도 그중 하나였을 것이다. 카리야신들 산탄인(즉, 모피를 공납하는 변민과 수행자들)도 조공의 의식과 교역의 틈에서 그와 같은 장소로 출입했던 건지도 모른다. 그 말투에서 아무르의 오지에서 나왔던, 소위 '시골뜨기'인 그들이 신기하게 거리를 구경하던 모습이 읽힌다. 청조의 변민제도와 산탄교역의 최성기에는 삼성의 거리는 상당히 활기를 띠고 있었던 것 같다.

9. 각지에 설치된 출장소

청조는 삼성의 변민을 호출할 뿐만 아니라 사할린과 아무르 하구 주변, 혹은 좌안 지류의 오지와 연해주 시호테 알린(Sikhote-Alin)산맥의 산중의 주민들, 삼성까지 나가는 것이 곤란한 변민에 대해서는 적극적으로 관리를 파견하여 징수했다. 그것은 변민의 호수를 정액화 한 1750년(건륭 15)의 대학사(大學士) 부항(傅恒)의 상주문(上奏文)에서 제안되었던 사항으로, 그는 허저, 피야카 등은 기본적으로 영고탑(寧古塔, 후에는 삼성)까지 조공을 나가게 했지만, 지류 오지의 킬런과 사할린의 허저, 피야카, 그리고 시호테 알린 산맥의 키야카라(Kiyakara), 반지르간(Banjirgan) ─양자 모두 현재의 우데게(Udege)의 선조─ 에 대해서는 일정의 장소에 관리를 파견하고 조공을 받자고 주장했다. 그렇게 파견 관리가 나가는 출장소의 대표적인 존재가 사할린과 아무르 하구 주변의 주민으로부터 조공을 받았던 키지와 데렌, 소위 '만주가부(滿洲假府)'이다.

데렌에 있었던 것은 마미야 린조의 조사에 의해 일본에서 유명하지만 청조의 변민제도 안에서는 키지 쪽이 중요하다. 키지는 키지 호수로 불리는 아무르강 최하류 지역의 우안이었던 호수 출구에 있던 촌락이다. 여기는 아무르강 위(上)의 교역로에서 사할린으로 향하는 길이 갈라져 나와 이른바 교통의 요충이다. 사할린으로 향하는 혹은 사할린으로부터 대륙으로 향하는 길은 아무르의 하구를 거치는 것이 아닌, 키지 호수를 거쳐 고개를 넘어 현재의 데 카스트리(De-Castri)만이라 불리는 해협과 면한 만으로 나가 거기에서 사할린의 라크(Lak)곶으로 향한다. 그곳이 대륙과 사할린이 가장 가깝고 해협을 건너기에도 형편이 좋았다. 물론 린조도 이 코스를 통해 대륙으로 향했다(다만, 귀로는 탐검을 위해 아무르 하구까지 내려갔다). 따라서 키지 호수의 출구에 출장소를 설치해 두면 아무르 하구 주변과 사할린 양 방향으로부터 조공을 받기 쉽다. 아마도 삼성의 부도통아

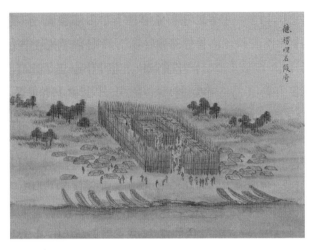

[그림 13] 德楞哩名假府
『동달지방기행』 중권, 일본국립공문서관 소장

문은 그것을 착목하고 건륭 시대의 변민제도 최성기에는 기지에 출장소를
두었던 것으로 보인다.

　다만, 이 사할린과 아무르 하구 주변으로부터의 조공을 취급하던 출장
소는 시대에 따라 제법 변했다. 예를 들면 강희 연간에는 키지보다도 훨
씬 하류의 포르라는 곳에 출장소가 있었다고 하고, 또 건륭 시대의 종료
와 함께 키지의 출장소는 폐지되고 상류로 이전된다. 아무래도 파견되었
던 만주의 관리와 그 고장 주민 사이에 뭔가 갈등이 있었던 것 같다. 키지
의 출장소는 1797년까지는 사용되었지만 1798년에는 보렌 오자르(Bolen
Ojal)호 부근에 있었다고 추정되는 우찰라라는 마을에서 조공이 이루어
졌고, 1799년에는 데렌에서, 1800년에는 재차 우찰라에서 이루어졌다. 그
리고 마미야 린조가 방문했던 1809년경은 데렌의 출장소가 정번(定番)이
되고, 그것은 1820년대까지는 확실히 계속된다. 하지만 그후에 더욱 상류
로 옮겨져, 1850년대에는 현재의 콤소몰스크나아무레(Komsomolsk-na-

Amure)의 외곽에 있는 모르키(Morki)호의 대안 주변에 설치되었다.

그밖에 관리의 출장소로는 우스리강 유역의 니만(Niman)이라는 마을이 있다. 그곳은 시호테 알린산맥 안에 사는 키야카라·반지르간으로 불리는 사람들의 조공을 취급하는 장소인데, 그들에게는 다른 주민들과 다르게 2년에 한 번의 조공이 의무화되어 있기 때문에 그 출장소도 2년에 한 번 개설이 원칙이었다.

키지와 니만의 출장소는 변민제도 전성기의 건륭 시대부터 사용되었지만 가경(嘉慶) 시대 이후 관리의 출장지가 늘어난다. 삼성 당안의 수공 관계의 문서를 시대별로 통람하면 가경 시대 이후 삼성까지 가는 변민의 수가 급속히 줄고, 새롭게 허저와 킬런의 거주지로 관리가 파견되기 시작해, 그것도 도중에 2개소가 증가한다. 결국 건륭 시대에는 수공 장소가 3개소였던 것이 1840년대에는 5개소로 불어났다. 키지 -혹은 데렌, 모르키호의 대안(對岸)- 과 니만 이외의 지점은 구체적으로 알 수 없다. 아니면 장소가 결정되어 있었던 것이 아니고 관리가 마을별로 징수하러 다녔던 것인지도 모른다. 어쨌든 그것은 청조의 아무르, 사할린·변민에 대한 권위와 통치 능력의 저하를 단적으로 보여준다.

10. 변민 출신 파견 관리들

앞서 언급했듯이 삼성에서의 수공반상 업무는 부도통 스스로 갔다고 생각되지만 출장소에서는 파견된 관리들이 갔다. 그 파견 관리란 삼성 부도통 배하의 좌령 이하이다. 키지로 파견된 것은 당초 효기교였지만 아무르 사할린의 변민 관계 업무의 모든 것이 삼성 부도통에 이관된 무렵부터 좌령을 필두로 한 일군의 관리가 가게 되었다. 그 편성에 관한 상세한 것은 당안으로부터 알 수가 없지만, 린조와 고이치로의 보고에서 추정해 보

[그림14] 「諸官夷送托精阿」
『동달지방기행』 중권, 일본국립공문서관 소장

[그림15] 「進貢」
『동달지방기행』 중권, 국립공문서관 소장

[그림 16] 「羣夷騷擾」
『동달지방기행』 중권, 일본국립공문서관 소장

면, 좌령과 그 부관의 효기교, 필첩식(비트허시, bithesi)로 불리는 문서계가 책임자 ─즉, 린조가 말하는 '상관이(上官夷)'─ 로서 파견되었던 것 같다. 린조가 데렌에서 그들과 직접 만났을 때는 좌령, 효기교, 필첩식(筆帖式)이 한 명씩 와 있고, '상관이'는 3인이었는데, 고이치로의 인포먼트들은 그 수행자도 포함해서이겠지만 최고 10인 정도도 왔다고 언급된다. 게다가 반상용의 물품과 수집한 모피를 운반하는 대형 배의 뱃사공과 조수(漕手), 물품의 반출 반입을 위한 일손이 포함된다. 린조가 실제로 보았을 때에는 5, 60인 정도로 계산하고 있지만 "하관인 같은 이는 산탄·코르뎃케 이와 섞여 있어 구분하기 어려운 자가 많다. 그래서 그 사람 수를 자세히 파악할 수 없다."(마미야 린조, 『동달지방기행』 중권)라는 상태로 그 자신도 명확한 숫자를 내놓지 못한다. 다만 해에 따라서도 다른 것 같은데 카리야신은 즈아이선(図合船) 한 척 당 22, 23명 정도가 승선해, 그것이 4척에서 6척 정도 온다고 언급하고 있으니까(나카무라 고이치로, 『당태잡기』), 대체로 90명에서 140명 정도 규모라고 추정할 수 있다.

린조가 직접 만나서 얘기까지 했던(필담이긴 했지만) '상관이'란 정홍기세습좌령 서성(正紅旗世襲左領 舒姓, 슈무르 할라의 토징가(Tojingga, 托精阿) 양홍기효기교 갈성(鑲紅旗驍騎校 葛姓, 거이커러 할라의 발륵혼아(撥勒渾阿, 볼훙가-Bolhūngga), 그리고 정백기필첩식로성(正白旗筆帖式魯姓, 루여러 할라)의 륵항아(勒恒阿, 퍼르헝거-Ferhengge)이다. 슈무르, 거이커러, 루여러에 후시카리를 더한 4개의 할라는 1714년에 삼성 주방팔기 편성 때에 편입된 옛 후르하부의 원래 변민의 할라임은 이미 언급하였다. 토징가는 송화강 하구와 우수리강 하구 사이의 아무르강 연안 키널린(Kinelin)이라는 마을의 가샨 다이고, 1714년에 정홍기 예습 좌령에 임명된 숭고객(崇古喀, Congguka)의 직접 자손이며, 다른 사람도 각각 같은 때 정황기(正黃旗)와 양황기(鑲黃旗)의 세습 좌령에 임명된 찰합납(扎哈拉, 자하라-Jahara)과 감재(堪載, 칸다이-Kandai)의 자손이든가 일족의 자손이다. 변민 출신의 좌령이 아무르강 하류역의 출신자를 부하로 두고 변민 조직의 확충에 공헌한 것은 이미 언급했지만, 마미야 린조는 데렌에서 그들이 수공반상 업무에 활약하는 현장을 직접 견문했던 것이다.

파견되어 온 관리들의 책임자가 변민 출신자였기 때문일까, 모피 공납민들과 관리들의 관계는 대단히 친밀해 '상관이'들도 무기를 차지 않고 훤조(喧噪) 안을 걸어 다녔고, 공납민들이 더러운 손으로 의복을 건드려도 꾸짖지 않았다고 한다. '상관이'들이 나름의 위엄을 내보인 것은 가부(仮府) 속에서 수공반상의 의식 때이다. 거기에서는 역시 앉음새를 다듬고 공납민들에게 고두의 예를 시켜 모피를 헌상하게 하고 은상을 하사한다. 『동달지방기행』에 삽입된 그림에서 추측해 보면, 의식은 가부의 중앙 건물에서 이루어지고, 건물의 중앙부에 좌령, 효기교, 필첩식의 '상관이'가 나란히

앉고, 옆으로 중관이(中官夷)라 여겨지는 자가 대기하고 있다. 또한 건물 앞의 정원에는 공납자가 무릎을 꿇고 모피를 바치고 있다. 린조에 의하면 공납자는 문지기에게 호명되어 중앙 건물의 앞까지 나가 건물 안의 3인의 상관이에게 고두의 예를 하고, 개인별로 할부(割り府)를 확인한(린조는 할부의 확인에는 언급하지 않는다) 후, 검은담비 모피를 정원에서 대기하고 있는 중계의 관리에게 건넨다. 중계의 관리는 그것을 '상관이'에게 건네고, 확인한 후 장부에 기록하게 하고 준비해둔 은상을 받게 한다. 의식은 그것으로 끝이고, 그 뒤는 의식의 장 밖에서 자유로이 비번(非番)인 관리와 공납민끼리 장사를 할 수 있다. '상관이'도 의식 이외의 시간에는 공납민들에게 특별히 예를 갖추게 하지는 않았다. 가끔 범죄가 있고 범인이 체포되어 처벌을 받아도(대게는 채찍질의 형) 형의 집행이 끝나면, 아무 일도 없었다는 듯이 이전과 마찬가지로 가부로의 출입이 허가되었다고 한다.

중 이하의 관리가 되면 이미 공납민과의 구별도 어렵다. 착용한 의류도 "중관인 이하는 대개 목면의를 입고, 하관이에 이르면 이(夷)와 마찬가지로 수어 피를 입는 자들이 있다"(마미야 린조, 『東韃地方紀行』 卷之中)라는 상태로, 앞서도 인용했듯이 "하관인 같은 이는 산탄·코르뎃케이와 섞여 있어 구분하기 어려운 자가 많아"진다. 그것은 삼성 주방팔기의 상층부는 문화적으로 만주화됐지만, 하층 부분은 아무르의 변민들과 마찬가지의 문화를 나눠가진 사람들이든가, 혹은 아무르 하류역 출신자로서 점령당했음을 보여준다. 그리고 이와 같은 역사를 가지고 있기 때문일까, 송화강 하류역의 거이커러와 루여러, 슈무르에는 같은 할라란 이름을 쓰면서 만주로 여겨지는 자와 허저로 간주되는 자가 있었다.

11. 변민 간의 갈등에 개입하는 청조

출장소로 나가는 관리는 매년 여름(대체로 현재의 6, 7월경)에 정기적으로 현지로 부임하기로 되어 있지만, 가끔은 겨울에 순찰을 나가 여름에 조공에 오지 않았던 자의 내공(來貢)을 접수하는 일도 있었다. 그러나 그 외에도 청조는 임시로 관리를 파견하는 일이 있었다. 그것은 변민 사이에 살인 등에 기인하는 사회 혼란이 보였을 때이다. 변민끼리의 분규에 청조가 개입하고 있었다는 것은 청조가 아무르와 사할린에 대해 경찰권을 갖고, 그것을 행사했음을 의미한다. 그렇다고 한다면 청조의 아무르, 사할린에 대한 통치능력은 상당히 높았다고 할 수 있다.

청조가 경찰권을 행사한 사건은 문헌상에도 2개 알려져 있다. 하나는 앞서 언급했듯이 마미야 린조가 사할린 아무르로부터 들은 나요로의 아에비라칸의 산탄과 스메렌쿨의 상인에 대한 약탈 폭행 사건이다. 그때 만주 관리가 처음으로 나요로 부근까지 대거 와서 관계자를 심문하고 처벌을 하였고, 거기에 주민을 변민으로 조직하고 돌아갔던 것이다. 또 하나는 삼성 당안에 남겨져 있던 아무르 하류의 코이만(Koiman) 가샨에서의 살인사건이다. ―이하 이 사건에 관한 인명, 지명은 아츠우라 디케루(松浦茂)「마미야 린조의 저작에서 본 아무르강 최하 지방의 변민조직」에 기초한다.―

이 코이만 살인사건은 1742년(건륭 7)에 코이만 재주의 호지혼이었던 이트히여누(Ithiyenu)들이 같은 호지혼의 다이주(Daiju)와 사할린 슐룽구루 할라의 가샨 다 아카투스(Ak'atus) 외 2인을 살해하고, 두 사람에게 상처를 입힌 사건이다. 삼성 부도통아문은 통보를 받고 곧바로 대응한 것인데, 영고탑 부도통아문과 협력해 이듬해 건륭 8년 5월에는 범인인 이트히여누를 코이만에서 체포하고 살해자 측의 증인으로서 사할린에서 슐룽구루 할라의 할라 이 다(당시는 치차이-Cicai)와 그 근방에 있었다고 생각되는 토오 할라의 할라 이 다(같은 야르치-Yarci)가 호출되었다. 삼성 부도통은 사할린의 할라 이 다를 데리고 오기 위해 삼성 협령(協領) 허보오 (Heboo)를 단장으로 하는 일단을 파견하고, 그 부하의 방어(防御) 집키오 (Jibkio)가 토오 할라의 거주지인 사할린 다리카 가산까지 나왔다. 앞서 언급했듯이, 이 다리카 가산이 타라이카라고 한다면 만주의 관리들은 사할린 동해안 중부까지 출장 왔다는 것이 된다. 기록에 의하면 토오 할라의 면면은 무기를 휴대(携行)하고 만주 관리들을 맞이했다고 한다. 슐룽구루 할라의 할라 이 다, 치차이(Cicai)는 거기에서 집키오들로부터 알려지기까지 사건의 내막을 알지 못했던 것 같은데, 그것을 듣고는 만주로의 조공 등을 그만두고 범인 일족에게 복수하겠다며 씩씩거린다. 그러나 토오 할라의 야르치(Yarci)가 그것을 누르고, 일단 집키오들과 협령 허보오가 있어 사정 청취를 하기로 되었던 키지·가산까지 동행할 것을 납득시킨다. 또한 다리카 가산에 체재하는 동안 집키오는 2인의 할라 이 다와 피해자의 유족, 친족에 대해서 망포(蟒袍) 그 밖의 의복에 따른 보상을 행한다. 그러나 일행이 키지에 도착한 것은 허보오는 병 때문에 삼성에 돌아온 후였고 삼성까지 출두하도록 하는 전언밖에 남기지 못했다. 집키오는 전언대로 할라 이 다들을 삼성에 데리고 가려고 하지만, 역시 치차이가 그에 반항해 그를 설득하던 토오 할라의 야르치와 함께 야음을 타 거룻배로 도주해 버린다. 집키오들은 결국 직무를 다하지 못하고 빈손으로 귀환하게 된다. 삼성 당안에 남겨져 있었던 것은 그 집키오를 비롯해 파견되었던 관계자들의 보고서이다.

보고서에서 볼 수 있는 전말에는 실수도 있었지만, 여기서 주목할 것은 변민끼리의 살인사건 때, 청조가 범인을 체포하고 재판을 실시하려고 했다는 점, 피해자에 대해서 정부가 보상하고 있는 점, 그리고 형벌로서는 재산형(財産刑)이 언도되었다는 점이다.

왜, 청조는 '동북 변경' 변민들의 분규에 다액의 출비(出費)를 각오하고 개입한 것일까. 그것은 아무르·사할린 지역의 주민 사회가 안정되어야 변민제도가 안정되고, 결국 모피 공급을 안정시키기 위함이다.

아무르·사할린 지역의 주민 사이에는 민족과 관계없이 혈수(血讐)로 불리는 습관이 공통으로 보인다. 그 자세한 내용은 민족과 지역에 따라 다르지만, 기본은 살인이 일어난 경우 피해자 측의 일족은 가해자 측의 일족에 대해 피의 복수를 행해야만 한다는 것이다. 예를 들면 민족지에서는 니브흐의 사례가 유명한데, 그들 사이에서는 살인사건이 일어나면 피해자 측의 칼(부계 출신 집단)은 즉시 가해자가 속한 칼의 누군가를(반드시 범인이 아니라도 좋다) 희생물로 바쳐야만 한다. 그렇지 않으면 그 칼에 재앙이 계속된다고 믿었다. 그러나 한번 혈수가 행해지면 그 보복이 행해지기 때문에, 그것이 끝임없이 반복되어 장기에 걸쳐 사회가 불안정해진다. 그와 같은 혈수는 만주에서도 보이는데, 그것이 사회질서를 어지럽히는 한 요인임은 청조 자신도 충분히 알고 있었기 때문에, 만주뿐만 아니라 모피의 산지인 아무르·사할린의 변민들 사이에서도 그것을 극력 억제하려고 했다. 그리고 그 억제의 수단으로서 범인의 신속한 체포와 처벌, 피해자 보상, 그리고 재산형의 장려가 이루어졌다. 나카무라 고이치로 인포먼트(언어 자료 제공자)였던 카리야신은 "산탄의 땅은 만주보다 국정의 교시가 없다. 다툼 또는 살인을 비롯한 일들이 있어도 두목들이 조사하여 보상함으로써 일을 매듭짓는다"(나카무라 고이치로, 『담태잡기』)라고 언급하지만, 그 보상에 따른 분규 해결은 청조의 장려책에 의해 산탄인 사이에 침투했다고 생각된다. 그리고 그 경향은 19세기 이후에도 유지되어 나나이와 울치의 분규에서도 할라들 간에 재판이 이루어져 대체로는 배상에 의해 해결되었던 것으로 알려진다.

12. 통치가 이완되면서 교역이 활성화되다

이상에서처럼 청조는 모피 공급지인 아무르·사할린 지방의 주민을 변민제도로 통치했다. 그 기본은 모피 공납과 은상의 반포(頒布)에 있었다고는 해도 할라, 가샨이 행정조직으로의 전용, 변민의 지위와 신분의 확정, 부도통아문에 의한 치안 유지 등 그 통치는 상당히 실질적인 것이었다.

사할린 순검(巡檢) 등 청조의 관리에 의한 활발한 활동은 1750년대 이후 그다지 보이지 않게 되고, 변민 호수의 정액화 이후는 변민제도도 수평 비행 상태로 들어간다. 아무르·사할린의 주민 사회가 청조의 통치하에서 안정기를 맞았기 때문이다. 또한 18세기 후반은 청조 전체가 건륭 시대라는 절정기에 있었다. 산탄교역에는 이러한 정치적 혹은 사회적인 배경이 있었고, 사할린에 왔던 산탄인과 스메렌쿨은 청조의 권위를 등에 업고 있음을 의식하면서 아이누와 일본의 관리(마쓰마에번의 번사와 막부의 관리들)를 접하였다. 그들이 아이누에 대해서 방약무인한 행동이 가능하고, 시라누시(白主)의 회소(會所)에서 일본 관리 등을 아랑곳하지 않는 태도가 가능했던 것도 그 때문이다.

통치가 안정 비행으로 옮겨지자 당연히 제도의 공동화가 시작된다. 아무르·사할린의 변민제도도 그 예외가 아니고, 점차로 사할린까지 순검을 가는 관리도 없어지게 되고 변민들의 모피 공납도 지체되거나 임명서에 적혀 있는 인물 이외의 자가 나오기도 하는 등 수공반상이 장부대로 이루어지지 않는다. 그러나 관리 측에서도 모피의 수가 정액화되어 그 숫자를 채우는 것만이 임무가 되었고, 따라서 규정의 수만큼 모피를 모으고 은상을 배포할 수 있으면 되었기에 변민들의 사회 내부까지 간섭하지 않게 된다. 그로 인해 변민 측에는 통치 고리의 느슨함을 의식해 오히려 정치적인 제약을 받지 않은 편이 형편이 좋은 교역 활동이 활성화된다. 청조의 고리가 느슨해지기 시작하는 건륭 시대 후반부터 가경조(嘉慶朝)의 초기, 즉

18세기 후반부터 19세기 초두 정도까지가 산탄교역의 절정기이고, 그것에 종사했던 산탄, 스메렌쿨들도 정치경제적으로 가장 충실하고 겁 없는 시대였다.

제5장

에도 막부의 사할린 정책과 민족 관계
: 막부의 공인을 얻은 산탄교역

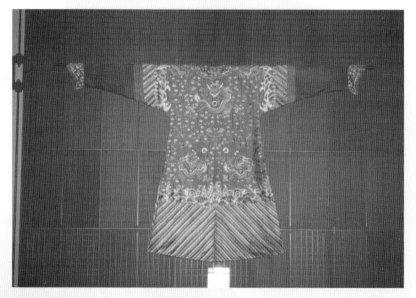

에조 비단(蝦夷錦)
국립민족학박물관 소장, 저자 촬영

1. '서산(西散)'으로 불린 일본

청조의 사할린 진출은 예상치 않은 곳에서 일본의 세력과 조우하게 되었다. 입거녀가 1728년(옹정 7)에 사할린으로 나온 목적이 '서산(西散)지방'에서 생산되는 갑의(甲衣, 갑옷 종류)를 받으러 가는 것이었는데, 여기서 '서산'은 일본을 칭한다.

'서산'이란 만주어 시산(sisan)의 표기이다. 일본인을 의미하는 '시사' 혹은 '시산'이란 명칭은 현재에도 사할린에서 아무르에 걸쳐 선주민의 말에 남아 있고, 나나이어로 sis, 울치어로 sisa, 우데게어로 sehæ(또는 sisa), 올로치어로 sisa, 윌타어로 sesa/sisa, 네기달어로 sisan이라고 한다. 또한 니브흐어로는 sisam으로 불린다(『퉁구스어·만주어비교사전』, 『러시아어·니브흐어사전』에 따른다). 이것들은 모두 아이누어로 일본인을 의미하는 '시삼'(sisam)이라는 말에서 유래한다고 본다.

만주는 사할린, 아무르 사람들의 말을 경유하고 '시산'이라는 명칭을 받아들여 공문서에까지 사용하였다. 예를 들면 뒤에 인용하는 '사할린 나요로 문서'의 제3호와 제4호 문서에도 '서산대국'이라는 표현이 나온다.

일본과 청조 사이에는 사할린의 영유권을 둘러싸고 무력 충돌은 일어나지 않았지만, 그 세력권을 둘러싼 약간의 밀고 당기기는 있었다. 그러나 그것을 언급하기 전에 일본의 사할린 진출에 대해 간단히 돌아보기로 하자. 일본의 사할린 진출에 관해서는 러일관계사 또는 일본의 아이누 지배사 관계 분야에서의 연구가 다수 있기 때문에, 여기에서는 스에마츠 야스카즈(末松保和), 호라 토미오(洞富雄), 아키츠키 토시유키(秋月俊幸) 등의 연구에서 초술(抄述)하는 선에서 그친다(스에마츠 야스카즈, 『근세에서 북방문제의 진전』, 호라 토미오, 『북방영토의 역사와 장래』, 아키츠키 토시유키, 『러일관계와 사할린 섬』).

2. 마쓰마에번의 사할린 조사

일본 측으로부터 사할린에 대한 본격적인 조사는 마쓰마에번이 이미 17세기 초기에 착수하였다. 우선 1635년(간에이 12)에는 사토 카모자에몬(佐藤嘉茂左衛門)과 가키자키 쿠로도(蠣崎藏人)가 파견되어, 남단의 웃샤무라는 곳까지 가고, 다음해 고도 쇼자에몬(甲道庄左衛門)이 웃샤무에서 월동하고 동해안을 북상해 타라이카 호반에 이르렀다고 한다. 그 성과가 1644년(쇼호 원년)에 막부에 헌상된 마쓰마에번의 국회도(國繪図)의 근간이 되고, 약 반세기 후인 1700년(겐로쿠 13)에도 거의 변경 없이 재차 재국회도가 막부에 제출되었다. 현재 홋카이도 대학 부속 도서관 북방 자료실에는 그 '쇼호(正保)'의 회도(繪図) 사본이 전시되어 있는데, 그것을 보면 에조치상에서 사할린에 해당하는 고지마(小島)가 그려지고, 21개소의 지명이 기재되어 있다. 그 속에는 킨치바에소(키지)와 같은 대륙 측의 지명이 섞여 들어가 있는 등 다소 오류는 있지만, 그 지명의 위치 관계도 위상적으로는 올바른 것이 많다. 기입되어 있는 지명의 대부분은 그 고장의 아이누로부터의 전해들은 것(傳聞)이겠지만, 17세기 단계에서 마쓰마에번은 일단 사할린 남반의 지리적 개략을 파악하고 있었다고 할 수 있다. 기록상으로는 마쓰마에번이 더 나아가 1651년(게이안 4), 1669년(간분 9), 1679년(엔포 7)에 사할린으로 사람을 보냈다고 하는데, 지리적인 조사가 말끔히 진행되었는지는 알 수 없다. 아키츠키 토시유키(秋月俊幸)에 따르면 겐로쿠(元祿)의 국회도에는 전혀 개선이 보이지 않으니까(아키츠키 토시유키, 전게서), 이들의 파견 성과가 가시화되는 형태는 아니었던 것 같다.

마쓰마에번이 17세기를 통해 사할린에 가신을 파견한 것은 분명하지만 당시 그 주민(아이누, 니브흐, 윌타들)에 대해서 지배의 손을 뻗쳤다고는 하기 어렵다. 에조치(에도 시대에는 현재의 홋카이도, 사할린, 지시마 열도가 포함되어 있었다)는 홋카이도의 마쓰마에 직할령을 제외하면, 표면적으로는 막번 체제가 직접 미치지 못하는 지역이었다. 가이호 미네오(海保嶺夫)에 의하면 막번 체제에서 에조치는 류큐(오키나와), 조선 등과 나란히 근접한 '외국'이었다. 홋카이도의 아이누에 관해서는 1669년에 샤쿠샤인(Saksaynu)전쟁을 계기로 마쓰마에번의 통제와 압박이 강화되지만, 사할린과 지시마 열도의 주민에 대해서는 교역에 의한 접촉뿐으로 지배·피지배의 관계는 완성되지 않는다.

마쓰마에번이 처음으로 홋카이도 북단의 소야(宗谷)에 '소야바쇼(宗谷場所)'로 불리는 교역장을 설치하고, 직접 사할린의 주민과 교역을 시작한 것은 정향연간(貞享年間, 1684~1688)이라 일컬어지는데, 겐로쿠 시대 이후 얼마간 사할린으로의 번사(藩士) 파견은 없고, 1750년대부터 재차 어장(漁場) 감정을 위해 번사를 동행시킨 상선이 직접 사할린을 방문하게 된다. 그러나 사할린 아이누와 산탄인의 교역은 소야바쇼에서 이루어져, 사할린 남단의 시라누시(白主)에 독립 교역장을 설치하고 사할린에서의 교역을 시작한 것은 1750년(간엔 2)이다. 당초 사할린에서의 교역을 도급 맡은 것은 소야의 바쇼(場所)를 차배(差配)하고 있었던 후쿠야마(福山, 마쓰마에번의 城下町)의 상인이었지만, 1800년(간세이 12)에는 시라누시의 바쇼(場所)가 번 직영이 되고, 오사카의 상인 시바야 쵸다유(柴屋長太夫)가 교역을 도급했다(호라 토미오,『북방영토의 역사와 장래』).

역시 1792년(간세이 4)에 사할린을 조사한 모가미 도쿠나이(最上德內)는 정보 제공자로서 자주 사할린과 대륙 사정을 캐물었던 카리야신이라는 아이누로부터, 마쓰마에번의 마쓰마에 헤이카쿠(松前平角)란 인물이 만주의 관리에게 서간을 보내, 그 답장을 기다리고 있는 중이라는 이야기를 듣는다. 그리고 "아무리 섬들이라 해도 마쓰마에번의 하인 신분으로 만주 관리와 글을 주고받는 것은 괘씸하다고 하지 않을 수 없다"라고 언급했다(모가미 도쿠나이,『에조조시후편(蝦夷草子後編)』). 마쓰마에 헤이카쿠가 독단으로 만주의 관리에게 편지를 보냈다는 것은 생각할 수 없으니까,

마쓰마에번으로부터 청조로 뭔가의 접촉이 시도되었다는 것은 사실일 것이다. 그러나 모가미 도쿠나이가 그것을 알고 막부가 사실 관계를 밝히려 했다는 점에서 결국 마쓰마에번의 기획은 성공하지 못한 것 같다.

3. 막부가 사할린 경영에 나서다

일본 정권의 중심부에 사할린을 영토화하고 그 주민에 대해 본격적으로 지배제도를 구축해야만 한다는 의식이 생겨난 것은 18세기 후반부터이다. 그것을 직접 야기한 것이 18세기 초에 시작되는 러시아 선박의 일본 근해로의 출현이었다. 러시아는 청과의 아무르 쟁탈전에서 패한 후, 그 진출지(進出先)를 캄차카 반도로부터 알레스카까지 북방으로 추구했는데, 물자의 보급로와 포획한 모피의 판로를 찾아 캄차카 반도로부터 지시마로, 혹은 오오츠크해로부터 사할린을 거쳐 홋카이도, 혼슈, 나아가 중국을 향한 길을 찾고 있었다. 러시아의 배는 지시마 열도는 물론 사할린에도 종종 출현해 해안의 측량 등을 진행하였다. 예를 들면 1732년에는 이반 쉐스타코프(I. Shestakov)의 통솔을 받은 배가 사할린 북단에 나타났고, 1741년에는 러시아인으로서 처음으로 일본을 발견한 것으로 유명한 M.P.슈판베르가(M.P.Shpanberg)의 배하의 배 한 척(一船)이 사할린 동해안으로 접근했다(상세한 것은 즈나멘스키(Znamenskiy), 『러시아인의 일본 발견』 참조).

그와 같은 러시아의 남하에 대해 마쓰마에번은 거의 무방비였다. 에조치는 막부 체제의 적용을 받지 않는 땅이고, 막부는 마쓰마에번의 공동 경작지처럼 간주하고 있었던 것인데, 러시아라는 이질적인 세력의 접근에 의해 그곳을 막부의 세력권내 로서 정착할 필요를 제촉받게 된다.

우선 1785년과 1786년(덴메이 5, 6)에 홋카이도, 지시마, 사할린으로 막부의 1회째 조사가 이루어져, 사할린으로는 오오이시 잇페이(大石逸平)들이 파견되어 동안 30리(약 120km), 서안 60리(약 240km)를 답사했다. 그 후 1792년(간세이 4)에는 2회째 사할린 탐검으로 모가미 도쿠나이가 파견되어, 마쓰마에번의 에조치 지배의 실태와 아이누의 청조를 향한 조공 사실, 그리고 대륙에서 나타나는 산탄 상인의 아이누에 대한 횡포 등이 보고되었다.

막부의 3회째 조사는 1801년(교와 원년)에 이루어져, 나카무라 고이치로와 다카하시 지다유(高橋次太夫) 등이 파견되었고, 1808년(분카 5) 4회째의 조사에는 마쓰다 덴주로와 마미야 린조가 파견된다. 그것에 의해 처음으로 북부 동해안을 제외하고 사할린섬의 윤곽의 전모가 분명해졌던 것이다. 그리고 유럽으로부터의 항해자들(프랑스의 라 페르즈(La Pérouse)와 러시아의 크루젠슈테른(Krusenstern) 등)이 끝내 확인할 수 없었던 사할린과 대륙 사이의 해협이 확인되었다.

이와 같은 일련의 조사에 의해 막부는 더욱 에조치의 통제강화의 필요성을 통감한다. 사할린에서는 아이누까지 할라 이 다, 가산 다와 같은 관위를 받고 청조의 통제를 받고 있음이 판명되었기 때문이다. 러시아의 위협뿐만 아니라 사할린으로부터 청조의 영향력도 배제해야만 했던 것이기에 막부는 직접 그 경영에 나설 방침을 내세운다. 1799년(간세이 11) 지시마 열도와 홋카이도의 동남부를 포함한 동에조치를 직접령으로 삼고, 이어서 1807년(분카 4년)에 마쓰마에번을 이봉(移封)하고, 사할린과 홋카이도의 서북부를 포함한 서에조치를 직할지로 하여 전에조치를 막부의 직접 통제 하에 놓았다. 이 무렵까지 사할린은 '가라후토(唐太)' 혹은 가라토 등으로 불렸는데 막부의 직할이 된 2년 후에 '북에조치'로 개칭되었다. '가라'라는 것은 외국을 의미하므로 명칭으로 적절하지 않았다는 것이다(호라 토미오, 『북방영토의 역사와 장래』).

1822년(분세이 5)에 북에조치, 즉 사할린은 다른 에조치와 함께 재차 마쓰마에령(松前領)이 되지만, 그때까지 15년 정도의 막부 직할 시대에 활약한 자가 마쓰다 덴주로였다. 그는 사할린의 아이누의 복리후생을 도모하고, 그것에 의해 사할린을 막부령, 나아가서는 일본의 영토로 정착시키고자 교역에 적극적으로 개입했다. 산탄인에 대한 부채를 떠안은 아이누가 빌린 돈(借金) 대신에 대륙으로 끌려가거나 그것을 무서워해 산으로 숨어들고 곤궁해 하는 모습은, 이미 1792년(간세이 4)의 조사에서 모가미 도쿠나이가 지적해 마쓰마에번의 무대책을 질책하고 있었다. 하지만 덴주로는 그것을 받아들여 구체적인 시책을 진행했던 것이다.

우선 그는 사할린 아이누의 부채를 해소해야만 했기에 홋카이도의 검은담비 모피를 수집하고 기일을 한정해 산탄인들을 시라누시로 오게 하여 그 모피로 아이누들의 여러 해(積年)의 부채를 지불했다. 1809년(분카 6)까지의 부채는 사할린과 소야 아이누 분을 합쳐 검은담비 모피 5,546매에 이르렀는데, 그 가운데 499매를 현지의 아이누에게 부담시키고, 남은 5,047매분을 수달 모피 2,523매 반(半)으로 환산해서 막부의 부담(금 131양(兩)에 상당한다)으로 산탄인에게 지불했다(마쓰다 덴주로『북이담(北夷談)』제5권). 게다가 산탄인의 교역은 시라누시 한 곳으로만 하고, 이후 외상판매에 의한 부채를 금지하고 산탄인들이 교역소로 출입할 때의 풍기(風紀)를 단속해, 일본 류의 예의를 갖고 교역소의 질서를 지키려고도 했다. 또한 정해져 있지 않았던 교역품의 가격 혹은 교환 비율을 사할린 산(産)의 검은담비를 기준으로 정했다. 가격 자체는 연도에 따라 변동했지만 사할린 산의 검은담비 모피를 기준을 하는 가격체계는 산탄교역 자체가 소멸될 때까지 유지된다. 그의 시책은 아이누에 대해 부채를 해소해서 위무(慰撫)함과 동시에 그들을 통치하는 제도를 정비하고, 산탄인들과의 교역에서는 일본식의 질서로 통제를 가함으로써 그들에게 사할린이 일본의 지배하에 있음을 알게 하려 했던 것이기도 했다. 그리고 일련의 시책의 진정한 목적은 사할린으로부터 청조의 영향력을 일소하고 일본의 영토(혹은 막부령)로 편입하는 것에 있었다.

북에조치로 불리게 되었던 사할린은 1822년(분세이 5)에 재차 마쓰마에번에 돌려져(후기 마쓰마에 씨 시대), 러시아의 아무르, 사할린 진출이 또다시 격화했던 1855년(안세이 2)에 재차 막부이 직할령이 된다. 이 사이에 산탄 교역의 성격도 서서히 변화했고 그것이 이 활동의 소멸로 이어진 것이지만 그것에 대해서는 마지막 장에서 자세히 언급하기로 한다.

4. '가라후토(사할린) 나요로 문서'에서 확인할 수 있는 청조의 대응

이와 같은 일본의 사할린 진출에 대해서 청조는 어떠한 대응을 보였던 것일까. 그것에 대한 유일한 사료가 1792년(간세이 4)의 조사에서 모가미 도쿠나이가 발견해 유명해진 '가라후토(사할린) 나요로 문서'이다. 도쿠나이 자신이 본 것은 건륭 40년(1775) 연호에 들어간 가장 긴 만주어의 문서이지만, '나요로 문서'로 불리는 것은 도쿠나이 자신이 남긴 기록과 그 후에 청조로부터 발행된 만문(滿文), 한문(漢文)의 문서와 일본 측의 조사관과 막부 관리가 남긴 기록 등을 포함하는 총 13점의 문서이다. 이 문서 자체의 연구는 19세기 초에 다카하시 가게야스(高橋景保)가 만문의 번역을 시도한 것을 시작으로, 메이지 시대로 들어오면 시라토리 쿠라키치(白鳥庫吉)가 만문 문서를, 오가와 운페이(小川運平)가 한문 문서를 번역하였다. 그러나 그들은 모두 필사(筆寫) 혹은 사진(寫眞)을 통한 번역이고, 원문서를 직접 번역한 것은 이케가미 지로(池上二良)가 최초이다. 전후는 이 13점의 문서 모두가 홋카이도 대학 부속도서관에 보관되고, 이케가미 논문에 전문이 사진과 활자로 게재되어 있다. −이케가미 지로(池上二良), 「가라후토 나요로 문서의 만주문(カラフのナヨロ文書の滿洲文)」−

그 가운데 사할린에 세력을 뻗쳐 왔던 일본을 의식해 작성한 문서는 한문으로 쓰여진 제3호와 제4호의 문서이다. 여기에서 이케가미 지로와 오가와 운페이의 교정을 참조하면서 전문을 소개한다.

第3号文書

奉

旨賞赫哲來之佐領付勒琿等抵至德楞驗

賞烏林查得各處各姓哈賽達俱赴

前來領賞惟陶姓哈賽達近年以來總

未抵來領賞每年憑以滿文箚付領取

似此情形寔非辨公之道耳聞

西散大國與陶姓人往來見面是以煩勞

貴官如遇陶姓人切示曉諭令伊明年六

月中前來領賞如不抵至卽將此姓

人銷除永不恩賞故此特懇

佐領 付勒琿

賞烏林官 雲騎尉 凌善

防御 德僧尼

嘉慶 23年 夷則月

第4号文書

耳聞

西散大國原因並未知情

吳未

大淸大國恩賞烏林亦來者

各官員以直驗看者不肯有

國故此稍一同來若有順

便者此處原由一並

分別稍來覩直便知

寔荷

拜託

大淸大國官員

제3호 문서의 뜻은 다음과 같다.

"황제의 뜻을 받들어 허저 등에게 조공에 대한 은상을 상사(償賜)하는 명을 떠맡고 오는 좌령 부륵혼(付勒琿)들이 데렌에 도착하고, 은상상사(恩賞償賜)에 대해 사찰(查察)을 행하고, 스스로 내공(來貢)하고 온 각 지방, 각 할라의 할라 이 다들에게 상을 수여한다. 다만 토오 할라의 할라 이 다만이 근년 이래 스스로 내공하지 않고, 매년 만문의 도부(箚付)만이 은상을 받고 있는 것 같은데, 그와 같은 것은 공명의 도에 반한다. 듣기에는 지금 서산대국(西散大國, 일본)이 도성(陶姓)의 자와 교통(交通) 왕래하고 있다는 것 같은데, 귀관을 귀찮게 해 토오 할라 사람에게, 명년 6월 중순에는 반드시 데렌으로 내공해 상을 받도록 설유(說諭)해주었으면 한다. 만약, 내공하지 않을 경우는 이 할라를 수상 대상에서 제외하고, 영구히 은상의 은전(恩典)을 주지 못하도록 조치한다는 것을 전언하도록, 특히 바라는 바이다." 마지막에 관계 제관(諸官)의 서명과 연월일이 기재되었고, 발행된 것은 가경(嘉慶) 23년, 즉 1818년이다.

이 문서는 토오 할라의 할라 이 다에게 내공을 재촉하는 것으로, 조공에 오지 않으면 반상의 은전을 영구히 주지 않는다고 하는 최후 통첩과 같은 성격을 지닌다. 앞장에서 분명히 했듯이, 토오 할라는 1732년(옹정 10)에 삼성 부도통 하의 정황기 효기교의 입거너가 초복(招服)시킨 6개 할라의 하나이고, 다이카 가샨, 즉 타라이카 근처에 있었던 아이누이다. 건륭 연간에는 유명한 제1호 문서에 등장하는 오콥키오(Ok'obkio, 오코피오(Okopio)로 읽는 설도 있다)가 할라 이 다를 수행하고, 가경 시대에는 우르쿠피오(Urkupio)로 교체되었다. 이 문서를 보관하고 있던 나요로의 야단 할라가 19세기 초기까지 청조와의 관계를 유지한 데 대해, 토오 할라는 일본과의 관계가 깊어지고 청조와의 관계가 소원해져버렸다. 그 할라 이 다는 오랫동안 누군가 대리자에게 차부(箚付), 결국 할당된 증서와 모피를 지참시켜 키지의 출장소로 가게 해, 자신은 가지 않고 은상을 받는다고 하는 형식을 취했던 것 같다. 그와 같은 행위에 대해 삼성의 계관(係官)들은 그렇다면 조공의 의미가 없다며 야단 할라의 할라 이 다를 통해 토오 할라에 연락을 취하려고 했던 것이다.

제4호 문서는 그것에 대한 토오 할라 측의 답변이다. 제3호 문서가 격조 높은 한문으로 쓰여져 있는데 비해, 이 문서는 극히 졸렬하고 게다가 난해하다. 이 문서의 일본어 번역을 시도했던 오가와 운페이(小川運平)는 만주에서 온 청국인 통역의 대작(代作)이 아닐까라고 기술하였다(小川運平, 『만주 및 사할린』). 어쨌든 그의 번역을 다시 해석해 이 문서의 대의를 보면 다음과 같다.

"조회(照會) 잘 받았습니다. 일본국과의 관계에 관한 소문(噂)입니다만, 우리 쪽은 일체 알고 있지 않습니다. 우리들은 아직 대청국의 은상을 받은 바가 없고, 또한 청국의 각관(各官) 여러분의 접견(引見)을 받은 적도 없습니다. 만약 내도(來島)해서 조사를 해보시면 만사가 명백해질 것으로 생각합니다. 우선 답장입니다."

이 두 통의 문서가 당사자인 토오 할라의 수중이 아닌 나요로의 야단 할라 수중에 있었다는 것은, 이 할라가 조공의 권장(勵行)을 통해서 청조의 신뢰를 받고 있었다는 것이고, 또한 식자(識字)의 문제도 관련되어 있다고 생각된다. 사할린 주민의 언어는 아이누어도 니브흐어도 문자가 없지만, 나요로의 할라 이 다의 요치이테아이노는 일시적으로 청조의 인질이었던 적이 있고, 만주어와 한문을 익혔을 가능성이 있다. 따라서 이 가계에 만주 문자와 한문을 아는 자가 있고, 청조의 관리도 그것을 기대하고 이 할라에 사할린 주민에게 보내는 문서를 넘겨 통달을 의뢰하였다. 토오 할라에 대한 통달과 그 답장이 나요로에 남겨진 것도 그 때문이라고 생각된다.

그러나 제3호 문서가 나왔던 1818년은 마쓰다 덴주로가 사할린 경영에 몰두하던 시대이고, 남부의 아이누들은 덴주로의 노력도 있어 슬슬 일본 측에 경도되던 시대이다. 그 내용을 보면, 토오 할라 측은 결국 청조와 절연하는 것도 어쩔 수 없다는 입장을 취하였음을 알 수 있다. 그와 같은 토오 할라의 불성실한 대응에 대한 청측의 가일층의 대응에 대해서는 사료가 남겨져 있지 않지만, 청조는 실력 행사로 이르진 않았고, 그것을 둘러싸고 일본에 어떤 형태의 접촉을 추구해 온 흔적도 발견되지 않는다. 그리고 삼성 당안에는 연이어 토오 할라로부터의 조공이 있었던 것처럼 장부가 작성되어 있다.

청조가 일본의 사할린으로의 진출에 유효한 대항 조치를 취하지 않았던 것은 3가지 원인을 생각할 수 있다. 첫째는 건륭 시대에 최대 규모의 영토를 얻어 청조에 세력 확장의 의지가 없어져 버렸다는 것을 생각할 수 있다. 이 동북 변경에 대해서도 1750년(건륭 15)에 대학사(大學士) 부항(傅恒)의 건의(建議)에 의해 변민의 호수를 고정하고 더는 늘리지 않는 방침을 취했지만, 건륭 시대가 끝날 무렵에는 확정된 2,400호 남짓의 변민이 매년 2,400매 정도의 모피를 헌상하는 것으로 만족하기 시작했다. 따라서 그 숫자만 확보되면 충분하고 변민 사회도 안정되었기에, 많은 비용을 들여 또다시 훨씬 먼 사할린의 남쪽까지 관리와 군을 파견할 필요는 없었다고 생각된다.

둘째는 당시 청조와 에도막부에는 두 나라 간의 관계를 서로 이야기할 수 있는 공식 장소가 존재하지 않았던 점이 거론된다. 양국 간에는 정식 국교가 없었기 때문에 정부끼리가 현안을 서로 논의할 기회가 없고, 그 결정을 세계에 발표할 수 있는 기구나 습관도 확립되어 있지 않았다. 류큐 문제는 류큐 자신이 고심의 타협책으로서 사쓰마(그 뒤에는 막부가 있지만)와 청조 양자에게 종속함으로써 일단 안정되지만, 사할린에 대해서는 결국 논의를 갖지 못했고, 또한 류큐처럼 당사자인 사할린의 주민이 그 때문에 분주해야 할 일도 없었다. 사할린에서는 군사 충돌도 일어나지 않고 국경을 애매하게 방치해도 양 정부에게 불편함이 없었다.

셋째는 일본 쪽도 청조도 사람을 통치하는 것을 우선시 하는 영토관을 가지고, 아무르·사할린·홋카이도의 영유를 주장하였다는 것을 거론할 수 있다. 결국 주민을 지배하에 넣음으로써 그 거주지가 영토가 되는 것이니까, 근대국가처럼 처음으로 토지를 영유하고 그곳에 국민을 둔다고 하는 사고와는 다르다. 사람의 지배를 우선시하는 듯한 영토관은 중국이나 일본과 같은 동아시아의 전근대적 왕조 국가에는 특징적인 영토관이지만, 그 영토는 어디까지나 지배당하는 사람의 범위이기 때문에 오늘날처럼 엄밀한 국경을 그을 수 없다. 그것은 지배받는 사람들의 거주지가 바뀌면 당연히 국경선도 변화해 버리기 때문이다. 또한 이주에 의해 지배받는 사람들과 그렇지 않은 사람들이 복잡하게 뒤얽혀 거주지를 형성한 경우 거기에 국경선을 긋는 것은 의미가 없다. 그리고 사람들이 지배로부터 이탈하면, 그곳은 이미 그 나라의 영토가 아닌 것이다. 마쓰다 덴주로가 아이누의 위무(慰撫)에 심혈을 기울린 것도, 청조가 마쓰다 덴주로의 시책에 의해 간단하게 사할린 남부 아이누의 거주 지역을 놓아버린 것도, 양국이 공통의 영토관을 취하고 있었기 때문이다.

이 전근대적인 국가관을 가지고 정규의 외교관계를 맺지 않았던 청조와 에도막부는 결국 사할린의 영유를 둘러싼 국가 차원의 분쟁을 일으키진 않았지만, 그것은 이 지역 주민의 경제 활동에서는 매우 유리하게 작용하였다. 또한 양 정부가 이 지역을 특수한 지역으로 삼고 이민을 금지한 것도 주민 입장에서는 좋은 일이다. 그것은 뜻밖에도 이러한 정책이 사할 린과 아무르 하류역 주민의 거주권, 토지 이용권을 보장하고 자유로운 교역 활동을 충분히 허가했기 때문이다.

그러나 19세기 중엽부터 아무르·사할린의 국제 정세에 끼어들어 중요한 역할을 맡았던 러시아는 달랐다. 영토관, 외교정책, 대 선주민 정책에서 청조나 에도막부와는 모두 반대되는 정책을 채용한 것이다. 그것은 에도 막부를 무너뜨리고 성립한 메이지 정부에서도 마찬가지였다. 양자에서 공통적으로 말할 수 있는 것은 이른바 '근대국가'로서 체제를 정비하려 했다는 것이다. 그것에 동반된 정책이 주민의 교역 활동과 차질을 빚은 것인데 이 부분은 마지막 장에서 자세히 다루도록 한다.

5. 대국의 세력 지도가 주민에게 끼친 영향

전근대적인 국가였던 일본과 청조는 군이 사할린에 엄밀한 국경을 설치하진 않았지만, 그 세력의 소장(消長)은 주민 간의 관계에 큰 영향을 끼쳤다.

17세기부터 19세기에 사할린 주변 국가의 동향을 간단히 정리하면 다음과 같다. 우선 17세기 단계에서는 러시아, 청조, 일본 모두 사할린의 주민을 통치했다고 말할 수 있는 체제가 구축되지 않았다. 이 시대에는 러시아, 일본(마쓰마에번), 청조 모두 그곳에 사람을 파견하고 조사하는 단계에 머물러 있었다. 그러나 네르친스크 조약의 체결을 계기로 청조가 아무르강 하구 주변 지역과 함께 사할린으로부터의 모피 공납도 적극적으로 독촉하게 되고, 18세기로 들어오면 청조가 모피 공납을 기둥(柱)으로 한 주변 제도에 의해 지배 체제를 구축한다. 그것은 앞장에서 언급했듯이 단

순히 '세력권에 넣었다'라는 표현으로는 해결되지 않을 정도의 실질적인 통치 체제였다. 단지 청조의 지배는 사할린의 남단까지는 미치지 못하고, 그곳에는 마쓰마에번이 어장 탐색과 교역 활동을 약간 진행하고 주민인 아이누에게 위마무(ウイマム), 오무자(オムジャ)라는 형식의 조공을 강제하는 정도였다.

그러나 18세기 중기부터 오오츠크해를 무대로 한 러시아의 활동이 활성화되면서 지시마 열도부터 사할린과 홋카이도까지 그 공격의 화살을 돌리기에 이르고, 에도막부도 주민의 통치에 소극적인 마쓰마에번에 맡기는 것을 그만두고 조사를 착수하여 그 결과 직접 통치를 시작한다. 마쓰다 덴주로 등의 시책은 결과적으로 사할린에서 청조의 지배 지역을 일본이 잠식하고, 일본의 세력권도 북쪽으로 확대되었다. 그리고 19세기에는 일본 측도 통치제도를 서서히 정비하였는데 특히 아이누에 대해서는 사실상 청조의 지배로부터 이탈시키는 것에 성공한다. 그러나 양자가 분명한 국경 협정이라든가, 두 나라 간의 관계를 구축하지 않았기 때문에, 그 틈을 러시아가 치고 들어오는 형태가 되어 결국 사할린 전도를 러시아에 빼앗기게 된다.

6. 사할린 아이누와 주변 민족 간의 관계

이러한 국가의 지배 혹은 세력권의 소장(消長)은 그곳 주민 간의 관계에도 미묘하게 영향을 끼친다. 사할린의 경우를 예로 들어보자.

18, 19세기 사할린에서 주민끼리의 관계는 반드시 우호적이라고는 할 수 없었다. 특히 남부의 아이누와 중부, 북부의 오롯코(윌타-Yilta), 스메렌쿨(니브흐), 니쿠븐들과는 그다지 양호한 관계가 아니었다. 예를 들면 동해안 중부의 포로나이강과 타라이카호 주변에서는 아이누와 오롯코, 니브흐들이 인접해 있었는데 관계는 소원했다. 나카무라 고이치로 조사에서

는 오롯코와 니쿠븐은 서로 통혼을 했지만 아이누와 오롯코, 니쿠븐은 혼인을 맺지 않았다고 한다(『당태잡기』). 또한 여기에서는 유명한 '타라이카 전투'라 불리는 아이누와 윌타전쟁의 전설이 남아 있다. 그것은 새롭게 타라이카호반에 이주해 온 윌타의 집에 초대받은 아이누 일행이 식사로 나온 순록의 내장 요리를 인육으로 착각하고, 윌타의 가족을 모두 죽인 데서 발단이 된 보복 전쟁이었다. 그때 패한 윌타의 일부는 대륙까지 도망친 것 같은데, 고이치로는 마미야 해협과 면한 해안으로 타라이카전투 무렵에 도망쳐 온 '산탄의 오로코'로 불리는 사람들이 있었다는 것을 듣게 된다.

또한 서해안에서도 아이누와 스메렌쿨의 관계는 좋지 않았다. 특히 나요로보다 남쪽에 있는 아이누들은 포로코탄(幌溪, 피랴보) 이북으로 갔던 적도 없고 지리도 알지 못했기에 그곳의 윌타, 니브흐와 내항해 오는 산탄들을 전혀 신용하지 않았다. 마쓰다 덴주로가 1808년(분카 5)에 처음으로 마미야 린조와 함께 사할린 조사를 명받고 서해안으로 북상했을 때, 톤나이에서 진용을 갖추고 북쪽으로 출발하려고 할 때, 그 고장의 아이누들이 "오지로 가서는 산탄인, 스메렌쿨, 오롯코인 등이 있어 불법으로 일을 도모해 무사히 귀촌하기 어렵다"(『北夷談』3권)라고 해서 전혀 앞으로 나가려 하지 않았다. 한편 스메렌쿨 쪽도 남부에서 온 아이누들에게 적대적인 대응을 보였는데, 덴주로가 처음으로 옷치시로 불리는 스메렌쿨의 거주 지역으로 들어갔을 때 그들은 활을 겨누고 창을 갖춰 금방이라도 습격해 올 것만 같은 기색으로 나왔다.

이와 같은 아이누와 오롯코, 스메렌쿨, 니브흐들과의 관계 악화는 18, 19세기의 사할린에서 일본과 청조의 세력 지도와는 관계가 없고, 역사적으로 한층 깊은 뿌리를 갖고 있는지도 모른다. -예를 들면 13, 14세기 골외(骨嵬)와 길레미(吉烈迷)의 대립- 그러나 고이치로와 덴주로가 조사한 19세기 초두 시점에서는 스메렌쿨 쪽이 조공에 나가는 빈도가 높고, 그만큼 청조와의 관계가 강하다. 동해안의 오롯코와 니쿠븐으로서도 산탄인과 빈번하게 교역하고 있어, 그들을 통해 간접적으로 청조의 세력 하로 들어 갔다. 그에 대해 나요로 이남의 아이누는 청조의 변민제도의 은혜는 거의 받지 않고, 동해안 타라이카와 코탄케시의 아이누도 변민제도에 한번 편 입되었다고는 해도, 조공 빈도도 낮고 나요로보다 빨리 일본의 세력 하로 들어간다. 그와 같은 사정을 생각하면 18, 19세기 당시의 아이누와 다른 주민 사이의 관계 악화에는 역시 일본과 청의 세력 지도가 관계되었던 것 으로 보인다.

7. 아이누가 부채를 짊어진 진짜 이유

사할린에서 일본과 청조의 세력 관계를 여실히 보여주는 또 하나의 예 로는 아이누의 산탄인들에 대한 부채이다. 1792년에 모가미 도쿠나이(最 上德內)가 사할린을 견문하고 공표한 아이누의 산탄인들에 대한 부채와 그 것에 의한 산탄인들의 아이누에 대한 횡포한 태도 혹은 포학함은 역사적 으로 유명하다. 모가미 도쿠나이는 그 주저인 『에조조시후편』에서 다음과 같이 기술해 그 궁핍을 도와야 한다고 했다.

에조 비단(蝦夷錦)은 아름다운 것이어서 종이통으로 만들고 푸른 구슬을 풍진 으로 만들어 애용했지만, 돌이켜보면 그것은 아이누족을 이국에 판 대금이었다. 실로 몸과 맞바꾼 아름다운 구슬이었다. 산탄(山靼)에 빼앗긴 아이누족의 처자식 은 비단이나 푸른 구슬은 부모를 대신하며, 각각 원수라고 한탄하면서도 빚을 질 책받고 갚지 못하면 마지못해 평생의 이별을 하고 이국에 포로가 된다. 또 남은 처자는 풀뿌리를 캐어먹고 어찌할 수 없는 생명을 마감하며 살아도 별 수 없는 형 편이다. 이는 모두 마쓰마에번(松前藩)이 재촉하여 비단이나 푸른 구슬을 사들였 기 때문이다. 이런 불합리한 일을 수십 년 동안 모른 채 그대로 둔 것은 발칙한 일이다. 더구나 비단이나 푸른 구슬을 마치 국산인 것처럼 퍼뜨리고 제후를 위한 선물로 삼았지만, 실은 국산이 아니며 그 행태는 더할 나위 없이 악질이다. 만주 관리들은 일본이 방심한 것을 비웃을 수 없다. 설령 돈 수만 냥(両)을 버린다고 해도 그동안 빼앗긴 아이누족을 돌려주었으면 하는 바람이다.

약간 과장된 표현도 눈에 띄지만 모가미 도쿠나이가 문제의 본질을 잘 간파하고 있음을 알 수 있다. 그는 그 안에서 아이누가 곤경에 빠진 직접적인 원인으로, 첫째 마쓰마에번이 아이누에게 산탄 도래품의 헌상을 강제하고 있었다는 것, 둘째 아이누를 가불(借金)로 속박해 자기 뜻대로 하려는 산탄인의 배후에 '만주의 관인'이 대기하고 있다는 것, 셋째 마쓰마에번이 그러한 사실들에 눈감고 자기 번의 이익만을 추구했다는 것을 예리하게 지적한다. 그럼에도 불구하고 후세의 역사학자들은 '아이누의 부채'의 원인을 설명하는데, 왕왕 아이누를 '무지', '몽매', '문화 정도가 낮다'와 같은 말로, 산탄을 '간지(奸智)가 풍부한'과 같은 말로 연계하여 오늘날의 연구 결과에서 보면 근거가 박약한 민족기질론을 전개한다. 예를 들면 『북문총서(北門叢書)』의 편자인 오오토모 키사쿠(大友喜作)는 "에조인이 무지하고, 언제나 산단인(山靼人)에게 차월(借り越し)을 만든다"-오오토모 키사쿠(大友喜作, 『北門叢書』 제5권)라고 언급하고 있고, 산탄 교역에서 청조의 존재를 간과하였던 다카쿠라 신이치로(高倉新一郎)조차도 "다음에 산단인을 통한 교역에서도, 문화정도가 낮았던 사할린의 아이누는 산단(山丹)과 우리나라 사람 사이에서 매우 불쌍한 존재였다"(다카쿠라 신이치로, 「근세에 있어서 사할린을 중심으로 한 日滿交易」)라고 언급하였다. 그러나 이러한 평가를 하고 있는 한, 당시 아이누의 부채 문제의 본질은 드러나지 않고, 아이누의 대외 관계에 대해서도 잘못된 이미지가 형성된다.

아이누의 부채 문제는 모가미 도쿠나이가 지적한 세 가지를 포함해서, 네 번째 요인에 의해 야기되고 있다. 도쿠나이가 지적하지 않은 또 하나의 요인이란, 18세기 후반 무렵부터 아무르에서 검은담비의 자원이 많은 수렵의 영향으로 서서히 감소하고 있었던 것이다. 아무르에서의 불렵(不獵)은 사할린에서의 사냥을 촉진하고, 사할린에서의 자원 감소를 초래한다. 물론 자원의 다과(多寡)와 상관없이 검은담비 수렵은 덫이나 활을 이용한 사냥이라 그리 손쉽게 손에 넣을 수 있는 것이 아니다. 이와 같은 사정으로 산탄, 스메렌쿨들이 모피를 얻으려 했던 사할린에서 아이누들도 반드시 그들의 욕망에 부응할 수 있을 정도의 모피가 준비했다고는 할 수 없다. 그러나 마쓰마에번은 혼슈에서 팔면 막대한 이익을 얻게 되는 산탄 초래품(招來品)의 공출을 반 강제적으로 아이누들에게 요구했기 때문에, 아이누는 확실히 충분한 모피를 준비되어 있지 않았음에도 불구하고, 산탄인들로부터 가불로 비단 등을 손에 넣으며 부채를 떠안았다.

　실은 당시 아이누의 부채는 산탄인들에게 특별한 것이 아니었다. 그것은 상품 예약금과 신용대출에 의한 장사가 이 지역 교역의 상거래 관습이었기 때문이다. 이미 제1장에서 소개했듯이 스메렌쿨은 인근의 사람뿐만 아니라 먼 곳의 사람에게도 기탄없이 물건을 대차하고 있었다. 그들의 이웃인 산탄도 마찬가지였다. 산탄교역은 막부가 통제하기까지는 사할린에 내항한 대륙의 산탄, 스메렌쿨들이 거래선을 방문해 단자(緞子) 등 그 외의 중국 제품을 모피랑 생활필수품 등과 교환했던 것으로, 그 족적은 서해안뿐만이 아닌 동해안과 튐강, 포로나이강 유역과 같은 내륙부까지 미쳤고, 그곳의 오롯코(윌타-Yilta)와 니쿠븐(니브흐)과도 교역하였다. 그들은 단골 거래처였던 만큼 신용대출에 의한 거래를 하고 있었다. 예를 들면 대륙의 니브흐가 사할린 동해안의 니브흐들에게 역시 신용대출로 중국과 러시아 제품을 팔았던 것이 19세기 말기의 B.피우수트스키의 조사에 의해 알려진다. 동해안의 니브흐의 부채가 늘어나고 있었기 때문에, 아무르·니브흐는 그들 밑에서는 꽤 제멋대로 행동할 수가 있었다고 한다. 그러나 피우수트스키는 그것을 악으로 간주하면서도 동해안의 니브흐들이 가을이

스면 아무르 니브흐의 내방을 애타게 기다리는 현실도 정확히 주지하였다. 동해안의 니브흐는 부채가 커져도 아무르 니브흐로부터 사냥에 필요한 장비를 사들이지 않으면 겨울 사냥을 나갈 수 없었기 때문이다(피우수트스키, 「사할린·길랴크의 궁상(窮狀)과 대책」).

민족지 시대(19세기 말기부터 금세기 초두)의 상황에서 유추하면 산탄들이 아이누를 상대로 했던 가불 방식의 거래는 반드시 일방적으로 아이누에게 불리한 습관은 아니다. 산탄 측에서도 회수 불능이나 떼어먹는 것에 의한 채권회수 불능 상태에 놓일 위험이 있었기 때문이다. 그러나 실태는 그 역으로 채무자 측의 아이누가 비참한 상황에 빠졌다. 그 원인의 하나가 마쓰마에번에 의한 무리한 에조 비단의 수탈에 있었던 것인데, 아이누와 산탄의 관계라는 시점에서 보면, 그 최대의 원인은 모가미 도쿠나이가 지적한 산탄의 뒤에 만주 관리가 대기하고 있었다고 하는 제2의 요인에서 찾을 수밖에 없다.

산탄인들에게 항상 뒤에는 청조가 대기해 자신들을 보호하고 있다는 의식을 심어준 것은 건륭 초기에 종종 주민끼리의 마찰이 있을 때 청조가 관리와 군을 파견해 경찰력을 발휘했다고 하는 사실이다. 당시 아무르·사할린 주민은 1742년(건륭 7)의 코이만에서의 살인사건과 1740년 전후로 추정되는 나요로의 야에비라칸 약탈사건에서 청조의 신속한 대응을 목격하고, 그 권위를 피부로 느꼈을 것으로 본다. 특히 대륙의 산탄과 스메렌쿨들은 사할린에서 무슨 일이 있어도 청조가 자신들을 지켜준다, 혹은 보상해준다는 안심감으로 자신 있게 사할린으로 길을 떠날 수 있게 되었다. 게다가 사할린의 많은 아이누는 주민으로 조직되어 있지 않았거나 형식적으로 조직되어 있었다고 해도, 전혀 모피 공납을 실행하지 않았거나 그 실감이 없는 사람이 많고, 그와 같은 사람들에 비해 변민화된 산탄, 스메렌쿨들은 역시 제법 우월감을 가질 수가 있었다. 실제로 모피 공납의 은혜를 받고 있는 자와 그렇지 않은 자에게는 생활 수준에서 역연한 차이가 생겨났다. 사할린으로 길을 떠날 수 있는 산탄, 스메렌쿨들은 일반적으로 만주식의 목면 의복을 착용하고, 나들이옷으로서 비단 의복과 생지(生地)를 적잖이 갖고 있고, 식생활도 곡류를 일상적으로 먹을 수가 있었다. 그에 비해 아이누는 야생식물(난티나무와 쐐기풀)의 섬유를 엮어 짠 아쓰시(난티나무의 껍데기에서 뽑은 실로 짠 직물, 또는 그 직물로 만든 아이누의 윗옷)를 의복으로 착용하고 곡류는 대단한 사치품이었다. 또한 마미야 린조 등이 그린 할라 이 다, 가산 다 등의 직무자(役職者)의 생활 수준과 주변 상황을 수렵 어로민이라는 말에서 오는 '미개', '비문명'이라는 이미지와는 좀 멀다. 교역에 온 산탄인들은 대다수가 사할린 아이누의 생활 양상을 보고 자신들과 같은 사람이라고는 생각하지 않았던 것이다.

이와 같은 것이 대륙의 산탄, 스메렌쿨들에게 자신들의 뒤에는 청조가 대기하고 있다는 자신감과 사할린의 아이누 따위는 하잘것없다는 고압적, 방안불손(傲岸不遜)한 태도를 몸에 배게 했다. 그리고 그와 같은 태도는 그들을 극진히 대접했던 마쓰마에번 관리들에게도 적용되어, 막부가 직접 출범해 와도 역시 그대로 계속되었다. 그것을 마쓰다 덴주로에게 비난받았던 것이다.

덴주로가 아이누의 부채 해소에 착수한 당초의 산탄인들의 행상(行狀)은 그에 따르면 다음과 같은 사정이었다.

지금까지는 다음과 같은 빚 때문에 해마다 교역을 왔다가 산탄(山靼) 오지에서 이 시라누시(シラヌシ)로 건너오는 길에 살고 있는 아이누인은 그 시기가 되면 살고 있는 마을을 떠나 산중에 숨어 있다가 그들이 고국으로 돌아간 뒤에야 비로소 살던 곳으로 돌아간다. 그 이유는 산탄인(山靼人)이 섬의 주거 장소에 배를 대고, 아이누의 집에 와서 냄비, 뱀의 종류를 닥치는 대로 말도 없이 탈취하였기에 아이누인이 파견한 사람과 다투고 있는 까닭이다. 모여서는 서로 활과 화살, 창을 사용해 불합리한 방식으로 승부를 겨루는 식이다. 이 때문에 섬사람들은 산탄인을 매

우 두려워하고 밖으로 숨기므로 산탄인은 점점 더 제 것인 양 불법으로 모여들어 해마다 논쟁이 그치지 않는다. 사람이 모이는 곳에 사는 아이누인도 매우 두려워 하고, 산탄인이 있는 동안은 관리도 산탄인을 두려워한다. 산탄인들이 거래소에 드나들면 맑은 날씨와 비의 양에 상관없이 삿갓을 쓰고 신을 신고 무리에 들어 기 쁘게 하고 뒷짐 지고 콧노래 부르고, 드나들며, 심한 불법적인 풍속도 단속을 하지 않는 것이 첫째 원인이다(마쓰다 덴주로, 『北夷談』 제4).

견해가 일방적이지만 그것을 깎아내려도 산탄인들이 보여준 사할린 아 이누 사이에서의 행상과 시라누시 회소(會所)에서의 태도는 상당히 방안 불손, 방약무인이라고 할 수 있다. 마미야 린조의 관찰에서는 데렌의 만주가 부(滿洲仮府)에서는 산탄들도 의식의 장에서는 일단 만주의 관리에게 고두 (叩頭)의 예를 취하고 있기 때문이다.

덴주로는 그와 같은 상황에 대해서 구체적으로는 회장에 출입하는 산 탄인들에게 '구와에기세르-담뱃대에 손을 대지 않고 입에 문 채로 담배 를 피움'에 대해서는, 담뱃대를 문 채로 단번에 쳐서 부러트리고, 갓을 쓰 고 있으면 그것을 머리에서 털어 떨어트리고, 게리를 입은 채이면 정강이 를 때려 앉힌다고 하는 것을 통역을 통해 통지(通達)하고, 실제로 그것을 실행했다. 그로 인해 산탄인들의 막부 역인에 대한 태도가 싹 변한다. 그것 은 막부의 위엄을 산탄인과 사할린 아이누에게 보여주는 것뿐만이 아닌, 사할린에서 막부와 청조의 세력 지도를 갈아치우는 첫걸음이 되었던 것이 다. 그 후 마쓰다 덴주로의 진력에 의해 아이누의 거주권이었던 사할린 남 부에서는 청조의 지배권이 급속히 저하한다. 앞서 소개한 사할린 나요로 제3호, 제4호 문서에는 그러한 것이 단적으로 나타나 있다.

8. 막부의 공인을 얻어 국제 교역으로 변모하다

덴주로는 아이누의 부채를 해소시켜 그들을 위무함과 동시에 사할린에서 교역의 주도권도 산탄인의 손에서 탈취하려고 했다. 즉, 사할린에서 산탄인의 교역 장소를 시라누시의 회장(會場)한 곳으로 한정하고, 그것도 일본 측 관리의 입회 하에 이루어지도록 하였다.

다카쿠라 신이치로(高倉新一郎)에 의하면 톤나이 근처로 파수꾼을 파견해 오지로부터 산탄인 내항의 소식이 있으면 얼른 마중 나가, 지참한 상품은 봉인되어 시라누시까지 운반된다. 시라누시에서도 상품은 엄중하게 관리되어 아이누의 족장(乙名)이 소집되고 산탄선 한 척 분씩 상품의 평가가 이루어진다. 거래에는 일본 측의 관리와 함께 산탄 측으로부터 4명의 대표자와 아이누 측에서 시라누시와 나요로의 족장이 입회한다. 산탄인과 거래할 수 있는 것은 막부(1822년 이후 1854년까지는 마쓰마에번)뿐이고, 거래된 산탄 도래품은 모두 관물(官物)화 된다. 그 때문에 회소(會所)에서는 사할린과 홋카이도의 아이누로부터 사전에 산탄과 거래하기 위한 모피를 사서 모아둔다(다카쿠라 신이치로, 「근세에 있어서 사할린을 중심으로 한 日滿交易」). 이렇게 해서 사할린에서 산탄인들의 활동 장소는 한정되고 아이누의 거주지에서 종래와 같은 방약무인한 행동은 하기 어렵게 된다.

통제는 교역 장소뿐만이 아니고 거래 상품의 교환 비율, 즉 가격에도 미쳤다. 산탄과 스메렌쿨 등 아무르·사할린 주민에게 교역품에 '가격'이라는 것은 없고, 그 장소에 따라 교환 비율이 자의적으로 결정되었다는 사고는 잘못이다. 시렌크의 주도적인 조사 결과, 대륙과 사할린 서해안의 니브흐, 즉 스메렌쿨 사이의 절대가격이 존재하였음이 명확해졌다. 그것에 대해서는 후에 상술하지만 마쓰다 덴주로가 교역 통제에 착수하기까지 교역품의 가격은, 당시의 힘의 역학관계를 생각하면 산탄과 스메렌쿨 주도로 결정되었던 것으로 보인다. 마쓰다 덴주로는 교역 통제의 제2수단으로서 그 주도권을 일본 측이 쥘 수 있도록 노력했다. 즉, 사할린산 검은담비 모피를 기준으로 삼고 그것에 대한 교환 비율로서 각 무역품의 가격을 정했다. 현대적으로 표현하자면 검은담비 모피를 기축통화로 삼았다는 것이다. 당시 대륙에서도 일본 측에서도 사할린 산의 검은담비 모피는 질이 높다는 평판으로 아무르 사할린 주민 사이에서 신용이 높았다. 덴주로는 그것을 이용해 이와 같은 제도를 만들어낸 것이 아닌가 생각된다. 그리고 이 제도는 산탄 교역이 종언하기까지 상거래(商) 관습으로 계승되게 된다.

이와 같은 시책은 원칙적으로 쇄국정책에 반한다고 하는 의견이 당시의 막부 내에서도 당연히 보였다. 마쓰마에령 시대에는 산탄교역을 이른바 '누케니(拔け荷, 에도 시대 금지된 것을 어기고 하는 밀무역을 말한다)'라고도 말했기 때문이다. 그러나 나가사키 이외에서도 대외 무역이 행해지던 것은(쓰시마번의 조선 무역과 사쓰마번의 류큐 무역 등이 있다) 막부 내에서도 거의 알려진 일이고, 막부로서는 금지함으로써 생기는 사할린 아이누의 궁상을 피하는 쪽이 에조치 경영 상에서도 득이 되는 정책(得策)이라고 판단했다. 다만 대외 교역을 원칙적으로 금지하고 있는 제(諸) 다이묘에 대한 체면도 있고, 막부가 직접 시라누시에서 산탄과 교역하는 것은 오래전부터의 관습인데 갑작스럽게 금지하면 주민에게 불이익이 될 뿐만 아니라 막부의 에조치 경영에도 지장을 초래하는 일이다. 그리고 양적으로 미미한 것이기에 당시의 일본 경제, 사회에 끼치는 영향도 거의 없다는 것을 구실로 삼았다. 그러나 다음 장에서 분명히 하겠지만, 양적으로는 결코 미미한 것이 아니었고 경제, 사회에 대한 영향도 무시할 수 있는 것이 아니었다.

산탄교역은 이와 같이 19세기 초두까지 대륙 측에서는 청조가, 사할린 쪽에서는 일본(에도막부 또는 마쓰마에번)이 통제하게 되어, 교역로의 양단(兩端)이 국가에 의해 제압되고 만다. 그것은 이미 주민 간의 자주적인 유통이 아닌 중국과 일본이라는 두 국가에 의해 통제된 교역이다. 그러나 그것에 의해 교역 활동이 위축된 것은 아니다. 18세기 후반에 전성기를 맞았던 산탄교역은 일본 측이 통제를 더해도 한층 건재했고, 19세기 후반까지 계속해 산탄인의 시라누시 도래는 왕성하게 확인된다. 도래의 페이스가 약간 떨어진 것 같긴 하지만(19세기 중엽이 되면 내항이 없는 해가 드문드문 나온다), 적은 해에 3척, 많은 해는 12, 13척이라는 내항 페이스는 변하지 않았다. 산탄인에게도 막부와 마쓰마에번의 통제가 가해졌다고는 하지만, 확실하게 모피를 손에 넣을 수 있었기 때문에 일본과의 거래는 변함없이 매력 있는 장사였던 것이다. 이에 산탄교역은 중일 양국이 공인하는 국제 교역으로 모습을 바꿨다.

제6장

비단과 모피의 상품 가치

검은담비 그물을 장치하는 우데계의 사냥꾼
2003년 12월 크라스니 야르 마을에서 저자 촬영

1. 다양한 교역품

18세기, 19세기로 이어진 산탄교역에서는 다양한 물품이 거래되고 엄청난 양의 물자가 아무르와 사할린을 경유해 일본과 중국 사이를 오갔다. 그 교역에서 취급된 상품을 그 출산지와 소비지별로 정리하면 다음과 같다.

〈중국 제품〉
- 일본으로 향한 제품 : 견직물(에조 비단), 단자(緞子) 관복(짓토쿠(十德), 山丹服), 유리옥(청옥).
- 아무르·사할린으로 향한 제품 : 견직물, 단자 관복, 면직물, 목면(木綿) 의복, 쌀·술·두류·분말 등의 식료, 철솥(鉄鍋) 등 철제품, 유리 장신구, 금속 장신구, 도자기, 칠기, 금속 주기(酒器).

〈일본 제품 혹은 산물(産物)〉
- 중국으로 향한 제품 : 모피류(검은담비, 담비, 여우류, 수달, 해달 등).
- 아무르·사할린으로 향한 산물 : 도기, 칠기, 철솥, 끈, 자귀, 쌀, 술, 누룩(麴).

〈아무르·사할린 제품 혹은 산물〉
- 중국으로 향한 산물 : 모피류(검은담비, 담비, 여우류, 수달 등), 아교(膠), 철갑상어(蝶鮫)의 연골 등 어제품.
- 일본으로 향한 산물 : 독수리(鷲)와 매(鷹)의 미우(尾羽), 해산물(연어, 송어, 청어, 다시마 등).
- 그 고장 사람들끼리의 교역품 : 모피(바다표범 등), 어유(魚油), 해수유(海獸油), 어피옷(魚皮衣), 배(舟).

이들 교역품 중에서 그 중심적 존재는 말할 것도 없이 견직물과 모피다. 양자 모두 복수의 항목으로 걸치고 있는 것은 그만큼 다양한 수요가 있었음을 의미한다. 본장에서는 이 비단과 모피를 중심으로 각 교역품의 상세와 그 가격(교환 비율), 그리고 그것을 수용한 사람들에 대한 경제적 혹은 문화적인 임팩트에 대해 짚어보기로 한다.

2. 인기 상품으로서의 에조 비단·산단복

산탄교역의 인기 상품은 '에조 비단(蝦夷錦)'으로 불리는 중국제 견직물 등 옷감과 '산단복' 혹은 '짓토쿠(十徳)'로 불렸던 에조 비단의 의장이다. '니시키(錦)'로 불리고는 있지만 에도 시대로 들어온 것은 단자(緞子)이다. 중국제 견직물과 그 의복 자체는 쇄국 중에도 나가사키 교역을 통해서 일본으로 유입되고 있었다. 양적으로는 그쪽이 많았을 것이다. 그렇지만 '에조 비단'으로 불리고 특히 북방을 경유한 것이 인기가 높았던 것은 당시 미지의 세계였던 북방 사람들에 대해 낭만을 느끼고 있었기 때문이라고 밖에 생각되지 않는다. 에조 비단의 가치는 비단 그 자체의 값어치에 그 특이한 수입 경로에 의한 희소가치와 부가가치가 가산되어 있었던 것이다.

이미 제2장의 「산탄교역의 전사」에서 언급했듯이, 북방을 경유해 들어온 견직물의 존재는 12세기부터 일본의 지배자 계층에 알려져 있었을 가능성도 있지만, 확실한 것이 사료에 등장하는 것은 근세 초두이다. 예를 들면 마쓰마에 가문 5대째인 마쓰마에 요시히로(松前慶広)는 사할린에서 전해졌다는 '당의(唐衣, 산탄치미프라고 발음이 달려 있다)'를 도쿠카와 이에야스에게 보낸다. 에조 비단과 산단복은 막부를 향한 헌상품 혹은 제후에게 보내는 증답품(贈答品)으로서 마쓰마에번의 존재를 어필하기 위해서도 사용되었지만, 상품으로서도 중요해 기타마에센(北前船)에 실려 동해 연안의 항구거리(港町)로 옮겨져 그곳에서 전국으로 유포했다. 현재 에조 비단의 잔존 상황에 관한 조사가 홋카이도의 개척 기념관 등을 중심으로 진행되고 있지만, 그 결과 진토쿠와 하오리(羽織)로 작용된 것 외에 허리띠(帶), 양철 주머니(胴亂), 주머니(紙入れ), 칼(刀)과 장도(長刀)의 주머니, 혹은 승려의 가사(袈裟), 불단(佛壇)의 타부(打敷), 나아가 족자의 풍대(風帶), 두루마리 책(卷子本)의 표지 등으로서 무가와 사원, 문인들에게 애용되었음을 알 수 있다. (야지마 사토시, 「산탄 교역품 에조 비단의 명칭과 형태」) 아마도 그것들은 난숙(爛熟)한 가세이문화(化政文化)를 지탱하는 세련된(粹) 소도구로 기능했다고 생각된다.

한편, 그것을 일본 측에 공급하던 산탄과 스메렌쿨, 아이누의 사이에도 단자(에조 비단)의 관복은 나들이옷이고 지위의 상징이었다. 유명한 가키자키 하쿄(蠣崎波響)의 '이추열상(夷酋列像)'에도 산단복, 즉 용문(龍文)이 들어간 청조의 관복을 입고 있는 사람이 눈에 띄게 된다. 이 화집은 실은 쿠나시리 메나시의 란 진압에 협력했던 아이누의 유력자들을 그린 것으로, 아이누의 마쓰마에번으로의 종속을 나타내려는 정치적인 소도구이고, 거기에 그려져 있는 모습은 아이누 본래의 것은 아니라고 한다. 또한 의례에서 복장에도 산단복이 등장하지 않기 때문에 산단복은 아이누의 나들이옷이라고 할 수 없다는 의견도 있다. 그러나 일단 아이누 사이에서도 산단복이 지위의 상징으로 인정되고 있었음은 사실이 아닌가.

게다가 에조 비단을 사할린으로 옮겨오는 산탄, 스메렌쿨, 코르뎃케라면 단자 관복의 중요성은 한층 높아진다. 그들에게는 청조에서 내린 할라이 다, 가산 다와 같은 호칭이 현실적인 의미를 가졌고, 그 호칭과 옷(服)이 연계되어 있기 때문이다. 또한 단자를 그들의 민족의상(민족의상이라고는 해도 스타일의 기본은 청조의 관복과 동일하다)으로 만들어낸 것도 그들에게는 나들이옷이고, 현재의 나나이와 울치 사이에서는 최근까지 결혼

식의 신부 의상이었다. 나도 콤소몰스크나아무레에 거주하는 나나이 여성으로부터 자신의 조모가 시집올 때 입고 왔다며 연지(臙脂) 옷감에 용문이 들어간 단자 나들이옷을 보여줘 구경한 적이 있다.

그러나 단자가 그들에게도 필요불가결한 생활재(生活材)이고 재산이라고 한다면, 누구에게나 일본으로 수출할 수 있었던 것은 아니라는 것이다. 단자를 손에 넣을 수 있는 사람은 원칙적으로 할라 이 다, 가샨 다, 더오터 주서와 같은 관리자이든가, 호지혼으로 불리는 지위를 부여받은 사람이다. 서민의 경우에는 단자를 살만큼 재력을 갖지 않으면 손에 넣을 수 없다. 다만 뒤에서 언급하겠지만, 주민끼리의 거래에서는 단자 그 자체가 그리 고가는 아니기 때문에(니브흐에서는 8m 정도 되는 단자가 검은담비의 모피 2매에서 5매 정도로 살 수 있다) 특별히 부자가 아니어도 손에 넣을 수 없을 정도는 아니었다. 그러나 자신들이 소비하고 게다가 일본으로 수출하려면 나름대로 양을 확보할 필요는 있었을 것이다. 특히 일본 측의 매입 단가가 현저하게 비쌌던 '용형'으로 불렸던 것(아마 망단)을 취급할 수 있었던 것은 한정된 부자나 관리자만이 가능했을 것으로 본다.

3. 에조 비단의 거래량

에조 비단은 제후와 상인 사이에서 고가로 거래되었기 때문에 언제나 마쓰마에번이나 막부의 통제품이었다. 마쓰마에번이 아이누들로부터 위마무와 오무샤의 형태로 반 강제적으로 징수하고 그 양이 아이누의 모피 포획 능력을 넘어섰기 때문에, 산탄인들로 하여금 다대한 부채를 짊어지게 한 것은 이미 언급한대로다. 전기의 막부 직할 시대(1807~1821) 이래 아이누가 직접 산탄인과 거래하는 것을 금지했기 때문에, 위마무와 오무샤에 의한 징수는 없어졌다. 하지만 이번은 막부와 마쓰마에번이 산탄인

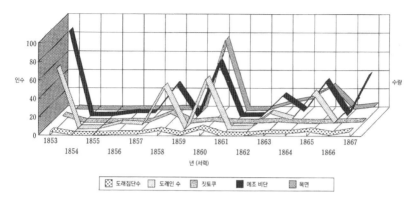

[그림 17] 막말기 산탄인의 도래 상황과 비단의 수입량
高倉新一郎, 「近世に於ける樺太を中心とした日滿交易」에 의거

으로부터 직접 매입해 교역에 입회한 관리와 상인들에게 불하되었다.

1회의 교역으로 거래되는 에조 비단의 양은 얼마나 됐을까. 예를 들면 시대는 내려가지만 1855년(안세이 2)에 에조치가 재차 마쓰마에번으로부터 막부 직할령이 되었을 때의 인계 서류인 「북에조치인도목록(北蝦夷地御引渡目録」에 남겨진 산탄교역 관계의 기록을 정리하면, 1853년(가에이 6)의 시라누시(白主) 내항 때에 산탄인이 일본 측에 매각한 에조 비단은 산단복이 7착(着), 포목(反物)이 전부해서 92본(本), 그 내역은 용형(龍形)이 792척(尺), 비용형(非龍形)이 2,103척이라는 숫자가 내온다(가이호 미네오, 「『북에조치인도목록(北蝦夷地御引渡目録』에 대해서-가에이 嘉永6년(1853년)의 산탄교역-」에 따름). 이것은 대단히 방대한 양인데, 물론 매년 이와 같은 양으로 에조 비단이 수입되고 있었던 것은 아니다. 다카쿠라 신이치로의 연구에 의하면 1853년(가에이 6)부터 1867년(게이오 3)까지 에조 비단의 수입량은 1853년의 92본(本)이 최고이고, 1856년(안세이 3)에는 3본, 1857년(안세이 4)에도 3본, 1858년(안세이 5)에 34본, 1860년(만엔 원년)에 59본, 1863년(분큐 3)에는 22본, 1864년(겐지 원년)에는 6본, 1865년

(게이오 원년)에 38본, 1866년(게이오 2)에는 2본, 1867년(게이오 3) 45본이라는 식으로 해에 따라 변동이 매우 크다(다카쿠라 신이치로, 「근세에 있어서 사할린을 중심으로 한 日滿交易」에 따름. '그림 17' 참조).

이것은 산탄교역도 종말기로 들어선 막부의 데이터이고 이것들의 수치로부터 교역 전체를 추측하고 헤아리는 것은 무리일지도 모른다. 하지만 '그림 19'에서도 나타나듯이 산탄인의 내항인 수와 수입되었던 에조 비단의 양 사이에 어느 정도 상관관계가 있다는 것과, 19세기 초기(분카년간)에 교역이 막부 혹은 마쓰마에번의 통제 하에 놓인 이래 막부 말에 이르기까지 내항 페이스에 그다지 변화가 없다는 점에서 보면, 에조 비단의 수입량에 관해서는 19세기 초기 반세기에 대체로 많게는 수십 본(本), 적은 해에 몇 본 정도가 수입되었다고 할 수 있다.

내항 수, 취급된 상품의 종류, 일본 측 관계자의 사람 수 등에서 나가사키에서의 교역과는 규모가 비교될 수 없지만, 수입되는 에조 비단의 양은 결코 적지 않았다. 1853년 사례는 특별히 많았다고 하더라도 길이로 3,000척 가까이에 달한다. 그것을 경척(鯨尺)으로 환산하면 1km는 족히 되는 길이다. 예년은 그 절반 혹은 3분의 1이라고 해도 19세기 전반의 반세기 동안에 매년 평균 수백 미터의 페이스로 에조 비단이 유입되었다. 그것들이 천 조각으로 시중에 돌았다고 한다면 상당한 양이 된다. 세련(粹)된 척하는 무사와 승려, 문인들이 멋을 부릴 때, 아마도 소도구로도 사용했을 것이다.

4. 청조의 은상

이 에조 비단에 대해 모가미 도쿠나이(最上德內)는 "에조의 몸을 이국에 판 대금" 등으로 과장해서(大袈裟) 말하고 있지만, 사실은 대부분이 청조가 모피를 공납한 변민에게 하사한 은상이다. 청조의 은상은 이 비단(錦,

[표 3] 청조가 지급한 은상의 수량

종류(단위)	할라이 다	소계	가산 다	소계	더오터 주서	소계	바이니알마	소계	총계
인원(명)		22		188		107		2,081	2,398
망단蟒緞(필)	1	22							22
팽단彭緞(장丈)			2.35	441.8	2	214			655.8
백견白絹(장)	4.5	99	4.5	846	4	428			1,373
장단妝緞(장)	0.18	3.96	0.18	33.84	0.13	13.91	0.13	270.53	322.24
홍견紅絹(장)	0.25	5.5	0.25	47	0.25	26.75	0.25	520.25	599.5
가기포家機布(장)	0.31	6.82	0.31	58.28					65.1
포청포布青布(필)	8	176	7	1,316	7	749	8	16,648	18,889
백포白布(장)	4	88	4	752	4	428	4	8,324	9,592
면화綿花(량)	26	572	26	4,888	26	2,782	26	54,106	62,348
면사綿糸(전錢)	4	88	4	752	4	428	4	8,324	9,592
머리빗(개)	1	22	1	188	1	107	1	2,081	2,398
빗치개(개)	1	22	1	188	1	107	1	2,081	2,398
두건包頭(개)	1	22	1	188	1	107	1	2,081	2,398
한건고려포汗巾高麗布(장)	1	22	1	188	1	107	0.5	1,040.5	1,357.5
견리자絹里子(장)	0.6	13.2	0.6	112.8	0.6	64.2	0.6	1,248.6	1,438.8
침針(개)	30	660	30	5,640	30	3,210	30	62,430	71,940
띠帶(개)	3	66	3	564	3	321	3	6,243	7,194
실糸(개)	3	66	3	564	3	321	3	6,243	7,194
뉴鈕(개)	8	176	8	1504	8	856	8	16,648	19,184
동유상桐油箱(개)	1	22							22

『삼성부도통아문만문당안역편』 수록 제51호 문서, p.118에 의거

정확히는 단자) 관복을 중심으로 '표 3'에 정리한 물품들로 구성되었다.

우선 할라 이 다에게는 무선견조의(無扇肩朝衣)라는 견장이 없는 궁정에서의 제복이 지급되었다. 거기에서 사용되었던 것이 용문이 있는 단자이다. 문양은 용을 닮아 있지만, 용은 황제의 상징이기 때문에 변민들의 옷에는 사용할 수 없다. 따라서 공문서에서는 문양은 이무기(蟒蛇)가 되고, 그것이 그려진 조의(朝衣)는 '망포(蟒袍)'로 불린다. 삼성 당안의 한어역에도 이 무선견조의의 옷감(生地) 단자를 '망단(蟒緞)'으로 번역하였다. 관복

의 문양에서 용(龍)과 이무기(蟒)의 차이는 손톱(爪) 수이고, 5조(爪)라면 용이고 4조나 3조는 이무기라고 하는 것이 일반적이었다. 망포에는 수여된 문관, 무관의 품급에 따라 그려진 이무기의 수와 손톱 수가 다르다. 『청회전도(淸會典図)』 광서회전(光緒會典)에 의하면 1품에서 3품까지가 4조 9망(4爪 9蟒), 4품에서 6품까지가 4조 8망, 그리고 7품 이하 9품까지와 품급이 없는 것은 4조 5망으로 되어 있다. 다만 3품까지의 고급 관리와 무인에게 부여된 망포에는 '5조의 망'을 그린 망단이 하사되는 일도 있었다(『청회전도』 제73권, 관복17).[그림 20, 그림 21]

할라 이 다의 의복 문양은 이무기이기 때문에 일단 손톱의 수는 4개이든가 3개이다. 일찍이 간세이(寬政) 연간의 막부와 마쓰마에번의 조사에서는 나요로의 요치이테아이노(楊忠貞)가 3조의 용(요컨대 이무기)이 그려진 조의를 입고 있었다고 한다. 그러나 현재 일본에 남겨진 망포는 5조 쪽이 많고 4조가 약간 뒤섞여 있는 정도이다. 야지마 사토시(矢島睿)와 데즈카 가오루(手塚薰)가 조사한 기타미(北見) 「처소자료(妻沼資料)」에는 망포로 불릴 수 있는 자료가 10점 정도 있는데, 그 가운데 6점이 5조 9망이고 4조 8망이 2점이다. 그리고 5조 9망 중에 2점은 청조의 관복 형식을 완전하게 갖고 있고, 각각 3품 이상의 고관과 그 부인 급이 사용한 것이 아닐까 한다(야지마 사토시·데즈카 가오루, 「처소 자료의 조사에 대해서」). 처소 자료의 망포가 할라 이 다에 대한 은상이라고 한정할 순 없지만, 팔기(八旗)에 편입되면 할라 이 다가 오르게 되는 좌령은 무인으로는 정 4품이고 4조 8망 이상의 망포를 착용할 권리가 있었다. 그러나 막부 말기에 해당하는 19세기 중기에는 청조의 역소(役所) 규율도 어지러워지기 시작하면서, 복장에 관해서도 규칙대로는 아니고 모피 공납민들에게도 5조의 망포와 그 옷감이 지급되었을 가능성이 있다.

할라 이 다 이외의 역직자, 즉 사르간 주이, 가샨 다, 더오터 주서에게는 각각 '여제견조의(女齊肩朝衣)', '조의(朝衣)', '망포(蟒袍)'가 지급되는데, 그

[그림 18] 「貝勒蟒袍圖」(『淸會典圖』 권73)　　　[그림 19] 「文四品官蟒袍圖」(『淸會典圖』 권73)

옷감은 모두 '팽단(彭緞)'이지 '망단'은 아니다. 그것은 그들에게 지급된 조의에는 정식으로 용 혹은 이무기가 그려져 있지 않았다는 것이 된다. 일본에서는 '황색 가카신타'로 불려, 가샨 다의 정식 조의가 황색의 단자로 만들어져 있었음을 시사하지만, 이것도 '팽단'의 일종인지도 모른다.

　　일본에서는 한마디로 에조 비단이라고 말해도 문양과 옷감의 색에 따라 종류가 구분되고 가격도 달랐다. 산탄교역에서 다양한 에조 비단이 거래되고 있었다는 것은 청조가 변민에게 하사한 단자의 의장 옷감에도 지위에 따라 차이가 있었다는 것과 하나의 의장용에 몇 종류의 단자가 지급되고 있었기 때문이다. 문양에서는 용형, 화형(花形), 운형(雲形) 등으로 불리는 것이 있고, 일본인은 용형을 최상으로 쳤다. 그중에서도 '감지용형(紺地龍形)'은 가장 높은 가격에 거래되었는데, 이것이 『회전(會典)』에도 규정되어 있는 정식 망포의 옷감이기 때문일 것이다.

　　또한 산탄교역에서는 에조 비단이 산단복(山丹服)이나 짓토쿠(十德) 같은 관복보다 포목(反物)으로 옷감 그 자체로 나도는 쪽이 많다. 그것은 옹정 연간(雍正年間)에 은상 관복이 재료 그대로 지급되었기 때문이다. 삼성당안의 반상(頒賞) 관계의 문서에는 '상급(賞給)'된 각 조의의 옷감 그 외 재료의 종류와 양이 극명하게 기록되어 있다. 1630년대에 태종 홍타이지가 변민제도의 원형을 만들어낸 이래, 모피 공납에 대한 은상은 완성된 관복이었다. 강소성(江蘇省) 부근에서 제작한 단자를 성경(盛京, 奉天으로서 현재의 심양을 말한다)의 공부(工部)에서 만든 것이 지급되고 있었다. 그러나 삼성 당안에 의하면 관복의 봉제에 시간이 걸리는 것과 의복으로 지급해도 몸에 맞지 않거나 곤란함이 생겼기 때문에, 1734년(옹정 12)에 재료로 지급하는 식으로 개정되어 그 수량이 규정되었다. (『삼성부도통아문만문당안역편(三姓副都統衙門滿文檔案譯編)』 4호 당안) 다만 봉제하지 않으면 시간뿐만이 아니라 비용도 절감할 수 있다. 결국은 수공반상 업무의 경비 전체를 줄일 수가 있었던 것이다. 한편, 변민 측에서도 관복을 재봉하는 기술이 충분히 전해져 스스로 만들 수 있게 되었다는 것, 그리고 그들에게도 옷감과 재료 그대로 건네지는 편이 다양한 응용이 가능하고 여러 상황이 좋았던 것도 재료 지급을 가능하게 했다. 또한 산탄교역의 시장에서는 완성품 의상보다도 옷감 쪽 수요가 높았던 것이 아닐까 한다.

지급된 것은 단자의 상의만이 아니다. 관복에도 바지와 모자, 신발, 띠(帶) 등이 붙고, 게다가 부대급부라고 해서 다양한 것이 지급되었다. 삼성 당안에는 기록되어 있지 않지만, 모자도 상의와 마찬가지로 역직과 지위를 나타내는 중요한 것이었다. 그것은 검은 비단(絹)으로 덮은 반구형에 원통형의 뒤로 젖힌 차양이 붙은 이른바 만주모자(帽)로, 정상에 붉은 방(房)을 붙이고 그 위에 지위를 표시하는 유리옥을 얹는다. 할라 이 다의 경우는 초록, 가샨 다는 흰색, 더오터 주서는 동(銅)의 장식이었다. 상트페테르부르크의 '인류학민족학박물관'에서 가샨 다의 모자와 할라 이 다의 모자 장식을 실제로 볼 기회가 있었는데, 모자는 모두 나무를 도려낸 원통형 용기에 소중하게 보관되어 있었다. 그것은 임명서와 함께 소유자의 지위를 상징하는 것이다. 다만 당안으로 한정했을 때, 모자. 신발, 띠 등은 실제로는 지급되지 않고, 그 대신에 청색 면포로 대용(代用)되고 있었던 것 같다. 모자가 지급되는 것은 대체(代替わり)로써 새로운 임명서를 발행할 때인 것인지도 모른다. 상트페테르부르크 박물관의 표본도 가샨 다의 임명서와 동시에 지급된 것 같다.

5. 단자의 지급 수량

덧붙여서 매년 지급된 망단(蟒緞)과 팽단(彭緞)을 비롯한 견직물의 양인데, 정액화되어 있지 않은 사르간 주이로의 지급분을 공제하면 삼성 당안의 반상 관계의 기록에서 '표 3'에 있는 숫자를 산출할 수 있다. 견직물만 열거하면 망단 22필(匹), 226.3필(678.57장), 장단(妝緞, 광택이 있는 화장(化粧) 단자) 80.15필(320.66장), 백견(白絹) 236.6필(1419.5장), 홍견(紅絹) 99.46필(596.75장), 견리자(絹里子, 絹의 안감) 238.7필(1432.2장)이 되고, 견직물만으로 902.83필에 이른다. 물론 매년 이 수치대로 모두가 은상으로 지급되었던 것은 아니다. 흠공자(欠貢者)가 나오면 그 분량은 삼성에 유치하고, 이듬해 흠공 분의 모피를 지참하면 전년도 분의 은상을 부여하기 때문에 해에 따라 지급량의 많고 적음은 당안에서도 볼 수 있다. 한 필 당 장수(丈數)는 종류에 따라서 3장에서 6장까지로 폭이 있는데, 청대의 1장(丈)이 대체로 3.2m라는 점에서 팽단, 백견, 홍단, 견의 안감 등은 방대한 양이 아무르 사할린 지역으로 방출되고 있었다. 또한 면포(綿布)인 모청포(毛青布)는 실로 1만 8,789필, 백포도 2,387필(9,648장)이고, 이미 미터로 환산하지 않아도 그것이 보통(尋常) 양이 아님을 상상할 수 있다. 이만큼의 견직물, 면직물 지급이 아무르 사람들의 옷 문화를 지탱하고, 게다가 산탄인들이 사할린에서 아이누랑 오롯코, 스메렌쿨, 혹은 마쓰마에랑 막부를 상대로 한 교역 활동의 물질적 기초였다라고 할 수 있다.

중국 측의 명칭과 일본 측 명칭의 대응관계가 지금은 알 수 없게 되어, 지급된 비단(絹)의 어떤 종류가 얼마만큼 일본 측으로 유입되었는지를 상세하게 언급할 수는 없다. 그러나 크게 용문(蟒)의 유무로 구별해서('소용형(小龍形)은 용문 측에 포함하지 않는다) 대량으로 니시키(錦)가 거래되었던 1853년(가에이 6)의 케이스로 비교해 보면, 이때 일본 측이 구입한 '화색(花色)', '쥐색(鼠)', '자색(紫)', '감지(紺地)', '사쿠라색(櫻色)', '도색(桃色), '비색(飛色)' 등 각 용형의 비단(錦)이 31본(51.1장), 그 밖의 '황색 카신타', '황소용형(黃小龍形)', '적지목단형(赤地牧丹形)', '백목단형(白牧丹形)', '감지운형(紺地雲形)', '감국형(紺菊形)', '맹황국형(萌黃菊形)'의 비단이 모두 61본(213.3장)이었다. 그것과 조금 전의 변민들에게 지급되었을 터인 단자의 수량을 비교하면, 망단이 매년 23필이라는 점에서 얼마나 산탄 교역에서 거래된 용형의 비율이 높았는지를 알 수 있다. 중국 측의 기록에서는 망단 한 필 당 장수(丈數)가 기술되어 있지 않기 때문에 어느 정도의 길이가 되는지 알 수 없지만, 1853년 교역에서는 양적으로 변민으로의 지급량의 1년분에 가까운 것이 거래되었다(일본 측 쪽이 본수(本數)가 많지만, 그것은 1본 당의 길이가 1.8장 등으로 짧은 것이 많았기 때문이다). 아마도 용형은 일본에서는 단가가 높기 때문에 다른 단자에 비해 수출로 돌리기 쉬웠던 것인지도 모른다. 다만, 1853년은 이미 청조의 아무르·사할린 지배가 위기를 맞고 있었던 시기이고, 산탄인들이 가지고 온 '용형' 비단이 모두 할라 이 다에게 지급되었던 '망단'이었는지는 확실하지 않기 때문에, 그 수치의 비교는 어디까지나 어림잡음에 불과하다.

비용형은 역시 청조 측도 지급량이 많기 때문에 거래된 것의 비율은 용형만큼 높지는 않다. 청조가 지급하게 되는 망단 이외의 견직물의 총량은 880.83필, 장수로는 4,447.86장이 되고, 일본 측이 매입한 것은 길이로 환산해도 그 50%에도 미치지 않는다. 그것도 이때 일본이 수입한 비용형 비단(錦)의 대부분이 '적지목단형(赤地牧丹形)'으로 불리는 것이었다.

이 적지목단형은 1본당 4장 이상의 옷감으로 전해진 것 같은데, 그것에 상당할 것 같은 것은 변민으로의 지급품에는 발견되지 않는다. 1인당 일본의 4장에 상당하는 통합된 길이로 지급되는 견직물은 팽단과 백견뿐이

고, 나머지는 1인당 1장에도 차지 않는 양으로 지급되었다. 다카쿠라 신이
치로는 천 조각을 이어서 길게 해 옷감으로 쓰는 경우도 있다고 언급하고
있지만, '적지목단형'의 경우는 그 양으로 볼 때 이어붙인 옷감뿐이라고는
생각지 않는다. 마지막 장에서 상세하게 언급하지만 19세기도 중기 무렵
이 되면, 청조의 변민제도도 완전히 형해화(形骸化)하고 있고, 할라 이 다
와 가샨 다들은 자신이 준비한 관할 하에 있는 변민 호수분의 모피를 공납
하고, 그만큼 분량의 은상을 통합해 받았을 가능성이 높다. 혹은 역인도 깔
끔하게 상급(賞給)하지 않고 변민과의 사교역(私交易) 쪽으로 빼돌리고 있
었는지도 모른다. 그렇다고 한다면 그들은 각종의 견직물을 몇 인분인가
를 통합해 4장 이상의 옷감으로 수취하고, 그것을 분배하지 않고 그대로
일본에 수출하는 것도 가능하다. 적지목단형은 양적으로 보면 '팽단'의 일
종일 가능성이 매우 높지만, 달리 지급되어야 할 피륙 혹은 교역용의 천이
었는지도 모른다.

6. 러시아가 지구 반바퀴를 돌게 한 검은담비

에조 비단이 산탄교역의 교역품에서 서(西)의 최고 상품(橫網)이었다면,
동(東)의 최고 상품은 검은담비의 모피이다. 검은담비(흑초(黑貂) 또는 자
초(紫貂) 학명 Martes zibellina이다)는 식육목 족제비과의 동물이고, 광택이
풍부한 흑갈색의 털이 있고 몸 길이는 35~56cm, 꼬리 길이는 12~19cm
정도이다. '담비'라고는 일컬어지지만 담비(Martes melampus)와는 종(種)이
다르다. 유라시아 북부의 아한대 삼림지대에 서식하고 일본에서는 홋카이
도가 생식역(生息域)이다(덧붙여서 혼슈에 있는 '산달'은 담비의 한 아종
이다).

역사상 가장 인기가 있었던 모피 동물이고 유럽에서도 서식하고 있었

지만, 일찌감치 모조리 포획해 11세기에는 이미 러시아의 동쪽, 우랄산 맥 서쪽으로 확장되는 '유그라 지역 -Yugra, 현재의 칸티(Khanty), 만시 (Mansi)와 헝가리와 같은 우골계 언어를 말하는 사람들이 있었다-' 이 검 은담비의 산지로서 유럽에 알려졌었다. 노브고로드 등 러시아의 제후는 그 지방의 영유를 둘러싸고 그 고장의 우골계 주민과 종종 분쟁을 일으켰 다. 1584년에는 백해(白海)를 면한 북 드비나(Dvina)강 하구에 아르한겔스 크(Arkhangelsk)로 불리는 무역항이 개항되어 영국, 네덜란드, 독일의 상 선이 출입하며 유럽으로 가는 모피 적출항으로 번창했다. '타타르의 멍에' 로 불리는 몽골의 지배로부터 탈피한 러시아가 16세기 후반부터 시베리 아 침략을 시작한 동기의 하나가 검은담비 모피이고, 표도르 1세에 시작 되는 러시아 근대화의 재정적 기반도 시베리아의 검은담비에 있었다고 한 다. 이미 제3장에서 언급했듯이, 러시아는 시베리아의 선주민에게 야사크 (세)라는 일종의 인두세 형태로 모피 거출(據出)을 강제했다. 또한 시베리 아 침략의 선병(先兵)이었던 코사크 자신도 선주민을 탄압하며 수집한 검 은담비로 사복을 채웠고, 그 뒤를 상인과 러시아인 사냥꾼이 이었다. 그 때 문에 시베리아에서는 선주민에 의한 반 야사크 반란과 총독부에 의한 난 맥(亂脈)한 경영에 대한 반란이 빈발했다. 러시아는 서쪽에서 순서로 검은 담비를 모조리 포획했고, 극동 모피의 보고인 아무르강 유역에서 청조와 싸우고, 패한 결과 한층 동으로 이동했다. 모피를 구하고자 캄차카를 정복 하고, 그곳에서 알류샨, 알래스카, 북서해안, 그리고 마침내 캘리포니아까 지 그 범위(予先)를 늘렸다.

검은담비는 러시아로 하여금 지구를 반주(半周)시킬 만큼 매력을 갖고 있었던 것인데, 그 중요성은 현대에도 변하지 않는다. 러시아에서는 소련 시대부터 일관되게 검은담비가 외화 획득을 위한 중요한 전략 물자이고 지금도 국가의 강한 통제 하에 두었다.

7. 중국에서의 검은담비 인기

산탄교역에서 검은담비의 거래는 중국 측의 큰 수요로 유지되고 있었다.

중국에서 검은담비는 '자초(紫貂)'로 불리면서 '황초(黃貂)'로 불리는 담비와 역시 구별된다. 이미 한대(漢代) 이전의 '숙신(肅愼)'으로 불리는 동북 지방 사람들이 그것을 헌상하러 온 적이 있고, 삼국시대(3세기)에 알려진 읍루(挹婁)도 이것을 가지고 조공에 나타났다. 자초는 동북 지방 특산물 중 국에 알려졌고, 읍루의 후예인 물길(勿吉), 말갈(靺鞨), 여진(女眞)들도 이 것을 조공했다. 중국의 궁정에서는 일단 고대부터 검은담비의 모피가 아 름다운 것으로 인정되어, 동북 지방 사람들에게 헌상할 것을 요청하였다. 하지만 궁정에서 검은담비 인기가 비등하는 것은 명대 이후이다.

명대의 왕도 북경에서 검은담비가 유행한 배경에는 이전 시대인 요(遼), 금(金), 원(元)이라는 북방계의 정복 왕조가 화북 일대를 지배한 것과 관계 가 있다고 생각된다. 요와 원은 몽골계의 유목민 왕조이고, 금은 여진계의 반농반렵민(半農半獵民) 왕조이다. 후자는 특히 검은담비의 산지가 출신지 였고, 현재의 북경 땅에 처음으로 수도를 설영(設營)했다. 그 궁정 사람들 은 당연히 검은담비의 가치를 숙지하고 있었고, 출신지인 동북의 숲에서 그것을 운반해 왔을 것이다. 요와 원은 검은담비의 서식지역이 아닌 초원 지대의 유목민이긴 하지만, 유목민은 동계의 혹심한 추위로부터 몸을 보 호하려고 모피를 이용하였기에 그 가치를 잘 알고 있다. 그 때문에 인접한 삼림지대의 수렵민을 거느리며, 모피를 바치게 하는 것을 잊지 않았다. 그 후 오늘날 북경의 원형을 구축한 몽골의 원도 동북 지방에서 모피를 바치 게 했다. 그들이 아무르에서 사할린까지 군을 보내 누르간에 동정원사부 (東征元師府)를 설치하고 그것을 지배하도록 한 것도, 길레미(吉烈迷)와 골 외(骨嵬)에 모피를 바치게 하려는 것이었다.

명은 한민족의 왕조였기에 몽골과 여진만큼 모피의 가치를 알고 있었다고는 생각지 않지만, 금·원과 모피에 대한 욕구를 배가해 왔던 북경이라는 북쪽 지역으로 왕도를 옮겼기에, 궁정에서 모피의 수요가 급속히 많아졌던 것으로 보인다. 3대째 성조(成祖) 영락제는 원의 동정원사부 자리에 누르간도사(奴児干都司)를 설치하고, 원을 모방해 역시 길레미와 고올(苦兀, 骨嵬)들에게 모피를 바치게 했다. 또한 그곳으로 향하는 도중의 동북 지방과 연해주, 송화강과 아무르강 하류역의 여진들도 유력자를 '위(衛)'로 임명해 역시 모피 조공을 명령했다. 그러나 명은 영락제의 사후, 그 정치력과 군사력은 저하하는 데도 불구하고 경제력은 향상하여 모피 수요가 증대했다. 이는 동북 지방의 여진계 각위에게 정치적 자립을 허가하고 모피 교역을 통해 경제력과 군사력을 증가시키는 결과가 되었다. 또한 명을 종주국으로 받드는 조선에서도 북경에서의 유행이 전해졌다고 보여지는데, 15세기부터 검은담비가 궁정에서 갑자기 인기를 불러일으켜 여진과 접한 함경북도부에서 활발하게 시장이 서고, 여진 사람들은 검은담비 모피를 조선 측의 우마와 농경 기구와 교역했다. 그 때문에 조선 북부에서는 농경용의 우마와 농기구가 부족해 생산력 저하가 나타났고, 역으로 여진 측에서는 농업생산력 증강이 눈에 띠었다고 한다(가와치 요시히로(河內良弘), 「명대 여진의 초피 교역」). 조선 측은 몇 번이나 궁정에서 검은담비 사용의 제한과 북부 국경지대에서 모피의 수입 금지를 명하고 농기구와 우마 유출을 방지하려 했지만, 조선 국경지대에서의 여진과의 교역은 누르하치가 그 지역의 여진을 세력 하에 넣은 17세기 초반까지 계속된다. 그리고 그 여진으로부터 흥륭했던 청조가 얼마나 검은담비 교역의 중요성을 인식하고 있었는가는 지금까지 자주 지적한 부분이다.

청대의 중국에서 검은담비는 북경의 궁정에서 사용되는 가장 대표적인 모피이고, '초피'라고 하면 보통 검은담비를 가리킨다. 그러나 그것에도 등급이 있었다. 강희(康熙) 시대 중기인 17세기 말기에 양빈(楊賓)에 의해 기록된 『유변기략(柳辺紀略)』에 의하면, 색은 자흑(紫黑)에 가지런한 털이 조밀하게 나 있는 것이 최상, 자흑에 털이 조밀한 것이 그 다음, 자흑에 가지런한 털이 난 것이 또 그 다음, 황색인 것은 그 아래, 흰색인 것은 최하등이었다. 또한 실제 거래에서는 꼬리의 유무도 문제가 되어, 꼬리가 없는 것은 턱없는 가격이 매겨졌다. 상질로 유명한 것으로 '색륜초(索倫貂)'와 '읍루초(挹樓貂)'가 있었는데, 그 명칭에서 보면 전자가 아무르의 비교적 상류 방면의 산이고, 후자는 송화강과 아무르 하류 방면의 산일 것이다. 북경에서는 색륜초 쪽을 좋아했던 것 같은데, 양빈의 말에 따르면 그것은 색륜초 쪽이 털이 깊고 컸기 때문이고, 내구성에는 읍루초 쪽이 우수했다고 한다.

청조의 궁정에서는 유럽처럼 검은담비를 다수 연결해 긴 외투를 만드는 경우는 드물고, 대체로 소맷부리, 목 주위(襟周り), 옷자락(裾), 모자와 같은 포인트의 장식에 사용하였다. 그것도 일정한 관위 이상이 아니면 사용하지 못했다. 또한 검은담비는 금제품(禁制品)이라 국가가 거래를 독점하고 궁중에서만 사용하는 것이 원칙이었다. 따라서 원칙적으로 시중에는 나돌지 않아야 하는데, 시중에서 거래가 허락되었던 것은 황초(담비) 쪽이었다. 한족 상인들은 삼성에서 아무르 방면에서 온 모피 공납민들과 황초를 거래하고, 일정한 세금을 지불한 뒤 성경(盛京, 봉천)과 북경까지 가지고 갈 수 있었는데, 검은담비와 검은여우 등 금제(禁制) 물품들이 있는지는 삼성에서 엄중한 검사를 받아야만 했다. 그러나 삼성 당안에 게재되어 있는 것은 공적으로 허가가 나온 사례이고, 문서가 남겨져 있지 않은 곳에서는 검은담비도 거래되었을지 모른다. 현재에도 동북 지방(주로 흑룡강성)을 중심으로 검은담비 사냥을 하고 있는 것 같은데, 북경의 백화점에서 그 목도리가 하나에 1,000위안 정도(1993년 당시, 환율로는 1만 5,000엔 전후)에 팔리고 있다. 검은담비는 중국에서도 역시 중요한 특산품이고 그 포획과 판매는 나라의 통제를 받는다.

8. 모피의 가치를 깨달은 수렵민

검은담비와 여우 등 모피가 진중해진 동물은 상품으로서 가치가 부여되기까지 수렵민에게는 그다지 중요한 사냥감이 아니었다. 예를 들면, 양빈(楊賓)도 "와계인불귀초서이귀양피(窩稽人不貴貂鼠而貴羊皮)"(워지 사람은 검은담비를 귀하게 여기지 않고 양피 쪽을 귀하게 여겼다)라고 기록하고 있어, 17세기 말기 당시 송화강 하류역의 검은담비 산지 사람들이 검은담비의 모피에 가치를 인정하지 않았음을 보여준다. 또한 시베리아에 진출한 러시아인은 에벤키들이 스키의 끰목으로서 접지면에 검은담비의 모피를 붙인 것을 보고 깜짝 놀랐다. 만약 자급적이고 경제적으로 막힌 생활 환경에 있는 수렵민이라면 식료로서 상질의 고기를 얻을 수 있고, 모피의 면적이 넓은 사슴류(고라니, 말코사슴, 순록)와 곰 쪽이 사냥감으로서 가치가 있다. 또한 사냥의 위험도와 난도(難度)의 높이에서 생기는 성공했을 때의 위신(威信)도 곰과 사슴 쪽이 훨씬 높다. 실제로 북방 삼림지대의 수렵민들 사이에서는 곰사냥이 최고도로 위험한 사냥으로 인식되어 그것을 할 수 있는 자는 사회적 지위가 높은 것이 일반적이다. 곰 사냥은 곰 축제와도 결합하고 있고, 첫 번째 창을 꽂은 자와 최후의 일격을 가한 자는 큰 상찬(賞贊)을 받는다. 숨통을 끊는 것은 곰 축제의 주최자와 특정의 관계(대부분의 경우 주최자의 처의 형제 등)로 양보하는 일이 많지만, 그것도 상대에 대한 경의의 표현인 것이다. 사슴류는 위험도 측면에서 곰보다 떨어지기 때문에 곰 사냥만큼의 위신은 없지만, 그래도 소년이 어른 사냥꾼으로 인정받는 기준으로 사슴 사냥을 구하는 민족이 많다.

그에 비해 모피를 얻기 위한 사냥 동물은 대부분이 육식수(肉食獸)이고 (다람쥐와 쥐의 중간은 다르지만) 고기는 맛이 없고 작다. 확실히 모피는 아름다울지 모르지만, 표면적이 작아서 실용 가치는 사슴 가죽보다 떨어진다고 할 수밖에 없다. 게다가 포획하는 것은 기술적으로 상당히 어렵고 대량으로 잡을 수 있는 것도 아니기 때문에, 우선 모피수에서 얻은 모피도 상의 등 큰 의류를 만드는 일은 없다. 북방의 수렵민들 사이에서는 검은담비 등은 의복의 원포인트 장식에 사용되는 경우가 많다. 예를 들면 아무르 사람들이 애용한 검은담비의 사용 방법에는 남자들의 수렵용 모자 꼭대기에 꼬리를 장식하거나 어피옷의 소맷부리를 장식하는 것이 있다. 아무르의 수렵민은 중국 문화의 영향을 강하게 받았기 때문에, 패션에는 성가시고 여성의 외출복뿐만이 아닌 남자들의 사냥 장속(裝束)도 제법 멋을 부린다.

그러나 유라시아 북방 수렵민은 계속 자급적이고 폐쇄적인 경제생활을 유지할 수 없었다. 이미 기원전 1,000년기(年紀)에는 남쪽에 인접한 유목민을 통해서 문명세계의 영향이 들어오기 시작했고, 내륙 아시아에서 튀르크, 몽골계 유목민의 제국이 흥망하게 되자 그들을 통해 중국과 이슬람 문명이 유입되었다. 16세기까지 동시베리아는 중국과 몽골, 서시베리아는 튀르크계 이슬람 국가의 영향 하에 놓였다. 이러한 문명세계에서 공통된 것은 교역을 통해 북방 수렵민 세계를 그들의 경제 체계로 편입시키는 것이었다. 그리고 그 교역의 최대의 매체가 모피였다. 문명세계 사람들은 산지의 수렵민들이 그다지 가치를 인정하지 않았던 검은담비와 여우 모피에서 미(美)를 발견했고 그것을 손에 넣고자 그들에게 파격적인 대가를 지불했다. 예를 들면 중국은 비단(絹)과 면(綿) 등의 섬유제품이고 유럽인은 철제품과 총이다. 문명인이 가져오는 다양한 이기(利器)는 확실히 생상 효율을 올리고, 육체적인 고생을 경감시켜 수렵민의 생활을 향상시켰다. 그러나 문명의 은혜를 입은 자는 역시 그것 없이는 살아갈 수가 없다. 게다가 문명인들은 당연히 대가를 요구한다. 그 결과 수렵민들은 문명인이 요구하는 대로 모피를 계속해 잡지 않으면 안 되었다. 그리고 모피수렵이 그들에게 하나의 중요한 생업이 되고 문화의 일부가 되어 갔다.

9. 모피의 수렵법

모피 수렵은 사슴 사냥이나 곰 사냥과는 전혀 다른 성격을 지닌다. 예로 서는 그다지 적당하지 않을지도 모르지만, 수렵민의 활동을 농업에 비춰 보면 사슴 사냥과 곰 사냥이 쌀과 보리 등 주식이 되는 곡물 재배에 해당 되고, 모피 사냥은 이른바 환금작물(換金作物) 생산인 것이다. 따라서 사슴 사냥이나 곰 사냥과는 다른 기술이 요구되고 그것을 둘러싼 사회 관계에 도 다른 원리가 작용한다.

예를 들면 직접 활(궁시)과 총으로 사냥하는 경우에도 사슴과 곰의 경 우는 숨통을 끊는 것만으로 벅차기 때문에, 어쨌든 빨리 급소를 맞춰 넘 어뜨릴 필요가 있다. 동물을 너무 고통스럽게 해서는 안 된다는 사고와 함 께 곰의 경우는 상처 입은 상태로 두는 것은 매우 위험하기 때문이기도 하

[그림 20] 여우잡이용 덫
1984년 10월 스웨덴 유카스야르비의 야외박물관 에서 저자 촬영

다. 그러나 모피 수렵 때에는 한층 세심한 주의가 요구된다. 그것은 머 리 쪽의 극히 한정된 부분을 노려야 만 한다. 특히 총을 사용하는 북방 수 렵민에게 총알은 귀중품이기 때문에 실패가 허용되지 않는다. 그래서 매 우 고도의 사격술을 몸에 익히게 된 다. 또한 몸에 익히지 않으면 사냥으 로는 살아갈 수 없다. 아르세니예프 (Арсéньев)의 유명한『데르수 우잘라 (Dersu Uzala)』의 1절에 데르수 우잘 라가 아르세니예프 부하들과 사격 겨 루기를 하고 압승하는 장면이 있지 만, 병사들조차 신기(神業)라며 경탄

[그림 21] 「獲狐」
『북이분계여화』 권5, 일본국립공문서관 소장

할 정도의 사격술을 갖는 것은 숲에서 사냥으로 생활하기 위한 기본이다.

또한 민렵(罠猟)에 대한 의식도 곰이랑 사슴과 모피수에서는 다르다. 수렵민은 민렵을 사격과 창으로 찌르는 사냥과 비교해 일단 뒤처지는 것으로 생각하는 경향이 강하다. 덫은 직접 동물과 대치하는 것이 아니기 때문에 위험성이 적고, 사냥감이 걸리기를 기다리는 수동적인 자세도 매력적이지 않았던 것이다. 그러나 역으로 안정성이 높고 쉽기 때문에 수렵민은 덫을 다용(多用)한다. 앞뒤를 바꿀 수는 없기 때문이다.

물론 '주식'인 사슴과 곰을 사냥하기 위한 덫도 있다. 거기에는 자동 활과 압살식이 사용된다. 후자는 사냥감이 크기 때문에 상당히 규모가 큰 장치가 된다. 그 덫에도 그들의 자연에 관한 지식이 가득 채워져 있지만 수렵민들은 그보다도 직접 대치해 창과 궁시, 총 등으로 사냥할 때에 자부심을 느끼고, 그러한 측면을 의기양양 이야기하고 싶어 한다. 자긍심 높은 수렵민들에게는 덫으로 사슴과 곰을 포획해도 그다지 명예가 되지 않는 것

[그림 22] 「獲貂」
「북이분계여화」 권5, 일본국립공문서관 소장

인지도 모른다. 그러나 그것이 모피수라면 이야기가 달라진다. 모피수는 원래 소형 동물이기에 그 자체는 위험성이 적지만, 행동이 민첩해서 사격과 찌르기는 상당히 어렵다. 게다가 귀중한 현금 수입원이기에 모피를 상하지 않게 하면서 확실히 잡아야 했다. 그를 위해 덫을 사용하는 기회가 증가한다.

모피수는 소형 동물이 많기 때문에 덫은 비교적 소형 경량(輕量)이다. 거기에는 구조가 단순한 것부터 상당히 잔손이 많이 가는 복잡한 것까지 있는데, 그 기본은 얼마나 모피를 상하지 않게 하고 포획하느냐이다.

예컨대 단순한 구조의 덫으로 스칸디나비아(Scandinavia)의 사미(Sami)족이 여우 사냥에 사용한 장치가 있다. 그것은 나무의 줄기에 세로로 칼집을 넣거나 가지의 분기점을 사용해 가며 2단 3단을 만들고, 가랑이 부분을 예리하게 깎아서 지면에 세운 것이다. 선단에 미끼를 달고 여우가 그것을 따려고 달려들거나 기어오르거나 하면, 가랑이 부분에 앞다리가 끼여 움

[그림 23] 검은담비용 덫 '듀이'
1995년 9월 크라스니 아르 마을에서 저자 촬영

직이지 못하게 만드는 장치로 되어 있다. 마미야 린조가 비슷한 것을 사할린 아이누의 여우 사냥 덫으로 소개하는 부분을 보면, 이 종류의 여우 덫은 북방 유라시아에 널리 볼 수 있는 것인지도 모른다.

그러나 검은담비 덫은 상당히 정교하다. 마미야 린조가 언급했던『북이분계여화(北夷分界余話)』에 따르면 사할린 아이누의 덫은 기본적으로 튕겨 올라 목이 매달리는 식이지만, 그의 설명에 의하면 강에 떨어트려 익사시킨다 것이다. 덫은 검은담비의 습성을 이용해 강을 가로지르듯이 놓인 통나무 위에 설치한다. 검은담비는 호기심이 강하고 강 위의 통나무가 누워 있으면 건너가고 싶어 하는 습성이 있다. 그것을 이용해 검은 담비가 통나무를 건너는 사이에, 설치해 둔 끈의 둥근 바퀴(輪)로 머리가 들어가 짧은 봉에 다리가 걸리면 바퀴가 세게 튀어 공중에 매달리게 된다. 마미야 린조가 기록한 것은 그것을 강에 떨어트려 익사시킨다는 것이다.

이 형식의 덫에 대해서는 1995년 가을에 필자가 참가한 연해주 우데게

[그림 24] 검은담비용 포획망을 설치하는 사냥꾼
1995년 9월 크라스니 야르 마을에서 저자 촬영

에서의 수렵관습조사(정식 명칭은 「환일본해 지역에 있어서 수렵문화의 기본구조와 그 변용에 관한 국제공동연구」에서 도요타재단 1995년도 연구조성에 의해 진행되었다)에서도 우데게 사이에서 일찍이 사용하였다는 사실을 파악해 아무르강 유역과 연해주에서도 상당히 널리 사용되었음을 알았다. 그러나 지금은 아무도 만드는 사람이 남아 있지 않다. 현재의 수렵민은 검은담비를 사냥하는 것은 대부분이 철제의 끼워 넣는 식의 덫(현재는 소위 '철강으로 만들며 짐승이 발로 밟으면 용수철이 풀리면서 발이나 머리를 조이는 도라바사미'를 사용한다)을 사용한다.

그러나 조사지였던 우수리강 지류인 비킨강을 따라 크라스니 야르(Красный Яр) 촌에 사는 노(老) 사냥꾼 수산 게온카(Susan Geonka, 당시 80세)에 의하면 그가 젊었을 무렵까지는 마미야 린조가 기록한 것을 포함해 모피수를 잡는 데 다양한 덫을 사용했었다고 한다. 그 대부분은 통나무를 사용한 압살식이었는데 짐승이 숨는 장소, 점유 지역의 지형, 사용하는 계절,

사냥의 상황 등에 맞춰 구별해 사용했던 것 같다. 예를 들면 작은 강 위에 걸쳐 놓은 통나무 위에 다시 약간 가는 통나무를 겹쳐 장치하고, 그렇게 압살하는 것은 마미야 린조의 덫과 마찬가지로 검은담비가 작은 강가에 걸쳐 놓은 다리를 건너고 싶어 하는 성질을 이용한 것이다. 또한 검은담비와 족제비가 나무 줄기에 만들어진 공동과 밑둥의 구멍에 자리 잡고 사는 것을 이용해 출구 중 하나에 장치한다. 역시 통나무를 이용한 압살식의 덫도 있다.

대체로 이와 같은 덫을 사용한 모피수 수렵은 가을 낙엽이 지는 시기 이후에 이루어진다. 그것은 가을과 겨울의 털이 질이 좋기 때문이다. 그러나 덫은 봄에는 작동하지 않도록 장치해 둔다. 전통적인 덫은 그 장소에서 얻을 수 있는 나무의 줄기와 가지를 사용해 만들기 때문에, 시간이 흐름에 따라 주위에 녹아들어 동물들도 점차 익숙해진다. 그리고 가을이 되어 동물들이 덫을 신경 쓰지 않게 되었을 무렵에 장치가 작동하도록 고려하여 배치한다. 일찍이 모피수의 민렵(罠獵)은 현재의 '덫'을 사용한 사냥과 비교하면 실로 주도한 준비를 거쳐 이루어지고, 또한 모피를 상하게 하는 일도 적었다.

능순성(凌純声)이 송화강의 허저족(赫哲族) 사이에서 관찰한 가늘고 긴 자루모양(袋状)의 그물도 아무르와 연해주의 수렵민들의 검은담비 사냥에 종종 사용된다(능순성, 『송화강하유적허저족(松花江下游的赫哲族)』). 이것은 나무의 구멍 등에 숨어든 것을 알았을 경우에 사용하는 것으로, 출구를 두 군데 남긴 후 나머지 구멍은 모두 막고, 한쪽에 그물을 장치해 다른 쪽에서 솔가지 등을 태워 연기를 불어넣는다. 그것도 수산 게온카가 실연(實演)해 보여주었다. 그는 지금도 검은담비용 그물을 가지고 있다. 이 방법은 이미 양빈(楊賓)이 『유변기략(柳辺紀略)』 제3권에서 소개하고 있다는 점에서 늦어도 17세기에는 보급되었던 방법인 것 같다.

그 밖에 위험 때문에 비교적 빨리 쓰이지 않게 되었지만 검은담비와 수달을 잡기 위한 자동궁(弓)도 있었다.

모피수는 아무리 많이 잡아도 사슴과 곰을 죽였을 때와 같은 명성은 얻지 못하는 경향에 있다. 기술적으로는 민렵만 해도 동물의 습성을 완전히 알고 있지 않으면 안 되기 때문에, 결코 쉽지 않고 더구나 사격으로 숨통을 끊는 것은 신기로밖에 말할 수 없을 법한 사격술이 요구된다. 그러니까 모피수를 쏘아 잡을 수가 있으면 사격 솜씨는 신용된다. 그러나 곰 사냥만큼의 위신은 없다. 그것은 모피 수렵의 사회적 연유에 따른다.

곰 사냥이든 사슴 사냥이든 그것은 가족과 수렵 캠프 혹은 취락을 단위로 한 사회적인 수렵이다. 집단 사냥의 성격이 강하고 개인적으로 잡아 와도 집단사냥 때와 마찬가지로 그 고기는 가족과 캠프 전체에 분배된다. 예컨대 사냥에 직접 참가하지 않았어도 고기는 분배된다. 역으로 곰 사냥 때는 첫 번째 창과 최후의 일격을 가한 자라고 해도 특별한 고기 분배가 없는 경우가 많다. 그들은 명예만으로도 충분하다는 것이다. 그러나 모피 수렵은 기본적으로는 개인 사냥이다. 고기는 분배되기도 하지만 모피는 사살한 사람 것이고, 그것을 팔아 얻게 된 현금과 교역품도 개인의 것이다. 타인의 덫에 걸려 있는 사냥감을 발견한 경우, 굶주리고 있다면 고기를 먹는 것은 허용되지만 모피까지 취하는 것은 범죄가 된다. 결국 모피 수렵은 사슴 사냥과 곰 사냥에 비해 공동성이 부족하고 개인의 부와 직결된다. 거기에 사회적인 위신의 높고 낮음이 걸려 있다.

10. 식료품은 중국산, 철제품은 일본산

일본 측에서 산탄인들과 거래하던 에조 비단 이외의 상품, 예컨대 독수리(鷲)와 매(鷹)의 꼬리털 -미우(尾羽)- 와 청옥(青玉), 해산물 등에 대해서는 이미 다카쿠라 신이치로 등의 앞선 사람들의 자세한 연구가 있어 그것에 위임하기로 하고, 여기에서는 그동안 언급이 적었던 물품을 보기로 하자.

우선 식료품인데, 청조의 지배에 복종하였던 아무르 사람들과 사할린에서도 스메렌쿨 사이에서 나돌고 있었던 것의 대부분은 청조가 조공 때 왕복 여비로서 지급하였던 것이다. 그것은 거래라고 말할 수 없지만 양적으로 장난이 아이었다. 예를 들면 1803년(가경 8)에는 삼성에 내공할 예정인 허저·피야카 1974인에 대해 체재비로 쌀 98석(石) 3두(斗) 7승(升) 2합(合)(약 10.2㎘), 병속(餅粟) 49석 1두 3승 6합(약 5㎘), 술 277석 5두 3승 6합(약 28.8㎘), 접풍주(接風酒) 41석 7두 9승 2합(약 4.3㎘), 게다가 4회의 연회용으로 쌀 98석 2두 7승 2합(약 10.2㎘), 양과자용의 소맥분 98석 2두 7승 2합(약 10.2㎘), 술 167석 6두 1승 9합(약 17.4㎘)이 지급되는 것으로 되어 있었다. 또한 '노미(路米)'로서 거리에 상응하는 여비도 식료의 형태로 준비되어 있어, 그것도 전부해서 쌀 382석 9두 6승 5합 5작(勺)(약 39.7㎘)이라는 양이 있었다. 또한 사할린의 쿠여·피야카의 공납민용으로서 쌀 2석 4두 5승 6합 8작(약 255L), 술 5석 4승(약 522L), 노미 16석 8두 7합 5작(약 1.7㎘)가 준비되었다(『삼성부도통아문만문당안역편』 105호 문서). 삼성에 비축된 이러한 식료는 모두 기록대로 모피 공납민에게 지급되었다고 생각할 수 없고, 내공하지 않았던 자의 정량이 유치되었거나, 거래용으로 부정 유출되는 부분이 있었을지도 모른다. 그러나 그럼에도 불구하고 방대한 양의 식료가 아무르·사할린 지역에 유입했었던 것만은 분명한 사실이다.

가지고 돌아간 식료품이 그들의 일상생활에서 커다란 에이트를 차지했었던 것은 이미 제1장에서 언급한 대로이다. 산탄인들은 평소부터 좁쌀죽(粟粥)을 먹고, 손님이 오면 '아루히'로 불리는 알콜 성분이 강한 증류주를 마셨다. 삼성 당안에서는 '노미(路米)' 등도 쌀이 지급된 것으로 기록되지만, 나카무라 고이치로와 마미야 린조의 시찰에서는 쌀을 마주하는 일이 드물고, 보통 먹고 있었던 것은 조(粟)였기에 실제로는 조가 공급되고 있었는지도 모른다. 그러나 어쨌든 청조가 공급하는 식료는 의료(衣料)의 비단 목면과 함께 그들의 물질문화를 유지하는 기둥의 하나였다.

한편, 일본 측도 오롯코 교역 등을 통해 사할린의 주민에게 술과 쌀을 공급하였지만, 그것은 주로 사할린 남부를 중심으로 보급하는데 그치고 북부까지 영향이 미쳤다는 형적(形跡)은 인정되지 않는다. 린조가 사할린 북부의 스메렌쿨의 지역에서 마신 것도 역시 아루히이다.

또한 사할린, 아무르 산 식품으로 널리 보급되고 거래된 식품으로는 바다표범 기름과 어유이다. 양자 모두 일본인에게 장유(醬油)와 같은 것으로 요리에는 빠질 수 없는 조미료였다. 특히 베리류와 야초(野草)류를 먹을 때에는 빠지지 않고 어유나 바다표범의 기름이 사용되었다. 특히 후자는 일종의 해독작용일까 독을 약하게 하는 효과가 있었던 것인지, 린조도 『북이분계여화(北夷分界余話)』 3권에서 약간의 독기가 있는 야초라도 바다표범 기름과 함께 먹으면 복통을 일으키지 않는다고 기록하고 있다. 그리고 아이누를 포함해 사할린의 주민은 누구라도 이것이 끊어지면 고정(古釘)과 부서진 냄비 등 값이 나가는 것들을 들고 바다표범 기름을 얻으러 거래에 나간다고 한다. 나는 어유도 바다표범 기름도 양쪽 모두 맛을 본 적이 있는데, 전자는 제법 향이 세서 냄새에 익숙하지 않으면 먹기 거북하다. 그러나 바다표범 기름 쪽은 별다른 맛은 없지만 이것이 동물 기름인가 할 정도로 산뜻해 베리류의 맛을 북돋우게 하고 있었다. 또한 건강에도 좋다는 것이다.

곡류와 술 등 주식이 되는 식품에서는 중국산이 압도하는데 비해, 철제품은 역으로 일본제가 그 품질이 신용되고 널리 아무르 유역까지 보급되었다. 예를 들면 철제는 만주로부터 입수되고 있었지만 질이 나쁘다고 해서 가격도 쌌던 것에 비해, 일본제는 주민들 사이에서도 중국제의 5배 가격으로 거래되었다. 니브흐 사이에서는 일본제 대형 철솥이 재산으로 간주되었다. 또한 줄이 일본에서 산탄인에게 많이 유출되었다. 예를 들면 1853년의 교역에서도 일본이 제공한 교역품에 줄 8본이 포함되었다. 아무르와 사할린의 사람들에게는 줄과 못(釘)을 단련해 날붙이로 만들 정도로 대장장이의 기술이 있었기 때문에, 철의 재로로서 구입하였던 것으로 생각된다. 가격도 1본에 검은담비 1매분 정도로 쌌다. 어쨌든 그들 사이에서는 철 혹은 철제품이라면 일본제라는 평판이 있었던 것이다.

11. 비단과 검은담비의 교환 비율

거래된 견제품(단자)은 모피류와 교환 비율 혹은 가격은 장소와 거래 상대에 따라 다르다. 크게 보면, 중국제(청조의 역인·상인과 산탄인의 거래), 아무르·사할린 지방의 고장(그 고장 주민끼리의 거래), 그리고 일본제(시라누시에서 산탄인과 일본 역인의 거래)로 분류할 수 있다. 그리고 이와 같은 거래지에서의 가격 격차를 이용해 덕을 보려고 산탄인들은 일부러 송화강과 사할린 사이를 왕복하였다.

우선 중국 측에서의 비율인데, 거기에는 모피와 비단, 견직물과의 교환인 공물과 은상의 관계에 있기 때문에, 순수한 경제적 가격 교환이 아니다. 거기에는 아마도 정치적, 의례적인 가치가 들어가 있어 그것을 가미하지 않으면 '등가교환'으로서 성립하지 않는다. 그러나 모피의 공적인 가격을 유추할 수 있다. 예를 들면 청조는 주민들에게 모피를 공납시키는 것만이 아닌, '역득(易得)'이라고 칭하여 제도화된 무역에서도 모피를 얻었다. 그 수는 매년 246매이고, 그 때문에 '람모청포(藍毛靑布)'라고 칭하는 청지(靑地)의 면직물이 변민들에게 대가로서 지불되었다. 그 양이 492필이라는 점에서 검은담비의 모피 1매 당 '람모청포' 2필이라는 교환 비율을 산출할 수 있다.

또한 검은담비 모피를 금전으로 환산하는 것도 가능하다. 그것은 역병 유행 때문에 대량의 흠공자가 나올 경우에, 삼성 부도통아문이 은상으로

해야만 할 견직물과 면직물을 매각하고, 그 대가로 모피를 입수해 국고로 납입하고 있기 때문이다. 예를 들면 1825년(도광 5) 5월 4일부의 74호 문서에 의하면, 전년도 1824년(도광 4)에 천연두가 유행했기 때문에, 반수의 허저가 감염이 두려워 내공하지 못하는 상급(賞給)해야만 할 은상이 남아버렸다. 그때에 삼성 협령(協領)인 토징가(마미야 린조가 1809년에 데렌에서 만난 슈무르 할라 출신 정홍기(正紅旗)의 좌령과 동일한 인물이다)의 제안에 의해 남은 은상 750투(套)를 은(銀)으로 교환해 그것으로 검은담비를 구입해 흠공자 분을 보충하였고, 은상 750투를 은 1,500냥에 매각하고 다시 그것으로 검은담비 1매 당 은 2냥의 가격으로 750매의 검은담비를 구입했다고 하는 것이다(『삼성부도통아문만문당안역편』 74호 문서). 이때 매각된 은상이 어떠한 세트였는지는 알 수 없지만, 수적으로 압도적인 다수를 점했던 바이 니얄마의 '청포'라고 하면 청지의 견포 2필이 되어 앞의 공식적인 교역에 의한 모피 구입의 대가와 같아진다. 이렇게 가정하면 검은담비 1매=은 2냥='람모청포' 2필(람모청포 1필=은 1냥)이라는 가격 체계가 성립된다.

그리고 시라누시에서의 산탄인과 일본 측의 교역 때에 모피와 섬유제품의 교환 비율인데, 그것은 19세기 초기에 마쓰다 덴주로가 개혁에 착수하기까지는 주로 수급 관계와 정치적 힘의 관계에 의해 정해졌던 것 같다. 따라서 가격 설정의 주도권은 산탄 측이 쥐고 아이누와 미쓰마에번 측은 그들이 말하는 가격대로 거래를 강요받는다. 그러나 마쓰다 덴주로가 사할린에서 막부의 지배력을 증강하기 위해 그와 같은 상황의 타개를 목적으로 산탄 초래품의 가격에 일본 측에 유리하도록 통제했다. 현재 우리들이 알 수 있는 것은 그때 설정된 것이다. 그러나 그때 확립된 사할린 산 검은담비의 모피를 기준으로 한다(통화 대신으로 한다)는 습관은 산탄교역의 종언 때까지 유지된다. 1853년에(가에이 6)의 산탄교역에서도 산탄 상품은 한번 사할린 산 검은담비의 매수로 평가되어, 그것과 등가인 것이 검은담비뿐만이 아닌 수달과 여우의 모피 혹은 끈, 자귀, 철과(鐵鍋) 등을 섞어서 지불하였다(가이호 미네오, 「『北蝦夷地御引渡目錄』)에 대해서-가에이 6년(1853)의 산단교역-」).

사할린 산 검은담비가 통화의 대용이 될 수 있었던 것은 그 품질이 귀하고 신용이 높았기 때문이다. 홋카이도산 검은담비(에조 검은담비)는 종적(種的)으로 동일하다지만, 색조가 나쁘고 덴주로의 가격 개정에서도 가

[표 4] 마츠다 덴주로가 개정한 교역품 가격표

산탄의 교역품	단위	가격	일본의 수출품	단위	가격
紺地龍形	1丈	15枚	사할린산 흑담비 가죽	1枚	1枚
赤地龍形	1丈	15枚	홋카이도산 흑담비 가죽	1枚	0.25枚
飛色龍形	1丈	15枚	수달 가죽	1枚	2枚
花色龍形	1丈	13.5枚	여우 가죽	1枚	1枚
紺地牡丹形	1丈	12.5枚	홋카이도산 오소리 가죽	1枚	0.33枚
赤地牡丹形	1丈	12.5枚	사할린산 오소리 가죽	1枚	0.33枚
융단[段通]	1枚	9枚	蝦夷刀	1振	5枚
龍形十德	1枚	40枚	蝦夷鐺	1挺	3枚
革十德	1枚	10枚	중고품	1枚	15枚
唐木綿	1反	2枚	白木綿	1反	4枚
真羽	1把(10羽)	25枚	1升焚鍋	1枚	4枚
青玉	1連	교섭에 따라 변동	1.5升焚鍋	1枚	5枚
담뱃대	1本	1枚	2升焚鍋	1枚	6枚
			3升焚鍋	1枚	7枚
			4升焚鍋	1枚	8枚
			5升焚鍋	1枚	9枚
			8升焚鍋	1枚	25枚
			1斗焚鍋	1枚	27枚
			1.3斗焚鍋	1枚	28枚
			1.5斗焚鍋	1枚	30枚
			쌀	8升	4枚
			누룩	8升	4枚
			술	1升	1枚
			煙草	1抱	1枚

(가격 단위는 사할린산 흑담비 가죽의 수량) (松田伝十郎 「北夷談」 第5에 의거)

[표 5] 1853년(嘉永 6) 교역의 가격표

산탄의 교역품	단위	평균가격	수량	일본의 수출품	단위	가격	수량
紺地龍形	1丈	14.94枚	8.9丈	사할린산 흑담비 가죽	1枚	1枚	259枚
桜色龍形	1丈	13.04枚	2.3丈	홋카이도산 흑담비 가죽	1枚	0.25枚	317枚
黃小龍形	1丈	12.2枚	4.1丈	수달(上) 가죽	1枚	4~5枚	328枚
鼠龍形	1丈	11.36枚	2.2丈	수달(中) 가죽		2~3枚	315枚
桃色龍形	1丈	10.38枚	5.2丈	수달(下) 가죽		1枚	612枚
飛色龍形	1丈	10枚	2.4丈	여우(上) 가죽	1枚	2枚	189枚
花色龍形	1丈	9.75枚	28.4丈	여우(中) 가죽		1枚	275枚
紫龍形	1丈	9.69枚	25.7丈	여우(下) 가죽		0.5枚	58挺
白牡丹形	1丈	9.52枚	4.2丈	鑢(끈)	1挺	1枚	5挺
赤地牡丹形	1丈	8.02枚	183.7丈	鐇(자귀)	1挺	2枚	5枚
紺地雲形	1丈	9.52枚	8.4丈	1升焚鍋	1枚	3~4枚	5枚
紺菊形	1丈	10枚	1.8丈	2升焚鍋	1枚	4~5枚	5枚
萌黃菊形	1丈	9.25枚	4丈	3升焚鍋	1枚	5~6枚	2枚
黃カーシンタ	1丈	2.78枚	7.2丈	5升焚鍋	1枚	11枚	1枚
毛氈	1枚	13.5枚	2枚	四耳7升焚鍋	1枚	12枚	6枚
段通	1枚	8枚	4枚	四耳中鍋	1枚	15枚	2枚
반타	1枚	6.24枚	28枚	四耳大鍋	1枚	22~23枚	5枚
花色袖物(龍文)	1着	65枚	1着				
古綴袖物(龍文)	1着	50枚	1着				
花色古綴袖物	1着	25枚	1着				
古紺袖物	1着	20枚	1着				
花色袖物	1着	15枚	1着				
古袖物	1羽	15枚	1着				
飛色袖物	1羽	10枚	1着				
真羽	1羽	2.8枚	376羽				
粕尾	1羽	1枚	93羽				
薄氷	1羽	0.1枚	8羽				
마시호	1羽	0.1枚	7羽				
青色玉	1連	0.1枚	1904連				
白色玉	1連	0.2枚	77連				
飴色玉	1連	0.1枚	10連				
中玉	1連	0.2枚	515連				
煙管	1本	1.1枚	10本				
부싯돌	1個	0.6枚	7個				
牙	1本	10枚	1本				

* 일본 측 수출품인 흑담비 가죽의 비율은
일정하지 않기 때문에 대체적인 수치이다.

(가격 단위는 사할린산 흑담비 가죽의 매수)
(海保嶺夫,「『北蝦夷地御引渡目録』について-嘉永六年(1853年)の山丹交易-」에 의거)

치는 사할린 산의 4분의 1이다. 그것에 비해 수달은 털의 결이 뛰어나고 크기도 검은담비보다 크기 때문에 매우 소중히 취급되어 검은담비의 2배 가격을 인정받았다. 막부 말기에 상질의 수달은 사할린산 검은담비 5매분의 가치를 인정받고 있었다. 현재 특별천연기념물로 지정되어 있는 수달도 에도 시대에는 홋카이도를 포함해 일본 전역에 폭넓게 많이 서식하고 있었기 때문에, 비교적 입수가 쉽고 막부와 마쓰마에번에 의한 공영의 산탄교역에서도, 때로는 검은담비를 상회하는 양이 산탄 측에 수출되었다.

'표 4'와 '표 5'는 마쓰다 덴주로가 분카 연간(文化年間)에 설정한 에조 비단과 그 외의 가격과 가에이(嘉永) 6년 시라누시에서 거래가 이루어질 때의 평균 가격이다. 양자를 비교해 보면 약 40년 동안의 산탄교역의 가격 변화를 알 수가 있다. 예를 들면 산탄 측이 수출하는 에조 비단류의 평가액이 대체로 낮게 평가된다. 가장 비싼 '감지용형(紺地龍形)'은 거의 변하지 않지만 그 외는 많든 적든 내려갔고 싼 것일수록 하락 폭이 심하다. 전체를 평균해도(특히 싼 '황색 카신타는 제외) 1장(丈) 당 사할린산 검은담비 4매 남짓, 즉 30% 가까이 값이 싸다. 그것은 일본 측이 공급하는 모피류와 철제품의 가격이 상대적으로 올라가는 꼴이다. 그것은 모피 자원의 감소 등과 함께 사할린에서 일본과 중국의 정치적인 역학관계도 영향이 있다고 본다.

12. 절대 가격이 존재했다

아무르·산탄 주민의 교역 활동은 기본적으로 물건과 물건의 교환이며 화폐를 매개로 한 것이 아니다. 그것은 주민간의 교역뿐만 아니라 청조와 일본과의 교역에서도 마찬가지로 그들에게 화폐로는 지불하지 않는다. 따라서 '물물교환'이다. 그러나 현상적으로는 물물교환이지만 진정한 의미

[표 6] 니브흐의 교역품 가격

흑담비 毛皮(貂皮)	1~3 ya(주1)	개	1 ya
여우 毛皮(赤色)	2 ya	썰매	1 ya
여우 毛皮(灰色)	3 ya	모피로 제작한 스키	1 ya
여우 毛皮(灰色)	10 ya 이상	소형·중형배	3~7 ya
들고양이 毛皮	8~10 ya	대형배	13 ya
수달 毛皮(1指尺)(주2)	1 ya	물소뿔을 사용하여 은을 장식한 활	8~10 ya
물범 毛皮	1 ya	러시아 시베리아형 라이플	4 ya
單銃身銃	2 ya	複銃身銃	6 ya
綿織物(4사젠)(주3)	1 ya	銀을 새겨넣은 검	3 ya
우단(2사젠)	1 ya	銀을 새겨넣은 창	8~10 ya
羅紗(1.5사젠)	1 ya	滿洲製 도끼	1 ya
滿洲製 絹織物(4사젠)	5 ya	헌 滿洲製 등자	30 ya
滿洲絹으로 제작한 겉옷	5 ya	지역에서 만들어진 등자	3~4ya
女性用 魚皮衣	1 ya	滿洲製 대형 철냄비	4 ya
들고양이 毛皮로 만든 外套(6필분)	30 ya	滿洲製 소형 철냄비	3 ya
밀가루 1주머니	1 ya	손잡이가 달린 滿洲製 냄비(크기에 따라 다름)	3~7 ya
滿洲産 곡물 4주머니 (흑담비 가죽 4매에 상당)	4~8 ya	소형 日本製 철냄비	7~8 ya
보드카 상자	10 ya	대형 日本製 철냄비	20 ya
담뱃잎 10包	1 ya	손잡이가 3개 달린 日本製 대형 철냄비	30 ya
살아있는 새끼곰	25 ya		
살아있는 어미곰(크기에 따라 다름)	30~40 ya		

주 1: ya는 니브흐 관념상의 가격 단위로 중국은 1냥, 러시아 은화 2루블에 상당
주 2: '指尺'은 엄지와 검지를 펼쳤을 때의 길이
주 3: 1사젠 = 2.134m
(가격 단위는 사할린산 흑담비 가죽의 수량) (松田伝十郎, 「北夷談 第5에 의거)

에서의 교환 거래는 아니다. 그것의 의미는 본래 물물교환의 경우에는 거래 때의 교환 비율이 상대적으로 결정되는 것이고, 각 상품에 절대 가격이 있을 리 없다. 그러나 아무르·산탄의 주민의 경우에는 거래를 할 때 각 상품에 얼마간의 절대적인 가격 기준, 즉 가격이 존재하고 있었음을 알고 있기 때문이다.

그것에 대해서 명확하게 언급한 유일한 사료는 역시 L.시렌크의 민족지이다. 그는 니브흐와 울치의 정보 제공자와의 수수(授受)을 통해서 절대 가격의 존재를 알고, 그들이 '야(ya)'로 불리는 가격 단위로 각 상품의 가치를 판단하였음을 밝혀냈다. 다만 그것을 찾아내기까지는 상당히 고생했던 것 같다. 거기에는 중요한 니브흐 자신이 교환 비율의 기초가 되는 절대 가격과 그 단위에 대해 평소에는 거의 의식하지 않았기 때문이다. 예를 들면 모피의 가격 등도 받아들이는 상품의 수, 예컨대 담배 3상자(箱), 베(布) 2사젠과 같은 식으로밖에 말하지 않고, 절대 가격에 대해서도 가격 단위를 생략하고, 단지 수치밖에 대답하지 않는 경우가 많았다고 한다(시렌크, 『아무르 지방의 이민족들』 제2권).

이 '야'라는 가격 단위는 니브흐뿐만이 아니라 울치와 나나이들에게도 사용되었다. 시렌크는 그것을 중국에서 기원한 것이 아닐까 추정한다. 한족 상인은 야의 아래에 다시 2개의 단위를 가지고 있었는데, 그것은 나나이 사이에서도 사용되어, 각각 '지하(Jiha)', '쉬르크타 지하(Tsirikta Jiha)'로 불렸다. 지하는 '야'의 10분의 1이고, '쉬르크타 지하'는 지하의 100분의 1(결국 '야'의 1,000분의 1)이다. 시렌크는 간접적으로밖에 말하지 않지만, 가장 작은 '쉬르크타 지하'가 중국의 동전(銅錢) 1매에 상당하고, 그 1,000배의 가치가 있는 '야'는 중국의 은화 1냥 혹은 러시아의 1루블 은화 2매(즉 1羽2루블)에 상당한다(시렌크, 『아무르 지방의 이민족들』 제2권).

그는 이러한 절대 가격이 알려진 것 자체가 아무르 하류역에서 얼마나 한족 상인이 주도적인 역할을 하였던가를 여실히 나타내는 것이고, 특히 중국과 가까운 송화강의 나나이 아래에서는 적어도 '야'와 '지하' 두 단위를 사용할 수밖에 없는 상황이었다고 한다. 그러나 훨씬 먼 울치와 니브흐의 아래서는 삼성에서 통합해서 상품이 도매로 오기 때문에, 아래의 단위는 의미가 없어지고 '야'만이 사용되었다. 그리고 그것이 중국 동전의 1,000배 가치가 있다는 것도 이미 의미를 잃어버림과 동시에 화폐 그 자체도 의미를 잃고, 동전(니브흐어로 츄하로 불렸다. 나나이어의 지하에서 유래하는 명칭일 것이다)이 유입되어 그것은 단순히 장식품으로밖에 사용되지 않았다. 또한 그가 조사할 때는 한족 상인들이 기피했기 때문에 아무르 하류역에는 러시아 화폐가 통용되지 않았다. 그러나 19세기 말기에는 니브흐들 사이에서도 다양한 러시아 화폐가 유입되어 즉시 통용시켰다고 한다.(시렌크, 『아무르 지방의 이민족들』제2권)

이처럼 아무르 하류역에서는 화폐 그 자체는 통용되지 않았지만, 중국 화폐를 기반으로 한 절대 가격의 개념이 존재하였고 실제로 상품 가격의 단위가 되었다. 시렌크의 보고는 19세기 중기의 상황이지만, 중국 측으로부터의 영향은 이미 18세기 초기에 사할린까지 도달하였기에, 사할린 교역의 최성기인 18세기 후기부터 19세기 초기에 걸친 시대에는 이미 통용되었다고 보아도 틀리지 않다. 산탄인들이 아이누의 부채액을 잘 파악하고 있었던 것도 이러한 절대적인 가치 기준이 존재하였기 때문일 것이다.

13. 지역간 가격차를 이용한 큰 돈벌이

또한 시렌크는 니브흐 아래에서 다양한 상품의 가치를 이 야(ya)라는 단위로 나타내 일람표를 작성했다(표 6 참조). 그 가격표와 앞서 언급한 청조의 원칙으로서 검은담비의 모피와 은화랑 청색 면포의 교환 비율, 게다가 동시기의 시라누시(白主)에서 일본 측과 거래할 때의 가격 3자를 비교하면, 산탄교역 종말기인 19세기 중기의 상황이긴 하지만, 지역별 가격차가 선명해지고 누가 돈을 벌었는지를 분명히 알 수 있게 된다.

니브흐의 가격 체계를 중심에 놓고 보면, 검은담비의 가격은 1~3야(ya)라는 것이고, 그 중간을 취해 2야로 하면, 예컨대 면직물 4사젠(8.53m)이 1야이므로 검은담비 1매로 8사젠(17m 강)의 면포를 살 수 있다. 그런데 삼성 부도통아문이 모피를 구입할 때는 검은담비의 모피 1매가 은 2냥이고, 그것은 람포청포(藍毛青布, 청색면직물) 2필과 같은 가격이었다. 면직물 한필이 몇 장(丈)인지가 삼성 당안에는 기록되어 있지 않기 때문에 정확한 숫자를 내기 어렵지만, 시렌크가 조사한 당시는 대체로 면직물은 4사젠을 1본(本)으로 했던 것 같은데, 아마도 당시의 한필은 4사젠 정도였을 것이다. 이는 면직물의 가격은 삼성에서의 공적인 매입 가격과 아무르 하류의 니브흐 사이에서 차가 없었음을 의미한다. 다만 19세기 후반 당시는 삼성의 부도통아문은 검은담비 1매의 공납에 대해, 1본 4사젠 것 4본과 1본 8사젠 것 2본, 합쳐서 32사젠의 면포를 제공하고 있었다(이전에는 그 배 이상을 은상으로서 내주었다고 한다. 시렌크, 『아무르 지방의 이민족들』 제3권). 시렌크가 말하는 면직물이 '람포청포'인지는 문제이지만 공정 가격을 훨씬 상회하는 양의 면직물이 하사되고 있었음에는 변함이 없다.

한편, 시라누시에서 일본 측의 '당목면(唐木綿)'의 매입 가격은 19세기 초기의 마쓰다 덴주로의 공정 가격에서도 1반(反) 당 검은담비 2매였다. 결국 검은담비 1매가 반 반(半反), 경척(鯨尺)으로 환산하면 5m 정도와 등가가 된다. 즉, 일본은 당목면을 삼성에서의 공정 가격과 니브흐들 사이에서 3배 이상의 가치로 매입하였던 것이다.

또한 견직물을 보면 산탄 스메렌쿨들은 검은담비의 모피 1매 공납으로 대량의 망단(蟒緞), 팽단(彭緞) 그 외의 견직물을 입수한 것에 비해, 그것이 그 고장에서는 4사젠, 8.53m이 5야(ya), 즉 검은담비 2.5매로 팔렸다. 그리고 시라누시에서는 종류에 따라 다르긴 하지만, 감지용형(紺地龍形) 등은 같은 길이를 팔면 가에이 6년의 가치(1丈=약 3.8m 당 15매)로, 무려 34매의 검은담비를 손에 넣을 수 있는 계산이 된다. 당시 에조 비단의 평균 가격(1장당 8매)으로 계산해도 18매 정도가 된다(실제로는 검은담비 만으로는 지불할 수 없기 때문에 수달이나 여우, 쥐와 철과 등도 지불에 섞이지만 전부 산탄에게 필요한 것뿐이다). 견직물에 대해 이렇게까지 지역 간

격차가 생긴 것은 청조가 검은담비를 비롯한 기타 모피를 손에 넣고 싶어 했었던 것에 비해, 일본 측은 견직물을 갖고 싶어 하면서 모피 등에는 그 다지 가치를 인정하지 않았기 때문이다.

어쨌든 견직물의 가격에 이만큼의 격차가 있으면 중국과 사할린을 오 가는 여비, 인건비, 일당 등 제 경비를 제하고도 상당한 돈을 벌게 된다. 산 탄, 스메렌쿨들이 곤란한 긴 여행(長旅), 삼성과 출장소에서 청조 측의 호 들갑스런 의식과 탐욕스런 관리, 상인들의 약탈 조의 상품 탈취, 그리고 시 라누시에서 막부의 삼엄한 통제 등 모든 역풍을 견디고 교역을 계속하려 고 했던 동기는 아무래도 여기에 있었던 것 같다. 그들은 능숙하게 가격의 지역 간 격차를 이용해 다대한 이익을 올리고 있었다. 특히 일본은 시원시 원한 단골 거래처이고 막부가 전복되기까지 교역이 계속된 것도 일본과의 교역 이익이 커다란 매력이었기 때문이다.

14. 산탄인들의 부(富)

이렇게 해서 얻게 된 교역의 이익을 산탄인들은 어떤 형태로 유지했던 것일까. 그들에게는 화폐와 유가증권은 통용되지 않았기 때문에, 그와 같 은 형태의 저축은 있을 수 없지만, 어떤 종류의 부의 축적은 있었다고 봐 야만 한다. 또한 축적이 있으면 거기에는 대소의 차가 생기기 때문에 부유 한 자와 가난한 자라는 경제적인 격차, 계층도 존재했다.

예를 들면 마쓰다 덴주로가 서해안 조사에서 서로 알게 되어 원조를 받 고, 마미야 린조가 아무르 답사 때 동행해 주었던 노테토(ノテト)의 코니 (コーニ) 가(家)는 비교적 부유했다. 그는 덴주로를 만나는데 '화색용형의 비단(錦)' 만주 관복을 착용하고, 덴주로를 위하여 '용형 비단 이불(布団)' 을 이중으로 깐 자리(座)를 준비하거나 충분한 식료를 준비시키는 등 상

당히 우아하게 객인을 접대할 수 있었다. 그것은 그가 청조로부터 가샨 다에 임명되었고, 청조로의 조공을 통해 재산을 축적할 수 있었기 때문이라고 본다. 또한 아무르강의 쟈례라는 마을에서 린조가 만났던 그 마을의 할라 이 다는 린조에게 쌀과 조를 섞은 혼합 죽으로 대접하고, 그가 끈을 주어도 태연했다고 한다. 그는 할라 이 다의 책무로서 그 마을을 방문한 자를 접대하고 있었을 테지만, 물질적으로도 충족하였기에 끈 정도를 받아도 그에게는 고맙지 않았을지도 모른다.

시렌크에 의하면 그가 1850년대에 조사한 아무르의 니브흐에서 유복한 사람(Mykshr kolla nivkh)이란 다음과 같은 조건을 충족한 사람을 가리켰다고 한다. 즉, 산고양이 모피의 외투, 오래된 만주의 갑옷(鎧), 물소(水牛)와 코뿔소의 뿔을 붙여 넣어 만든 활(弓), 일본제의 삼이과(三耳鍋, 손잡이가 세 개 있는 남비) 등을 소유하고(이것들은 가보로서 자자손손으로 전해지는 물건으로 소장되고 있는 일이 많다), 가끔씩 큰 곰 축제와 다수의 손님을 초대한 성대한 연회를 열고, 3~5인의 처를 두고, 많은 하인(그는 '노예'라고 표현한다)을 거느리는 것이다. 이러한 것들을 모두 충족할 필요는 없지만, 이들 중에서 한 가지라도 충족하고 있으면 부자로 간주된다. 그리고 그는 조사 당시 'Mykshr kolla nivkh'로 불렸던 사람들의 이름을 거론하고 있는데, 그중의 한 사람은 니브흐만이 아닌 삼성의 중국인(한족 상인과 만주의 역인)과 사할린의 일본인까지 알려져 나름대로의 존경을 받았다고 한다(시렌크, 『아무르 지방의 이민족들』 제3권).

시렌크의 설명에 따르면 니브흐들의 재산이란 귀중한 물품과 하인(노예)이다. 재산이 되는 물품으로는 개와 보트, 고급 모피와 같은 그 고장의 산물도 포함되지만, 역시 중국 제품과 일본 제품이 중심을 이룬다. 그것은 결혼 때에 신랑 집에서 신부 집으로 지불되는 혼수(婚資)에서도 드러난다. 예를 들면 시렌크가 확인할 수 있었던 케이스에서는 은(銀)의 상안(象眼)을 아로새긴 1본 10야(ya)의 창(槍) 6본, 한 개 4야인 중국제 냄비 2개, 한

개 9야인 일본제 소형 냄비 3개, 한 척(艘)에 10야인 큰 보트 4척, 그리고 1두(頭) 1야인 개 20마리로, 모두 합해 155야, 즉 310루블 상당(중국 은으로 155량)이 지불되었다. 또한 다른 케이스에서는 1본에 4야인 중국제 견직물의 옷감(反物) 5본(本), 3야인 중국제 큰 냄비 한 개, 30야인 일본제의 삼이과(三耳鍋)가 한 개, 30야인 만주제의 갑옷 하나, 30야인 큰 곰이 한 마리, 한 마리에 4야인 양견(良犬) 5마리로 모두 합해 133야, 266루블(133냥) 상당이 지불되었다. 이러한 혼수에도 중국제와 일본제의 물품들이 중심이다.

이들 재산 혹은 부가 비단과 모피를 매개로 한 중국, 일본과의 교역에 의해 유지되었음은 말할 것도 없다. 유복한 사람들이란 대체로 교역에 힘쓸 수 있는 사람들이었다. 그들에게는 중국으로 가지고 가야만 할 모피와 일본과의 교역에서 사용하는 견직물이랑 유리옥, 독수리와 매의 미우(尾羽)가 충분히 있었던 것이다. 앞서 언급했듯이 모피를 중국에서의 가격으로 계산하고, 비단을 일본의 가격으로 계산하면, 검은담비의 모피 1매가 견직물 한 권(卷)에 상당하고 견직물 한 권이 또한 검은담비 모피 수십 매로 부풀려졌다.

그러나 그와 같은 부는 당시 아무르·사할린 지역에 성립했던 정치·경제 시스템에 입각한 것이고, 어디까지나 조공과 교역에 의해 중국에서 모피를 비단과 교환하고 그 비단을 정부 직영의 산타교역에서 모피와 교환한 일본에 파는 거래 활동에서만 성립하는 것이었다. 따라서 거래 상대와 가치 체계가 변화하면 같은 것을 가지고 있어도 당연히 평가가 달라지게 마련이고, 때로는 그것이 재산의 가치를 잃게 되는 일조차 있었다. 게다가 당시 청조와 일본이 모피와 견직물로 부가하고 있던 가치와 가격은 상당히 정치적인 것이고, 실제 가격은 훨씬 상회하였다. 그것은 산탄 상인들이 축적한 부는 이른바 '버블'이었다고 할 수 있다.

19세기 후반부터 아무르·사할린을 지배한 러시아는 일본이 높게 구매하던 용문(龍文)의 견직물과 아무르·사할린 사람들이 높은 가격을 부가하던 일본제의 철과(鐵鍋)에 그다지 가격을 인정하지 않았다. 모피에 대해서도 대단히 높은 가격을 인정하면서도 러시아 상인들은 자신들의 이익을 추구하려고 한족 상인과 마찬가지로 싸게 후려쳐 샀다. 따라서 러시아 지배가 시작되고 청조의 변민제도와 막부의 에조치 경영이 이 지역으로부터 철퇴하자 산탄들의 재산이었던 비단과 철과를 비롯한 중국, 일본 제품도 거래의 귀중한 매체였던 모피도 그 가치를 낮춰버려, 그들이 축적해온 재산도 가치가 제법 떨어졌다고 볼 수 있다. 다음 장에서 언급하겠지만, 일본은 1867년의 거래를 마지막으로 공영의 산탄교역을 정지하였다. 그것은 산탄 상인들에게 단순히 거래 상대의 소멸 혹은 변경을 의미할 뿐만 아니라, 그들의 재산 산출 방법의 변화도 의미한다. 그리고 그를 위해 그들이 축적해온 부는 '버블이 터지'듯이 순식간에 시들어 버린 것이다. 일본과 중국을 상대로 한 중개교역에서 얻었던 산탄 상인들의 부가 어디로 사라진 것인지에 대해서는 이렇게 생각하면 답을 얻을 수 있을 듯하다.

제7장

교역의 종언

오늘날의 나나이인 마을
2002년 8월 러시아 하바롭스크 지방 콘돈마을에서 저자 촬영

1. 시라누시(白主)로의 최후의 내항

산탄인들의 시라누시 내항과 일본의 정식 교역은 1867년(게이오 3년)을 마지막으로 기록에서 모습을 감춘다. 그것은 이듬해 1868년에 사할린(북에조치)을 관할하고 있었던 하코다테봉행소(箱館奉行所)가 교역의 폐지를 결정했기 때문이다(이키츠키, 『러일관계와 사할린섬』). 이미 사할린을 둘러싼 국제 정세는 크게 변화해 청조의 영향 등은 문제가 되지 않았고 막부가 대처해야만 하는 것은 러시아의 진출이었다. 아이누를 산탄인의 부채로부터 지키고 청조의 영향력을 불식시킬 목적으로 시작되었던 시라누시에서의 막부 혹은 마쓰마에번 직영의 산탄 교역도, 러시아의 아무르·사할린 진출이 다시 시작된 1850년대보다 그 존재의식이 약해졌다. 또한 산탄인 자신도 청조의 쇠퇴와 러시아의 급격한 세력 증강이라는 대륙 측에서

[표 7] 수공지별 모피 수량

(단위: 매)

연호	서력	삼성	아무르1	아무르2	아무르3	우수리강	교역	계
건륭 56년	1791년	1,714	0	0	623	90	246	2,673
건륭 59년	1794년	1,713	0	0	623	0	246	2,582
가경 8년	1803년	1,193	604	0	625	90	246	2,758
가경 9년	1804년	940	597	0	625	0	246	2,408
도광 5년	1825년	729	997	0	627	90	246	2,689
도광 21년	1841년	453	800	473	627	90	246	2,689
도광 25년	1845년	450	800	470	627	91	246	2,684
함풍 7년	1857년	77	900	749	627	90	246	2,689
동치 4년	1865년	574	652	500	627	90	246	2,689
동치 5년	1866년	647	540	539	627	0	246	2,599
동치 6년	1867년	598	565	563	627	90	246	2,689
동치 12년	1873년	576	600	550	627	90	246	2,689

의 정세 변화로 의해 스스로 사할린에서의 교역 의의를 바꾸지 않을 수 없었다. 그와 같은 사할린에서의 정세 변화로 인해 산탄교역은 쇠퇴로 내몰리게 된다.

일본 측이 산탄인과의 공식적인 거래를 정지한 것은 산탄, 스메렌쿨들(혹은 아무르의 울치와 니브흐들)의 상거래(商) 활동 전체에 결정적인 손상을 입힌 것이 아닐까 생각된다. 1867년 최후의 내항은 5소(艘) 31인으로, 규모는 예년 수준이고 교역된 에조 비단도 45개 규모에 상응하는 양으로서 산탄인들은 아직도 일본 상대의 장사를 그만둘 생각이 없었음을 보여준다. 일본이라는 최대의 거래선을 잃은 그들의 교역 활동은 국가 간의 중개교역에서 주민들 간의 물자 교환으로 퇴화하고 그들 자신은 점차 민족지에 묘사하고 있는 것처럼 어로 수렵민으로 전락해가게 된다.

마지막 장에서는 산탄교역 소멸의 원인과 과정에 대해 그 배경이 되는 아무르·사할린을 둘러싼 국제 관계를 의식하면서 음미해보고자 한다. 왜냐하면 거기에는 동북아시아 근대화의 부(負)의 유산이라고도 해야만 할 오늘날의 북방 선주민족 문제(일본의 '아이누 문제', 중국, 러시아의 '북방 소수민족문제' 등)의 본질이 가로놓여 있기 때문이다.

2. 산탄교역 쇠퇴의 전조

산탄교역 쇠퇴의 전조는 절정기이다. 산탄교역도 그 예외는 아니어서 교역 쇠퇴의 전조는 이미 최성기인 19세기 초기에 보이기 시작했다. 그것은 그들의 활동을 근본적으로 유지하고 있었던 청조의 쇠퇴를 의미한다. 1799년 고종 건륭제의 죽음은 청조 절정기의 종언을 상징하였다. 그리고 그에 민감하게 반응하듯이 동북 지방 변민들의 삼성으로의 내공(來貢) 상태가 급속히 둔화한다. 삼성으로의 내공뿐만이 아니라 사할린부터 아무르

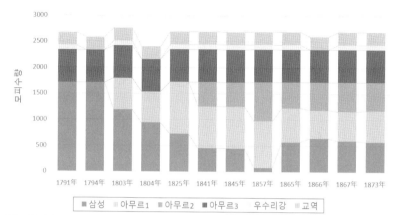

삼성 : 삼성에서 수공한 분량
아무르1 : 허저 · 킬런 사이에 관리를 파견하여 수공한 분량
아무르2 : 관문 밖의 허저에 관리를 파견하여 수공한 분량
아무르3 : 키지 · 데렌의 만주가부에서 수공한 분량
우수리강 : 연해주의 키야카라(우데헤의 조상)에서 수공한 분량
교역 : 제도로 정해진 교역에서 얻은 분량

[그림 25] 수공지별 모피 수공 상황

하류의 출장소로의 내공도 마찬가지였다.

　삼성 당안에는 1791년(건륭 56)부터 1873년(동치 12)까지 11건의 변민 전체의 수공 업무에 관한 자료가 남겨져 있다. 그것은 공납한 변민의 일람 표이지만 그 모두(冒頭)에 반드시 그 수공 장소와 그 장소에서 수집된 모 피의 매수가 기록되어 있다. 그 부분을 연도별로 정리한 것이 '표 7'과 '그 림 28'이다. 거기에 분명하게 나오듯이 건륭 시대에는 1,714매(건륭 56) 와 1,713매(건륭 59)라는 식으로 모든 수공수(收貢數)의 3분의 2 가까이가 삼성에서 수집되었던 것에 비해, 가경(嘉慶) 시대 이후 급속히 삼성에서의 수공수가 감소해 아무르·사할린의 영토를 정식으로 잃어버리기 직전인 1857년(함풍 7) 수공 때에는 불과 77매였다. 그리고 역으로 가경시대 이후 에는 모피를 수집하려고 출항하는 행선지가 증가한다. 즉, 건륭 시대에는 사할린과 아무르 하구 주변의 피야카와 쿠여(산탄, 스메렌쿨, 사할린 아이누)로부터의 조공을 받는 키지·가샨의 출장소와 시호테 알린 산중의 키야카라, 반지르간(현재의 우데게의 조상)으로부터 조공을 받는 우수리강(烏蘇里) 연안의 니만 출장소 두 곳에 관리를 파견하면 좋았던 것이, 1803년(가경 8)에 1개소가 증가하고 1841년(도광 21)에 또 한 곳이 증가해, 도합 4개소에 관리가 파견된다. 게다가 새로운 파견처는 비교적 상류의 허저와 킬렌들 사이로, 그것은 건륭 시대에 삼성에서 수공하고 있었던 분량(分)을 확보하기 위함이었다. 그만큼 변민들 사이에서 청조의 위광(威光)이 저하한 것을 나타낸다.

이 관리의 파견은 청조, 변민 쌍방 모두 환영해야 할 일이 아니었다. 청조 쪽에서는 파견하는 관리가 증가하면 그만큼의 지출이 늘어나게 되고, 아무르·사할린의 수공반상 업무의 경비 전체를 팽창시켜 버린다. 만약 삼성 부도통아문의 수공반상 관계의 예산이 건륭 시대부터 변화지 않았다고 한다면, 파견하는 관리의 증가는 그것을 압박하게 되어 인건비를 포함한 경비 절감을 하지 않을 수 없는 상황에 이른다. 그것에 대해 관리는 수입의 부족분을 부정으로 보충하려 한다. 건륭 시대에는 일반 한족과 만주의 농민, 상인들의 아무르 유역으로의 출입이 금지되었기에 그곳에 파견되거나 삼성에서 변민들과 접촉하는 것은 일종의 특권이었다. 그것을 허락받은 삼성의 관리와 상인들이 그 특권을 살리지 않는 것이 이상하다.

또한 변민 측에서도 수공을 위한 것이라고는 해도 순찰을 오는 관리의 수와 횟수가 증가하면 귀찮았다. 특히 청조에 충실했던 허저 사이에서는 할라 이 다, 가샨 다 등의 역직자들이 그 역명대로의 일을 실제로 하고 있었던 것 같은데, 업무에는 수공과 순찰을 온 관리의 접대도 포함된다. 1850년대에 나나이 사이에서 그 양상을 실제로 보았던 시렌크는 다음과 같이 기술하였다.

할라다(할라 이 다를 가리킨다)는 그 밖에도 자신이 관할하는 지구(地區) 안에, 수공을 위해 나타난 만주의 관리가 사용할 오두막(giassa)을 지으려고 분주했다. 그리고 할라다는 그 오두막에서 생선을 충분히 저장하고 관리의 보트를 수리하기 위한 재료를 준비해 두어야만 했다. 내가 본 것은 아무르의 우안(右岸), 모르키의 대안(對岸)에 있었던 것인데 그와 같은 오두막은 반드시 후미 깊숙이 위치하고, 섬이 그 후미를 막듯이 형성된 듯한 지형의 장소에 세워진다. 건물은 나나이들의 다우로(지붕과 벽을 나무껍데기로 이어 연어잡이 할 때 사용하는 임시 오두막(仮小屋))를 연상시킬 듯한 것으로 목책(柵)으로 둘러싸여 있다. 할라다는 자신의 지구 주민에게 만주 관리의 오두막으로의 도래를 알려야만 한다. 그것은 아직 공납용 모피를 손에 넣지 못한 사람들에게 서둘러 준비하게 하기 위함이다.(시렌크, 『아무르 지방의 이민족들』제3권)

시렌크가 본 것은 모르키의 대안(對岸)의 '목성(木城)'이었는데, 이 기술에서는 '목성'과 같은 시설이 나나이의 거주지역 안에 더 있고, 그것들은 각 할라 이 다의 책임으로 건설·관리·운영되고 있었던 것 같다. 삼성에서 파견된 관리들은 그와 같은 시설을 이용하면서 모피를 수집하러 돌아다녔던 것 같은데, 나나이들은 그들에 대해 소심익익(小心翼翼)의 상태였다. 그리고 그만큼의 뒤에서는 그들을 '싱거리(singgeri)', 즉 곰쥐로 불렀다고 한다. 그러나 그 싱거리들도 조상은 나나이와 같은 모피 공납민이었던 것이다.

사할린 주민의 공납은 훨씬 이전부터 정체되기 일쑤였다. 이미 변민제도가 완성된 1750년 시점에서, 이 지방 주민의 토지는 원격지인 것을 고려해 1회 결공(缺貢)해도, 이듬해 그 분량(分)을 포함시켜 공납하면 2년분의 은상을 주는 특별조치가 마련되어 있었다. 그 때문에 일단 건륭시대인 18세기 말 정도까지는 나요로의 할라 이 다를 비롯해 아이누의 변민들도 어떻게든 조공을 이어갔다. 그러나 마미야 린조가 『북이분계여화(北夷分界余話)』부록에 기록하듯이, 19세기에 들어가면 검은담비의 모피 수확도 줄고 점차로 조공에 나가는 간격이 벌어지게 된다. 린조가 사할린에서 조사한 1808년경에는 나요로의 할라 이 다도 수년 만에 대륙으로 나간다는 양상이었다. 게다가 이전 같으면 아무런 까닭 없이 은상을 받을 수 있었을 것을 지금까지의 은의(恩義)를 잊은 것이냐며 장년(長年)의 흠공을 질책했다고 한다. 다만 관리가 장기 결공을 질책했다고 하는 것은 아직 청조 측에서는 사할린 아이누에 대한 통치권을 어필할 만큼의 의욕이 있었다는 것이다.

그 의욕은 1818년 토오 할라에 대한 독촉장 발급까지 지속되었다. 그러나 아이누의 조공은 그 이후 일본 측의 조치도 있어 완전히 정체(停滯)된다.

스메렌쿨과 산탄인들의 조공은 일본의 사할린 진출에는 영향을 받지 않고 계속되었다고 생각된다. 마쓰다 덴주로도 사할린 북부의 스메렌쿨까지 막부의 통치 하에 두려고는 하지 않기 때문이다. 그러나 교역을 통해 경제력을 몸에 익힌 그들은 점차적 정치적으로 자립하는 방향으로 향해, 관리의 간섭을 싫어하게 된다. 1797년까지는 확실히 사용하였다고 생각되는 키지·가샨의 출장소가 1798년에 폐지되고, 한 시기에 데렌과 우잘라 등 상류 방면에서 전전하는 것은 만주의 관리가 그 고장의 스메렌쿨들과 싸움을 일으킨 것이 원인이라고 일컬어진다. 그것이 구체적으로 어떤 소동인지는 알 수 없지만, 18세기 동안에 경찰력을 발휘해 종종 아무르 하류뿐만 아니라 사할린까지 관리를 파견하던 청조가 출장소에서의 소동이라는 예사롭지 않은 사건에 유효한 대항 조치를 취하지 않았다고 하는 것은 그만큼 삼성 부도통아문의 주변 통치력이 저하됐음을 의미한다. 그리고 결국 키지·가샨으로 출장소를 되돌리는 것은 안 되고 그보다 상류의 데렌에 안정된 출장소를 구축한다. 그것은 분명히 청조의 아무르·사할린 지배의 후퇴이다.

출장소가 데렌에 안정되면서 청조 통치 능력의 저하는 계속된다. 건륭

제의 사후 중국 각지에서는 반란이 빈발하고 -백련교도(白蓮教徒)의 난[17]
과 태평천국(太平天國)운동 등- 영국 프랑스를 비롯한 유럽 열강의 침략
전조가 중국에도 밀려들었다. 북경의 정부는 내외적 현안 대응에 쫓겼지
만, 이미 동북 한구석의 변민에 대해서까지 신경을 쓸 여유가 없었다. 이미
건륭 시대에 동북의 변민제도는 안전 비행을 맞이한 단계로서 중앙정부가
관심을 잃고 있었다. 그것은 『실록』에서 관련 기사의 출현 빈도에도 나타
난다. 옹정 연간(雍正年間)까지는 동북 변민 관계의 기사를 종종 볼 수 있
었지만, 건륭 이후에는 방대한 실록의 기사에서 그것을 찾아내려면 대단
히 노력이 필요하다.

그리고 쿠여·피야카에 대한 수공반상 업무를 담당했을 터인 하류의 출
장소도 결국 1850년대는 모르키라는 마을의 대안으로까지 후퇴한다. 모르
키는 현재의 콤소몰스크나아무레와 아무르스크(Амурск) 사이에 위치하고
있던 아무르강 좌안의 마을로(현재는 동명의 호수가 있을 뿐, 마을 자체는
콤소몰스크나아무레의 시가로 편입되었다) 보렌오자르 호수 가까이로 추
정되는 우잘라 가산보다는 하류지만, 데렌보다는 상당히 상류 쪽에 있다.
사할린의 나요로에서는 키지·가산에서도 수백 km의 여로이지만 모르키
에서는 족히 1,000km를 넘어선다. 사할린 남부의 아이누들에게는 청조의
출장소는 한층 먼 존재가 되었다.

3. 당안이 보여주는 변민제도의 형해화

아무르·사할린 지역에서 청조의 통치 능력 저하와 함께 변민제도의 공
동화 혹은 형해화도 진행되었다. 그것은 우선 공납하고 은상을 받았던 자

---

17 청대 가경연간에 백련교 신도가 중심이 되어 일으킨 반란이다. 사천성과 호북
성 일대에서 벌어졌다.

의 숫자에서 나타난다. 삼성 당안에는 1791년(건륭 56) 이전의 변민 자료
는 사할린의 '쿠여·피야카' 분량(分)밖에 없지만, 1743년(건륭 8), 1754년(건
륭 19), 1760년(건륭 25), 그리고 1777년(건륭 42), 4회분의 수공반상 상
황을 보면 종종 결공과 전년도 결공분의 지불 등에 의해 수공(收貢)한 모
피의 숫자도 반상(頒賞)한 은상의 수도 연도에 따라 크게 변동한다. 예를
들면 1754년(건륭 19) 공납 때에는 슐룽구루와 토오 양쪽 할라가 전년도
결공분을 포함해 53매를 한꺼번에 공납하였다. 또한 대륙 측의 변민들도
1791년 이후의 기록을 보면, 건륭연간(乾隆年間)과 가경(嘉慶) 초기에는
결공자와 이듬해의 결공분을 함께 지참하는 예가 빈발하고 수공하는 모피
수가 매년 변동하고 있음을 알 수 있다. '표 7'에서도 1804년(가경 9)까지
는 수공 수 전체에 변동을 확인할 수 있다.

그러나 같은 표에서 이미 건륭 말기부터 일부에서 변민제도가 형해화
하고 있었다는 것도 알 수 있다. 그것은 키지·가산과 데렌의 출장소에서
수집한 분량이 1791년과 94년에 623매, 1803년과 40년에 625매, 그리고
1925년 이후 627매로 일정한 수치로 이루고 있기 때문이다. 이른바 그때
까지 사할린의 쿠여·피야카의 6개 할라 148호에서의 수공 수에는 연도에
따라 분명히 커다란 변동이 있었을 텐데, 그것이 반영되지 않고 모두가 정
액대로 지불되었던 것이다. 결국 18세기 말기에는 이미 아무르 하구 주변
과 사할린에서는 제도의 형해화가 시작되고 있었던 것이다.

그리고 19세기 전반에 그 범위가 아무르를 거슬러 올라간다. 당안에서
는 1825년(도광 5) 이후 수공 수가 갖춰지고 게다가 56개 할라 모두가 규
정대로 모피를 지불한 것으로 기록되었는데, 그것은 동북 변민제도가 그
이후 전역에서 형해화한 것을 보여준 것이라고 할 수 있다.

모피의 수공 수 외에도 삼성 당안에는 19세기 초두까지 제도가 형해화
하고 있었음을 보여주는 적절한 예가 있다. 그것은 1791년부터 1873년까
지 11건의 수공 관계 문서에 기록된 할라 이 다와 가산 다, 더오터 주서 등

모피를 지참해야 할 역직자의 개인명이다. 이미 마츠우라 시게루(松浦茂)가 이 점에 대해 자세하게 분석 하고 있지만, 실은 그 당안에 등장하는 11건의 개인명 대부분이 1791년부터 1873년까지 변하지 않았다(기술적 실수로 보이는 변화는 있지만). 변화가 보이는 것은 비교적 상류 방면의 가샨에 등장하는 할라이고, 거이커러부터 롱키르(Longkir)까지 25개 할라에서는 1804년(가경 9)의 기록까지 약간의 인명(人名)이 변한다. 그러나 1825년(도광 5) 이후의 기록부터 인명은 상류 방면에서도 고정된다. 남은 31개 할라에 대해서는 1794년(건륭 59)에 약간의 변동이 보이긴 하지만 다른 10건은 같은 이름으로 광철된다(마츠우라 시게루, 「18세기 말 아무르강 유역지방의 변민조직」).

실제로는 결공하거나 사람이 교대하거나(세대가 변한다)하는 현상은 빈번하게 확인된다. 예를 들면 사할린 나요로인 야단 할라의 할라 이 다는 야비리누(야에비라칸), 요치히얀다누(Yocihiyandanu, 요치이테아이노), 양구라누(Yangguranu, 야엔크루아이노), 시러투마이누(Siretumainu, 시로토마아이노)라는 계승이 알려지고, '나요로 문서' 2호에는 1816년(가경 21)에 양구라누에서 시러투마이누로의 계승이 승인되었다. 하지만 그럼에도 불구하고 삼성 당안에는 그것이 전혀 반영되지 않고, 야단 할라의 할라 이 다는 무려 1777년(건륭 42)부터 1873년(동치 12)까지 요치히얀다누(Yocihiyandanu) 그대로였다.

왜 같은 사람이 100년 이상이나 모피를 계속해 치르고 모든 변민이 규정대로 모피를 지불한 것 같은 기록이 가능했던 것일까.

물론 삼성 당안의 기록이 삼성 부도통 관리들의 조작과 작문으로 이루어졌음은 사실이다. 그러나 수공반상 관계의 기록이 모두 관리의 날조라고 생각하진 않는다. 그것은 실제로 19세기 말기까지 세대를 넘어 깔끔히 모피를 지불하러 온 변민도 적잖이 있었기 때문이다. 시렌크는 니브흐들이 삼성까지 교역을 가는 것을 목격하고 있지만, 그들은 교역할 목적이었어도 청조 측은 조공으로 왔다고 간주하고 그 분량을 장부에 적었을 것이다. 나나이에 이르러서는 19세기 말기까지 꼼꼼하게 조공을 챙기며 세대가 바뀌면 역직자의 임명서를 새롭게 발행해 받았다. 그러나 왜 세대 교대 등이 기록에 반영되지 않았던 걸까.

그 대답으로서 마츠우라 시게루는 다음과 같이 언급한다. "이러한 경우는, 실제로는 누가 초피를 공납하려고 해도, 만약 그가 예컨대 야단 성(姓)의 성장(姓長) 요치히얀다누(Yocihiyandanu)의 차부(箚付)를 소지하였다면 요치히얀다누 자신이 진공(進貢)했다고 간주되었다. 가령 차부의 명의가 그대로 변경되는 일이 없으면, 기록상에서는 70년 이상도 같은 인물이 계속해 공납하는 사태도 일어날 수 있다. 그때 실제 성장(姓長)과 향장(鄕長)의 이름은 결코 표면에 드러날 수 없다."(마츠우라 시게루, 「마미야 린조 저작에서 본 아무르강 최하 유역지방의 변민제도」)

출장소건 삼성이건, 변민의 모피 공납 때에 입회하는 관리는 지참한 '차부'를 가지고 사람을 확인하는 외에 인물을 확인할 방법이 없다. 관리에게는 '차부'를 가지고 있는 자가 해당하는 인물인 것이고, 마츠우라가 지적하듯이 가령 타인이더라도 차부를 지참하기만 하면 그것이 기록되고 거기에 적힌 지위에 맞는 은상을 받을 수 있다. 제5장에서 인용한 '나요로 문서' 3호에서 토오 할라가 이 차부만으로 은상을 받았다고 하는 것은 그 할라 이 다가 누군가에게 대리로 할라 이 다의 차부를 갖게 해 조공하였음을 의미하며, 출장소의 관리도 차부를 가지고 있는 이상 토오 할라의 할라 이 다 진공(進貢)으로 기록할 수밖에 없었을 것이다. 따라서 본인이 행하지 않았음에도 매년 장부에만은 기록되는 일이 일어날 수 있다. 그러나 토오 할라의 경우는 그것이 발각되고 말았던 것이다.

세대가 바뀌었다는 것이 명확한데 당안의 기록에서 나타나지 않은 것도 그 때문이다. 후계자는 전임자의 차부를 지참하고 가기 때문에 관리로서는 교대를 알 수 없다. 또한 식자(識字)의 문제도 있어 지참하고 가는 본인도 무엇이 적혀 있는지 읽을 수 없기 때문에, 적혀 있는 이름이 자신이 아니라고 신고할 수 없다. 그러나 그럼에도 공납자 자신에게는 불이익이 그다지 없다. 그것은 자신이 수계하는 지위가 할라 이 다인지 가샨 다인지 정도는 알고 있었기에 은상의 다과(多寡)는 분별할 수 있기 때문이다. 아마도 나요로의 할라 이 다 가계(家系)에서는 요치히얀다누(Yocihiyandanu, 요치이테아이노)가 인질이 되었을 때 글을 읽고 쓰는 것을 익혔기 때문에, 부친으로부터 지위를 물려 받았을 때 신고해서 새로운 임명서(箚付)를 작성해 받을 수가 있었는데, 그의 자손들은 이미 읽을 수 없게 된 걸까, 새롭게 신고하는 것이 번거로워서 요치히얀다누 차부 그대로 계속해 사용한 것으로 보인다. 마찬가지로 조상이 일찍이 만들어 받았던 차부를 계속 지니고 있었기 때문에, 당안에는 기록상 100년 이상 동일 인물이 진공한 것처럼 기록된 가계는 얼마든지 있을 수 있다.

이 '차부'라는 것은 아마도 내가 레닌그라드의 '인류학민족박물관'에서 실제로 보았던 가샨 다의 증명서(피오)와 같은 것일 것이다. 이미 소개한 것처럼 거기에는 만주어로 기록되어 있어 할라명, 가샨명, 관할해야만 할 호수, 그리고 가샨 다의 개인명에 이어 발행 연도가 적혀 있고, 좌측 반절을 읽을 수 없는 한 행이 반드시 들어간다. 그것이 할부(割り符) 부분이고, 삼성 부도통아문에있는 원부(原簿)에 나머지 좌측 반 정도가 적혀있어서 그 증명서의 소유자가 내공하면 그 부분을 맞춰 확인한 것으로 보인다. 내가 실제로 본 것은 모두 광서 연간(光緒年間)과 새로운 것뿐이었는데, 사할린이 아무르강 지류역처럼 만주 관리의 순검이 충분히 이루어지지 못했던 지역에서는 건륭 시대에 발행된 것이 자자손손 전승되었던 것인지도 모른다. 또한 경우에 따라서는 대리로 왔던 자가 그 은전의 크기에 눈이 멀어, 진공하고도 은상을 소유자에게 건네지 않고 차부도 그대로 계속 가지고 있는 일도 있었을 것이다. 아무르강 지류의 오지와 연해주의 산중 등 삼성과 출장소로의 교통편이 나쁜 지역의 주민들은 18세기 중반에 한번 변민

이 되었을 뿐으로 그 후는 실질적으로 청조의 통치 체제에서 탈락한 것으로 여겨지지만, 그들로부터의 내공도 항상 기록에는 나타난다는 점에서 보면, 그 할라명이 들어간 증명서로 '차부'를 가진 인물이 어딘가에 있어, 모피를 계속해 지불했던 것인지도 모른다. 물론 관리들이 계산을 맞추기 위해 기록을 날조했다는 의심을 떨칠 수 없다.

4. 만주인 관리의 부패

중국에서는 '관리(役人)'라고 하면 부정을 하는 사람이라는 것이 상식이다. 관료는 중화제국의 뼈대를 유지하는 존재이지만, 그 권한과 책임의 크기에 비하여 전체적으로 낮은 보수로 인해 그들은 그 권한을 최대한 이용해 부정을 저지르고 축재를 한다. 그것은 삼성부도통아문에 소속된 '관리'들도 예외가 아니었다.

관리의 부정과 위법 거래는 이미 건륭 시대부터 확인된다. 삼성 당안에는 그러한 관리의 부정행위와 위법행위를 적발했다고 하는 문서도 남아 있다. 예컨대 1749년(건륭 14)에는 쿠여·피야카의 수공반상에 부임한 필첩식(筆帖式, 서기관)인 나선(羅禪)이 현지에서 위법 행위를 했다는 이유로 해임되고, 같은 해 마찬가지로 쿠여·피야카 지역에 부임한 방어(防御)인 토이호(吐爾浩)가 신고하지 않고 칼을 2체 반입해 사문(査問)을 받았다(『삼성부도통아문만문당안역편』 110호, 112호 문서).

그러나 시대가 흘러 19세기 중반경이 되면 부정의 규모도 훨씬 커지는 반면 그것에 대한 단속도 충분하지 않게 된다. 1851년(함풍 원년) 6월 11일자 121호 문서에 의하면, 당시 쿠여·피야카의 수공반상에 임하기로 되어 있었을 터인 일군의 관리와 병사들이 임지에 부임하지 않고 도중에 송화강 하류 근처의 허저 사이에서 반상을 강행하고 모피를 강요했다. 하지만 그 필요수(必要數)를 못 채우자 사람들에게 폭력을 휘둘러 때로는 죽은 자가 나온 적도 있고, 나아가서는 부녀자의 귀걸이와 목걸이까지 빼앗는 행위가 일어났던 것 같다. 또한 그것을 두려워한 마을 사람들이 도망치는 일이 있었는데, 그럴 때는 관리와 병사가 제멋대로 집안으로 들어가 수납 상자를 열고 모피와 그 외의 의류랑 일용품류까지 마음대로 반출하는 그야말로 약탈 행위가 이루어졌다. 하지만 부도통아문이 그것에 대해 건륭 시대처럼 관계자 처벌 등 어떤 형태의 처치를 취했는지는 문서에 남아 있지 않다. 다만 당해 문서에는 수공반상을 명령받은 관리, 병사들이 반듯하게 부임지로 가서 직무를 완수하라는 명을 내렸을 뿐이다.

마마야 린조가 데렌에서 만난 관리들(좌경, 효기교, 필첩식 그 외의 중하급 관리와 병사)은 공납에 오는 변민들과 친밀히 교제하고 있었지만 결코 부정과 위법행위를 저지르고 그들을 착취한 것으로는 보이지 않는다. 그것은 관리들 자신이 변민들과 같은 출신이라 심리적으로도 가까웠기 때문이고, 또한 당시에는 아직 역소(役所)의 기강(綱紀)을 유지하고 있었기 때문이다. 그러나 같은 편성(編成)에서 같은 목적으로 부임한 관리, 병사들이 그 50년 후에는 약탈부대로 변했다. 그것은 그 사이에 삼성 부도통 배하의 좌령 이하의 관리, 병사들의 질이 크게 변했음을 의미한다. 거기에는 삼성으로 나가는 변민 수의 감소에 따른 수공반상을 위한 관리의 파견처 증가 등이 관련 있을지도 모른다. 파견처가 증가하면 파견하는 관리와 병사의 수도 증가해 질을 담보할 수 없게 된다. 또한 파견처의 증가는 당연히 역소의 경비를 압박하기 때문에 파견되는 관리, 병사들의 충분한 보수로 이어지지 못하면서 하층의 부정과 약탈을 불러오기 쉬워진다.

1860, 70년대가 되면 부도통아문의 역소의 관리도 상당히 부정투성이가 된 듯한데, 시렌크는 당시 조공을 위해 삼성으로 향했던 나나이들이 얼마나 굴욕적이고 비참한 경우에 처했던가를 강조했다. 그에 따르면 나나이들은 삼성까지 통행하기 위해 우선 스스(蘇蘇屯, 송화강 하구와 삼성의

중간 정도에 위치하는 촌)에서 검문을 받게 되는데, 삼성으로의 통행 허가를 얻으려면 거기에서 상당한 양의 어교(魚膠)와 철갑상어 연골을 바쳐야만 했다. 그리고 삼성에서는 또 별도의 세금이 기다렸다.(그가 말하는 세금이란 모피 공납을 지칭한다) 모피 공납의 현장에서는 조사하는 관리들이 공납용 가운데 가장 좋은 모피를 택하는데, 그 작업은 공납민이 지참한 상품을 들추는 것이고, 빼앗긴 모피는 당연히 한 장으로만 끝나지 않는다. 그 사이 공납민은 계속해 무릎을 꿇고 있어야만 했고 그것은 한 시간 이상씩 계속된다. 조금이라도 반항하려 들면 죽편(竹鞭)을 사정 없이 내려친다. 그리고 관리의 뒤에는 이번엔 한족 상인이 기다리고 있었는데 그들은 폭력을 사용하지 않는다. 하지만 술로 나나이들을 반항하지 못하도록 해버린다. 그리고 몇 대손 전에 차금(借金)을 구실로 지참한 상품을 염가로 빼앗는다. 나나이들은 상인이 관리와 결탁해 있음을 알기 때문에, 유유낙낙(唯唯諾諾) 상품을 넘길 수밖에 없다고 한다(시렌크, 『아무르 지방의 이민족들』 제2권).

시렌크의 입장에서 보면 삼성의 관리들의 행상(行狀)을 긍정적으로 기술하는 것은 있을 수 없기에, 이 기술에서는 다분히 관리들의 탐욕이 강조되고 있다. 그러나 그것을 감안하더라도 당시 관리들은 건륭 시대와 다르게 변민들을 억압하면서 상인들이 착취를 도운 것은 사실이다.

5. 러시아가 아무르에 다시 나타나다

이처럼 이미 러시아가 아무르·사할린에 다시 진출하기 전에 수공반상의 장부(帳簿)는 분식(粉飾)되어 실태와는 괴리됨과 동시에 관리들에 의한 부정, 한족 상인들에 의한 위법한 상거래가 횡행하였고, 이미 청조의 변민 제도는 형해화, 공동화가 진행되고 있었다. 그러나 아무르·사할린 지방의 정치 정세를 일변시켜 산탄무역을 소멸로 몰아넣은 최대의 원인은 역시 러시아의 재(再) 진출이다.

러시아는 네르친스크 조약에 의해 아무르 지방에서부터 철퇴한 이후는 그 국경을 상당히 엄밀하게 의식해 표면적으로는 월경을 시도하는 일이 없었다. 그 사이에 캄차카부터 베링해를 횡단해 아메리카로 진출하고, 알래스카, 알류샨(Aleutian) 열도를 영유해 캄차카부터 남서로 돌아 지시마열도(쿠릴제도)를 남하하여 일본으로도 접근하고 있었다. 물론 그러한 동진의 원동력이 모피에 있었음은 말할 것도 없다. 캄차카 반도는 검은담비의 보고이고, 게다가 알류샨 열도와 지시마 열도, 아메리카 북서해안은 해달의 번식지였다. 해달은 검은담비 이상으로 상질인 모피를 얻을 수 있다고 해서 귀중히 여겨져 대량으로 포획되었다. 러시아는 1799년에 국책회사인 '러미회사(露米會社)'를 설립하고, 아메리카와 극동 방면의 모피 거래를 독점케 하고 알래스카 알류샨 열도 등의 행정권까지 부여했다.

그러나 당시의 통신 수단과 수송력으로는 극동과 아메리카는 러시아의 중심부(상트페테르부르크)로부터 너무도 멀고, 필요한 물자를 유럽에서 받고 잡힌 모피를 돌려보내려면 수송에 방대한 시간과 비용을 지불해야 했기 때문에, 정부 내부에서도 개선책이 검토되고 있었다. 예를 들면 알래스카에서 유럽으로 모피를 운반하는 데에는 우선 캄차카(페트로파블롭스크)에 상륙하고, 육로 횡단해 오오츠크해로 나와 그곳을 건너 오오츠크에 상륙한다. 거기에서 육로 혹은 하천을 이용해 야크추크에 도착하고 레나강을 거슬러 올라 분수령을 몇 번인가 넘어 이르쿠츠크(Irkutsk)로 나온다 그리고 그곳에서부터 시베리아 가도를 통해 육로 모스크바로 향한다는 것이다. 그 개선책의 하나로서 아무르강의 항행이 상정되고 있었다. 아무르를 수송로로 사용하면 캄차카로부터 이르쿠츠크로의 경로를 단축할 수 있고, 배를 이용할 수 있기에 운반하는 물자도 증가하기 때문이다. 게다가 아무르는 중국, 일본, 인도 등과의 통상도 가능하게 된다고 생각하였다.

그러나 그를 위해서는 아무르 하구와 사할린 주변의 조사가 불가피했다. 일본의 표류민과 일본으로 보내는 사절(使節) 레자노프(Nikolai Petrovich Rezanov)[18]를 태운 크루젠슈테른이 인솔하는 나제주다(Nadezhda)호가 발트해에 면한 러시아항 크론시타트(Кронштадт)에서 굳이 지구를 반주해 일본에 온 것은 일본에 개국을 재촉하기 위함만이 아닌, 당시 유럽에서는 지리상의 공백 지대였던 아무르 하구와 사할린의 위치 관계 조사를 하기 위함이기도 했다. 크루젠슈테른은 마미야 해협에 북측으로부터 다가왔는데 러시아는 청과의 관계를 배려해 아무르 하구로 접근하는 것을 금지하였기에 결국 하구의 위치나 해협을 확인하지 못한 채 그곳을 떠나야만 했다.

러시아 정부가 네르친스크 조약을 엄격히 지킨 것은 청조의 무력에 대한 공포심도 있었지만, 그것보다도 네르친스크 조약과 그 후의 캬흐타(Kyakhta, 러시아연방의 시베리아 동부에 있는 부랴트공화국 남부의 도시, 몽골과 국경이 가깝다) 조약에서 체결된 국경 무역의 권리를 잃는 것이 두려웠기 때문이다. 청조는 중화제국이기 때문에 대외 무역을 조공과 동일한 레벨로 생각해 러시아에 대해서도 상당히 후했다. 러시아는 거기에서 다대한 이익을 얻을 수 있었지만, 청나라는 러시아를 신종국(臣從國) 정도로밖에 보지 않았기 때문에, 청의 의향으로 국경이 폐쇄되는 일도 종종 있고, 무역협정은 매우 취약했다. 러시아는 섣불리 아무르로 진출해 청의 역린(逆鱗)을 건드려 무역을 중지당하는 것이 두려웠던 것이다. 러시아는 1806년과 이듬해 1807년에 사할린과 에토로후를 습격했는데, 1811년에 그 보복으로 일본 측이 고로브닌(Головнин)을 체포하고 그것을 평화리에 해결함으로써 이후 40년 가까이 러시아의 아무르·사할린 지방으로의

---

18 1764~1807. 러시아 제국의 무역상이자 외교관. 러시아령 아메리카 모피회사를 설립하여 러시아의 모피 무역을 주도하였다. 1803년 러시아 최초로 세계를 일주하면서 이듬해인 1804년에 일본에 내항하였다.

접근은 없어진다.

그러나 1840년이 되면 재차 러시아는 압력을 고조시킨다. 그것을 야기한 것이 1844년부터 1845년에 걸쳐 과학아카데미의 명령으로 진행된 미텐도르프(Mittendorf)의 조사이다. 그는 비밀리에 네르친스크 조약의 국경을 넘어 중국 측으로 들어가, 그곳이 중국 측에 방치되어 주민도 그 지배를 받고 있다고 생각하지 않는다는 사실을 공개했다. 그리고 그것에 자극받아 중을 배려한 러시아 정부의 훈령을 무시하고 아무르 하구 주변으로 깊이 들어와서 사할린과 대륙 사이의 해협을 확인한 것이 네베리스크(Невельск)이다. 그는 1849년에 해협을 확인한 후, 이듬해 50년에는 아무르 하구부터 40km 상류의 퀘그다(Kuegda) 곶(그 가까이는 메오로 불리는 니브흐의 집락이 있다)에 니콜라옙스크(Николаевск) 초소(哨所)를 건설하고, 게다가 1853년에는 키지 호반의 키지·가샨 가까이에 마린스크 초소를 건설해, 착착 아무르강 하류역에 거점을 구축했다. 그 후 1858년에는 우수리강이 합류하는 지점의 우안인 부리 가샨 -Buri gašan, 일찍이 하바롭스크가 한자로 '伯利'로 기술된 것은 이 부리 가샨의 전사(轉寫)이다- 이라는 나나이의 마을 가까이에 소수의 장병에 의한 상륙작전이 감행되어 하바롭스크 초소가 건설되었다. 이들 초소는 후에 니콜라옙스크 나 아무레(Николаевск-на-Амуре), 마린스크(Мариинск), 그리고 하바롭스크라고 하는 오늘날의 도시의 기초가 된다.

이와 같은 러시아의 움직임에 대해 청조의 대응은 둔했다. 일단 청측도 팔짱을 끼고 보고 있었을 뿐만이 아닌 1850년대 중반부터 아무르의 주민에게 권고해 동요를 방지하는 노력을 했다. 예를 들어 상트페테르부르크의 박물관에는 앞서 언급한 가샨 다의 임명서 외에 또 한통의 만주어 문서가 보관되어 있는데, 그것은 1854년(함풍 4)에 아무르의 할라 이 다 한명에게 보내진 훈령으로, 그 내용은 최근 러시아인이 아무르 강으로 들어왔기 때문에 고기잡이와 사냥을 위해 멀리 나가선 안된다. 그리고 그것을 신속하게 주위에 전하라는 것이었다(사사키 시로, 「레닌그라드의 인류학민족학박물관소장의 만주문서」). 러시아는 전년도에 마린스크에 초소를 구축하고, 금년에는 아무르 상류와 하구 양쪽으로부터 진출을 시작했는데 그것을 마침내 청조가 알게 된 것이었다.

그러나 그 후 흑룡강 장군 아문과 길림 장군 아문으로부터 차례로 러시아인의 움직임에 대해 보고서가 송부되었는데도 불구하고, 중앙정부는 강희 시대처럼 신속한 대응을 하지 못하고, 국경을 넘어 계속해서 들어오는 러시아인을 막을 수가 없었다. 그리고 강력한 무력을 배경으로 기정사실을 만들어, 네르친스크 조약을 곡해해 국경 변경을 강요하는 러시아와의 교섭에서 청조가 꼼짝없이 제압되고, 결국 1858년 아이훈조약과 1860년대 북경조약에 의해 우수리강 이동(以東)의 연해주와 아무르강 이북의 토지를 러시아에게 빼앗긴다.

6. 러시아의 사할린 진출

일본과의 통상을 막부에게 쌀쌀맞게 거부당하고 몹시 화가 난 레자노프가 보낸 명령에 의해 1806년에 일어나게 된 크로스토프(Хвостов)와 다비도프(Давыдов)의 사할린 습격은, 영속적인 점령을 목적으로 한 것이 아니었다. 그러나 반세기 후 1853년의 쿠순코탄(kusunkotan)의 무라비요프(Муравьёв) 초소 건설은 본격적인 사할린으로의 세력 확장의 선구였다. 이 쿠순코탄 점거 사건은 네베리스크의 아무르 침입 작전의 일환으로, 그는 아무르 항행권을 확보하려면 하구 주변 뿐만 아니라 그곳을 막듯이 누워 있는 사할린도 영유하지 않으면 의미가 없다고 생각하였다. 쿠순코탄 점거는 처음부터 사할린 영유를 위한 포석이었던 것이다. 러시아는 동시에 푸차친(Путятин)을 파견해 막부와 정식 외교 교섭을 시켰다는 점에서 실력 행사와 함께 양면작전을 진행하고 있었던 것이다. 그러나 그때는 일본 측의 서툰 대응에도 불구하고 쿠순코탄 점거는 이듬해인 1854년에 중지되고, 1855년의 '러일통호조약(日露通好條約)' 때에는 사할린에 국경을 설정하지 않고, 이른바 '러일잡거지(日露雜居の地)'로서 타결된다. 막부로서는 사할린의 아이누에 대한 지배권을 확보하고 그 아이누의 거주지가 일본의 영토라는 기본방침을 관철하려는 타협이었는데, 러시아에게는 사할린 전역을 실효 지배하기 위한 절호의 구실이 되었다.

1855년부터 사할린 지시마 열도 교환 조약이 체결되는 1875년까지 20년간은 사할린의 두 국가 사이에 경계가 없고, 양국의 국민이 그곳에서 자유롭게 왕래하는, 근대에서는 극히 특이한 상황이 출현했다. 그것이 특이하다는 것은 근대국가 최대의 특징이 엄밀한 국경 정립이기 때문이다. 20세기에는 그와 같은 '근대국가'가 계속해 탄생하면서, 남극 이외에 지구상의 육지가 모조리 국경에 의해 잘게 잘려진다. 그러나 사할린에서는 19세기 후반에 두 개의 국가가 직접 접하고 있으면서 국경이 부재하는 현상이 일어난 것이다. 더구나 거기에는 일본어도 러시아어도 공통어가 될 수 없었기 때문에, 일종의 타협책으로서 선주민의 말의 하나인 사할린 아이누어가 공통어로서 이용되었다. 이와 같은 상황은 국경의 의미가 경제적·사회적으로 각별한 오늘날의 시점에서 보면 획기적인 현상이다. 그러나 당시는 러시아에서도 일본에서도 그것 그대로의 상황이 계속되리라고 하는 생각은 전혀 없었다. 그때는 일본의 경제력과 러시아의 군사력이 길항하고 있었기 때문에 우선 양자에게 영토를 결정하는 결정타가 없어 타협했을 뿐이지, 어차피 결착을 봐야만 하는 것이라고 생각하였다. 그리고 그 결착이 사할린 지시마 교환조약이었다. 그 조약에 의해 일본은 사할린에서의 영유권을 방기하고, 그 대신에 러시아가 방기한 우루프(Остров) 이북의 지시마 열도 영유권을 획득했다. 그것에 의해 소야해협에 근대국가끼리의 엄밀한 국경이 그어지게 되고, 몇 명일지라도 러일

양국 정부의 허가 없이는 국경을 넘을 수 없게 되었다. 또한 막부가 직할령으로 삼은 이래 오랫동안 일본인(和人)의 지배하에 놓였던 아이누는 더구나 메이지 정부의 강제 이주 명령에 따라 841인이 소야, 게다가 쓰이시카리(対雁)로 이동했다. 그러나 1905년에 러일전쟁 결과 재차 일본령이 된 남사할린으로 귀환할 수 있게 되기까지 천연두와 콜레라의 유행으로 인해 반 이상의 숫자가 사망했다(秋月俊幸, 『러일관계와 사할린 섬』).

러시아가 중국과 체결한 아이훈조약과 북경조약은 일단 근대국가의 국제조약이라는 체재(體裁)를 취하고는 있었지만, 한편 당사자인 청조에게 그럴 생각이 없기에 그 국경선은 엄밀한 것이 아니었다. 그 증거로 나나이와 니브흐 등은 1870년대 이후도 국경을 넘어 삼성까지 조공과 교역에 나가고, 나나이 등에서는 그 후도 가샨 다로 임명받은 자도 적지 않았다. 그러나 1875년 러일 간의 조약은 달랐다. 서로 서구처럼 근대국가를 지향하는 양국은 서구에서의 국제 관행을 모방한 두 나라간 관계를 구축하고자 했고, 국경 협정도 나름대로 엄격히 지켜야만 했다. 그래서 소야해협에 그어진 국경은 그때까지의 역사 속에서 가장 견고한 국경선이었다. 산탄교역의 교역로는 거기에서 완전히 단절되어 버린다. 이미 1868년에 막부는 시라누시에서의 산탄인과의 직접 거래를 중지하고 있지만, 산탄인 측은 마음만 먹으면 이전처럼 아이누와 스메렌쿨(니브흐)들과 사적으로 교역하거나 왕래하였던 일본인과도 거래를 할 수 있었을 것이다. 그러나 1875년 이후는 그것도 완전히 할 수 없게 된다. 소야해협의 국경에 의해 교역로는 사할린 남단에서 막히는 막다른 골목으로 변한다.

7. '근대'에 휘둘린 지역주민들

청조의 세력 후퇴와 변민제도의 형해화, 사할린에서 일본의 세력 확대와 막부의 교역 통제 등 이 지방의 정치 정세를 교묘하게 이용해 스스로의 교역 활동을 활성화시켰던 산탄, 스메렌쿨은 산탄교역의 담당자였는데, 러시아와 메이지 일본이라는 '근대국가'를 노리는 세력이 이 지역에 출현한 것은 그들에게 종래에 없는 강렬하고 치명적인 임팩트를 주었다.

러시아인의 아무르 재출현에 대한 주민의 반응은 다양했다. 과민하게 반응해 패닉을 일으키는 경우도 있었지만 의외로 냉정하게 받아내는 경우도 있었다. 전자의 케이스로는 시호테 알린 산속에서 수렵을 중심으로 생활하는 우데게(키야카라)의 경우가 있다. 1868년(동치 7)경에 '동산일대 (東山一帶)'의 키야카라, 즉 현재의 우데게의 조상에 해당하는 사람들의 일부가 진출해온 러시아인에게 사역되는 것을 꺼려해 산을 내려와 중국 측의 만록구(万鹿溝)와 훈춘 근처(琿春近邊)로 이주하는 사건이 있었는데, 그들은 러시아인의 무시와 학대를 견디기 힘들다(欺辱 苦虐難堪)고 하소연하였다(『삼성부도통아문만문당안역편』 162호 문서). 또한 몰래 국경을 넘어 시호테 알린 수렵민들의 동정을 탐색하러 간 훈춘의 효기교(驍騎校)인 박흥(博興)은 그곳의 키야카라들에게 실정을 물으면 남녀를 불문하고 울다 쓰러져 소리도 못내고 그 비참한 상황을 하소연한다(其男婦子女尽皆号涕失声, 訴其被辱各情)는 상황을 보고하였다(『삼성부도통아문만문당안역편』 162호 문서).

그것에 대해서 아무르 하구 근처들의 니브흐들은 의외로 냉정했다. 시렌크도 놀라고 있는데 17세기 최초의 침입 때에는 그토록 완강히 저항했던 니브흐들이 이번엔 러시아인과 우호적으로 평화리에 교제하고 있었다고 한다. 시렌크는 그 이유를 그들의 상업애호정신에서 찾고 있다. 니브흐들은 장사를 할 수 있으면 상대를 가리지 않는다. 사실 청조의 권위가 실추하고, 모피를 공납해도 충분한 은상을 기대할 수 없게 된 1850년대 이후에는 그들도 아무르로 진출한 러시아인과 적극적으로 거래하고, 러시아의 라사(羅紗)와 양철통에 넣은 '성냥(루付木)', 서양신(西洋履) 등을 매입해 산

탄 교역품으로서 시라누시에서 일본 측에 팔았다(카쿠라 신이치로,「근세
에 있어서 사할린을 중심으로 한 일만교역」). 또한 19세기 말기가 되면 그
때까지 사용하려 하지 않던 화폐도 사용하기 시작한다. 실제로는 1850년
대에 러시아 화폐가 아무르에 들어와 있었지만, 한족 상인이 꺼려서 유통
은 되지 않았다. 그러나 아무르 하류역이 러시아령이 되면서 러시아 화폐
의 유통은 증가하기 시작했다. 원래 중국의 화폐경제에 적응해 절대 가격
의 개념을 가지고 있었던 니브흐에게 화폐경제로의 적응은 그렇게 어려운
일이 아니었을 것이다.

그러나 러시아인과 자연스러운 교제가 이루어지고 경제 상황의 변화
에도 대응할 수 있었던 것은 대륙 측의 니브흐였고, 산탄의 내륙과 동해안
의 니브흐는 사정이 다르다. 시렌크 자신도 종종 경험한 것 같은데 야영(夜
営)을 하고 있으면 언제 습격당할지 알 수 없는 긴장 분위기가 거기엔 있
었다. 또한 주민도 당초는 조사에 비협조적이고, 시렌크 일행 조사대가 식
사를 만드는데도 화로를 사용하지 못하게 한다든가, 피스톨을 보면 뒷걸
음질 치고, 조사대원에게 다가오지 않은 등의 태도를 보였다고 한다. 그러
나 시렌크는 여기에서도 니브흐가 장사를 애호하는 정신에 호소했다. 그
는 러시아인을 흠칫흠칫 바라보는 마을사람에게 거래가 될 것 같은 물품
을 펼쳐 보이며 그들이 흥미를 가질 수 있도록 유도했던 것이다. 그렇게
함으로서 무사히 그들과 터놓을 수가 있었다고 한다(시렌크,『아무르 지방
의 이민족들』제2권).

아무르의 니브흐가 러시아인이 재차 왔을 때 그렇게 놀라지 않았던 것
은 평소에 그들이 상업 활동을 통해 그 존재를 알고 있었기 때문이라고 생
각한다. 제1장에서 언급했듯이 아무르·니브흐의 활동 범위는 넓고, 산탄
과 중국 방면뿐만이 아니고 북쪽으로도 넓혀져 있어 오오츠크해 연안과
투구르(Tyryp)강 방면에서 에벤키와 네기달, 그리고 우다(Yдa) 요새 근처에
있었던 러시아인 등과도 접촉했다. 예를 들면 사할린에 이어서 1807년에

일어난 크로스토프와 다비도프에 의한 에토로후섬 습격 때에 포로가 된 나카가와 고로우지(中川五郎次)는 오오츠크해로 연행된 후, 탈주해 1810년부터 1811년에 걸쳐 투구르강 하구 주변에서 에벤키와 니브흐의 집에 기숙하면서 월동하고 있었는데, 1811년 5월에 우드스크(Udsk, 우다강 하구에 있었던 러시아 측의 요새)의 코사크가 그가 체류하던 니브흐의 집까지 와서, 그를 우드스크로 데려왔다(나카가와 고로우지, 「五郎次申上荒增」). 당시 니브흐들은 이미 아무르 쪽으로부터 만주가 들어왔고, 북쪽의 우드스크로부터 러시아인이 온다고 하는 것을 정확히 알고 있었기에, 17세기의 최초 출현 때와는 달리 러시아인과의 교제법도 터득하고 있었다.

그러나 그와 같은 니브흐도 포함해 아무르·사할린의 주민은 러시아가 재차 들어옴에 따라 생활을 근본적으로 바꿔야만 하는 변화에 직면한다. 그것은 이번 러시아 진출이 이곳을 모피 공급지로 삼는 것이 아닌 시베리아로의 식료 공급과 산업혁명 추진을 위한 광공업 개발을 위함이었기 때문이다. 따라서 그 통치 방침은 선주민의 거주권을 존중하고, 모피를 얻는 것이 아닌, 러시아 속에서 이민을 모집해 토지를 농지·광산·공업용지로서 '개발'하는 것이었다. 따라서 거기에는 선주민의 거주권, 즉 먼저 거주 혹은 사용하던 것에 따라 생기는 우선적인 토지 사용권과 토지 소유권이 인정되지 않는다. 아무르·사할린은 마치 그곳을 무인지대인 것처럼 취급해 대량의 이민을 보낸다. 우선 가장 곤란한 최초의 개발은 죄인(囚人)들에 의해 이루어지고, 이어서 농민과 기업가들이 들어가 개발을 진척시켰다. 일본과의 영토 교섭에서도 러시아는 죄인을 보내는 곳으로서 사할린의 필요성을 호소했다.

그 결과 순식간에 선주민과 이민의 인구 비율은 역전하고 선주민은 소수민족이 되었다. 예를 들면 1897년의 국세(國勢) 조사에 의하면 당시 아무르 하류역을 포함한 '연해주'(거기에는 현재의 연해지방, 하바롭스크 지방, 마가단 주가 포함된다)에는 이미 러시아인이 10만 9,764명(58.1%)으로 전 인구의 과반수를 넘었고, 선주민은 1만 3,568명(7.2%)으로 압도적으로 소수파가 되었다. 사할린에서도 러시아인이 1만 8,316명(65.2%)으로 과반수를 넘어서고 있는 데 비해 선주민은 4,305명(15.3%)이었다(누마타 이치로(沼田市郎) 譯編,『아시아 러시아 민족지』에 따른다).

또한 크리스트교를 국교로 하고 있는 러시아에서는 크리스트교도가 아닌 자의 지위는 매우 낮았고, 게다가 선주민들의 대부분은 농경에 종사하고 있지 않았기(실제로는 나나이 등은 농경도 행하고 있었는데, 그것을 경시하고 있었기 때문에 실제로 한족 농민이 나나이의 토지를 경작하는 케이스가 종종 보였다) 때문에, 생업과 라이프 스타일, 문화면에서도 이민자들로부터 멸시받았다. 그리고 당시 학계의 주류였던 '진화론'의 영향을 받았던 인류학자와 민족학자들이 활발하게 조사에 들어가 그 사회와 문화의 '특이함' 혹은 '낮음'을 강조했다. 예를 들어 L.슈테른베르크는 상세하게 조사한 니브흐 사회는 F.엥겔스에 의해 가족 진화 단계 초기의 '집단혼'과 '프나루아 가족'의 존재를 증명하는 것으로 해석된다(엥겔스,「새롭게 발견된 집단혼의 한 사례」). 결국 선주민들은 자신들의 의지와 무관하게 침입해온 이민자들에게 토지를 빼앗기고 상권익(商權益)을 탈취당한 결과, '미개의 인종'이라는 꼬리표까지 붙여졌던 것이다. 선주(先住)의 나나이, 울치, 니브흐들의 처지에서 보면(실은 이와 같은 민족 구분도 이민자들이 마음대로 붙인 것이다) 정말이지 괴로운 이야기다.

그러나 그것은 러시아에 한정된 것이 아니고 일본에서도 홋카이도랑 사할린에서 완전히 같음을 볼 수 있다. 1875년 사할린이 러시아령으로 확정된 후 8,008명 정도의 아이누가 홋카이도로 강제 이주되고, 그 반수 이상이 역병 등으로 사망한 것은 이미 언급했지만, 같은 운명은 그때 일본령이 되었던 지시마 열도의 아이누에게도 닥쳤다. 그들은 시코탄(色丹)으로 이주당했는데, 그 대부분이 적응을 하지 못하고 지시마 아이누는 죽음으로 단절되어버린다. 홋카이도의 아이누는 메이지 정부에 따른 '개척'과 그에 동반된 강력한 동화정책에 의해, 자신들의 고유 언어와 문화를 방기할 것을 강요당했다.

아무르 측에서는 인구도 많고 토지도 넓었기 때문에, 민족과 지역 집단이 전멸하는 케이스는 드물었지만, 그렇더라도 천연두와 결핵, 인플루엔자, 페스트 등의 역병의 유행으로 마을이 전멸하는 것은 드문 일이 아니었다. 1897년까지 체계적인 인구통계가 없기 때문에 비교는 할 수 없지만, 1930년대까지는 선주민의 인구는 확실히 계속해 줄어들었다. 전에는 역병이 유행하면 도망갈 곳이 있었지만, 이민자가 넘쳐나면서 이제는 도망칠 곳이 없어졌던 것이다. 또한 수장(狩場)과 어장(漁場), 그리고 상권익을 탈취당한 선주민 사회에서 활기를 잃어버린 것도 인구 감소가 커다란 원인이다.

이처럼 러시아의 지배 하에서 농락당한 선주민에 대해 그것을 어떻든 구제하려고 하는 운동도 19세기 말에 나타난다. 그 대표적인 존재가 나로드니키(Народники) 출신의 민족학자들이고, L.슈테른베르크, B.피우수트스 등은 그 대표적인 존재이다. 그들이 유형처(流刑先) 선주민의 사회·문화·언어를 조사한 것도, 선주민의 실태를 러시아 제국의 모순으로 간주하고 그곳에서 선주민을 구제하기 위함이었다. 피우수트스키는 실제로 그를 위해 활동도 하였고, 최초의 조사 대상이었던 사할린의 니브흐들에게 감자 작부와 상품용의 소금절이 연어를 제조하는 법을 지도했다. 그와 같은 나로드니키 출신의 민족학자들은 그 외도 추쿠치(Chukchi)를 조사한 V.보고라스(V.Bogoraz), 코랴크(Koryak)의 조사로 유명한 V.요헬슨(V.Jochelson), 야쿠트의 조사로도 유명하지만 피우수트스키와 함께 홋카이도를 여행한 V.세로솁스키(V.Серошевский) 등이 있다. 그중에서도 보고라스, 요헬슨, 슈테른베르크는 그 후의 소련 민족학 개조의 '세 계보(御三家)'로서 명성을 쥐어흔들고 있다. 그러나 그들도 이민계 주민의 하나인 것이고, 현재의 시점에서 보면 결정적인 것 하나를 잊고 있다. 그것은 그들이 목격한 선주민들의 빈궁(貧窮)의 원인이 근본을 추궁하면 러시아의 아무르·사할린 재진출 그 자체에 있다는 점이다. 러시아의 아무르, 사할린 진출은 단순히 러시아가 새로운 영토를 획득한 것만이 아니다. 그것은 이 지역에 '근대'라는 시대를 불러들인 것이고 그 '근대'라는 시대가 선주민들에게 빈곤을 강요했던 것이다.

8. 특권 집단으로서 자유를 구가한 시대

왜 근대라는 시대가 아무르·사할린의 선주민에게 빈궁을 강요했던 것일까. 그것을 설명하기 전에 비교를 위해 그 이전 상황을 개관해 보자.

청대 이전의 중국 혹은 에도 시대 이전의 일본 등 동아시아의 전근대적 국가에는 오늘날의 많은 국가가 속하고, 혹은 지향하는 '근대국가'에는 없는 특징이 다소간 보인다. 그중에서 산탄교역의 종언, 아무르·사할린 주민의 경우(境遇)의 변화라는 것을 생각하는데 중요한 점 하나가 특권 집단의 존재이다.

청조의 통치 하에서 아무르와 사할린의 '변민' 지위가 한족의 농민에 비해 높다는 것은 종종 지적돼 왔다. 그들은 팔기 예비군이며 할라 이 다는 팔기 속에서는 좌령에 상당하는 지위이고, 호지혼은 만주 기인(旗人)의 인척(姻族)으로 취급받는다. 그리고 그와 같은 높은 지위는 청조의 아무르·사할린 지배 성립의 역사와 밀접하게 연계되어 있었다. 그들의 모피가 입관 전 청조의 재정을 지탱하고 있었던 것이고, 그들이 피를 흘려 러시아와 싸웠기에 청조는 아무르·사할린의 모피 공급지를 확보할 수 있었다.

그러나 그들의 지위는 그 지역적·역사적 특수성에서 유래하는 것임과 함께, 중화제국 혹은 그것을 모방한 동아시아의 왕조 국가(일본과 조선) 전체에도 공통되는 비농경적 소수집단에 대한 정책에도 유래한다.

동아시아 왕조 국가의 경제 기반은 모두가 주식인 곡물을 생산하는 관

개(灌漑)농경에 있다. 따라서 그 통치기구는 곡물 생산에 종사하는 농민을 지배하는 것을 중심으로 편성되고, 왕조 정부는 그들로부터 얼마나 효율적으로 수확물을 수집하고, 그것을 또 나라 전체에 재분배할 것인가라는 것에 부심한다. 그러나 국가는 곡물을 생산하는 농민만으로 성립되진 않는다. 거기에는 정부 구성원들의 생각에 따라 필요로 하는 다양한 직종과 산업에 종사하는 자, 나아가서는 그 나라의 부(富)에 주목하여 다가오는, 역시 다양한 직업을 가진 사람들이 있고, 그들도 왕조의 재분배 시스템에 편입시키지 않으면 안 된다. 그때 왕조 정부 내에서 특히 수요가 많은 산물을 제공하는 집단에 대해서는 나라의 인구 대다수를 차지하는 농민에게 없는 특권을 주어 그 공급을 확보하는 일이 종종 있었다. 예를 들면 일본에서는 농민에게 이동의 자유가 인정되지 않았던 중세, 근세에 일본 국내를 광범위하게 걸을 수 있는 특권을 기지야(木地師)와 마타기(マタギ) 등에게 인정하고 절과 신사의 이름으로 특허장을 발급했다. 그들은 그 특수한 기능과 그 산물을 가지고 왕조 정부 혹은 그 지방정부(결국은 조정과 막부, 혹은 다이묘와 그 고장의 유력자)에 봉사할 것을 요구받고(결국 제품과 산물의 헌상, 공납하는 것) 그 보상으로서 특권이 주어졌던 것이다.

청조의 동북 변민제도도 그와 같은 특수 기능 집단에 대한 정책과 상통하는 점이 있다. 그것은 아무르와 사할린의 변민들도 모피수 수렵이라는 특수 기능과 그 산물로서 검은담비 그 외의 모피를 북경 궁정으로 가져옴으로써 청조에 봉사할 것을 요구받고, 그 보상으로 관복 그 외의 은상을 하사받았으며, 또 모피의 공급을 항상적으로 지속하려고 기인처럼 대우와 책임이 부여되었다고 생각할 수 있기 때문이다.

왕조 국가에서 곡물 생산 이외의 생산 활동 혹은 유통, 서비스 등에 종사하는 사람들의 지위는 다양하다. 아무르·사할린의 변민처럼 높은 지위를 부여받은 사람도 있는가 하면 사회의 최저변의 지위밖에 주어지지 않은 사람들도 있다. 특권과 높은 지위를 인정했던 그룹은 나라의 대다수를 차지하는 농민들을 아래로 깔본다. 아무르와 사할린의 변민도 그러했다. 한족의 농민이 그들 아래로 들어올 때는 반드시 종자, 하인, 소작인 등이 되기 때문에 그들은 '니칸'(한족)을 노예라고 믿어버렸다. 그러나 나라 인구의 대다수를 차지하고 있는 농민에게는 곡물을 생산하는 자 이외는 대체로 차별의 대상이 된다. 아무르의 변민들도 한족 농민에게는 농경을 알지 못하고, 정주도 하지 않고, 사냥감을 구해 방랑하는 표박민(漂迫民)이고, 어피 등을 의류로 하는 '어피달자(魚皮韃子)'였다. 따라서 변민들의 지위를 보상하는 듯한 통치체제가 붕괴하자 그들의 지위는 단번(急轉)에 수직으로 하락하게 된다.

근대국가와 비교했을 때 동아시아의 전근대국가의 두 번째 특징은 국경의 애매함이다. 그것은 우선 영토를 규정하고서 사람을 지배하는 것인지, 지배의 대상이 되는 사람을 규정하고서 토지를 지배하는 것인지, 라고 하는 통치 원칙의 차이에서 유래하는 것이다. 동아시아의 전근대국가는 우선 지배 대상이 되는 사람 쪽을 먼저 규정하는 경향에 있다. 물론 관개 농경에 경제적인 기초를 두는 관계상, 토지를 분할해 경계를 만드는 것이 이루어졌다. 영지, 영토라는 사고방식도 있다. 그러나 중국과 일본은 각각 나라의 중심이 되는 다수파 사람들(중국에서는 한족, 일본에서는 소위 일본인) 이외의 사람들을 그 지배하에 넣음으로써 독립 국가로서의 체재를 갖추었다. 중국은 주지하듯이 이(夷)·만(蠻)·융(戎)·적(狄)이라는 사람들을 항상 포함하고 있었던 것이고, 일본도 중국의 미니어처(miniature)로서 북방의 '에미시(에조의 옛말)', '에조'를 지배하에 두는 체재(體裁)를 취하였다. 그러나 어느 나라의 영토가 어디까지 이어지는가에 대해서는 관여하지 않았다. 엄밀한 국경에 둘러싸인 '영토'라는 사고방식이 없었기 때문이다. 양자 모두 지배하에 있다고 하는 주변 지역에 대해서는 신종(臣從)할 것을 서약하고, 그 증거로서 조공에 오는 사람들의 거주 지역을 모두 자국의 세력권이라고 생각하였던 것이다.

그와 같은 사고방식을 단적으로 보여주는 것이 19세기 초기의 마쓰다 덴주로의 사할린 통치에 의한 청조의 세력 후퇴와 1850년대 사할린 영유를 둘러싼 러일 간의 교섭 때 일본 측 주장이었다. 전자의 사례에서는 막부와 청 사이에서 지배를 둘러싸고 줄다리기를 한 결과, 아이누는 일본 측으로 당겨졌고, 나요로 등 일부의 할라 이 다를 제외하고 완전히 청조의 지배를 이탈해버린다. 그 결과 자동적으로 그들의 거주 지역이었던 사할린 남부가 일본의 세력 하로 들어가게 된다. 그것에 대해 청조는 할라 이 다에 대해서 내공을 명하고는 있지만, 일본 측에 직접 항의하거나 교섭을 바란다거나 하진 않았다. 원래 사할린의 영토 따위는 생각하고 있지 않았기 때문이다.

후자의 사례에서는 러시아가 '무주지선점론(無主地先占論)'으로 영유를 주장한 것에 대해, 막부는 그 지배하에 있는 에조, 즉 아이누의 거주지역이 모두 일본의 영토라고 주장했다. 그러나 당초는 교섭에 임했던 막부의 관리도 사할린에 아이누가 어디까지 살고 있는지 충분히 파악하지 못한 상황이었다. 막부는 그 때문에 말기에 이르러 급거 사할린 조사와 아이누의 통치기구의 정비에 착수한다. 그러나 후에 마쓰마에시대(後松前時代, 1822~1854)의 방임주의에 의해 사할린의 어장에서 일본인 고용주의 횡포가 현저했기 때문에, 때로는 일본인의 학대를 못 견디고 러시아 측에 보호를 요청하는 케이스도 보인다. 결국 사할린 아이누도 막부의 지배에 영합하였던 것은 아니었던 것이다. 그와 같은 사건은 사람의 지배를 토지 영유의 근거로 하는 때에는 대단히 불리한 사례가 되고, 결국 '무주지선점론'에는 대항할 수 없게 된다.

제5장에서 언급했듯이 청조와 에도 막부의 일본처럼 전근대적인 국가의 경우, 때로는 주변 지역의 사람들은 뜻밖의 은혜를 받는 일이 있다. 산탄교역을 담당한 아무르 하류역의 퉁구스계의 사람들과 니브흐도 그런 경우라고 할 수 있다. 그들은 모피를 바치는 대신 특권적인 변민으로서 높은

위계(位階)와 다대한 은상을 받을 수가 있었다. 그리고 사할린에서 일본과 중국이라는 두 국가 세력이 접하고 있었는데도 불구하고, 국경이 없고 관소(關所)와 세관류가 일절 설치되어 있지 않았기 때문에 중국 측의 출선 기관(키지와 데렌의 출장소)과 일본 측의 출선기관(시라누시의 회소) 사이를 자유롭게 왕래하고, 중국과 일본 사이의 중개교역에 힘쓸 수 있었다. 게다가 중국도 일본도 국경이 아닌 다수파의 농민이 살고 있는 지역과 주변 지역 사이에만 엄격한 경계를 만들었다. 그것은 주변지역의 정치적, 사회적 독자성을 유지함으로써 그곳에서 얻게 된 부를 확실히 정부가 독점하려 했기 때문이다. 다수파의 농민과 상인, 기업가들이 자유롭게 주변 지역을 왕래하면 그곳은 '주변'이라는 의미가 사라지고, 또 그곳 주민의 정치 체제와 사회를 혼란하게 하면 거기에서 올리는 부를 정부가 독점할 수 없게 되기 때문이다. 청조는 송화강 하구 부근에 관문을 설치해 사람의 출입을 엄격히 제한하고 있었다. 결국 하류부터는 모피 조공 외에는 변민들의 상류로의 항행을 인정하지 않음과 동시에 송화강으로부터 아무르로의 하항(下航)도 수공반상과 순회 경비 혹은 치안 유지를 위해 임시로 파견된 좌령 이하의 관리, 병사 이외는 금지되었다. 일본 측도 마찬가지로 마쓰마에번은 번의 직할지와 다른 에조치를 엄격히 구분해, 관문을 설치하고 아이누와 일본인(和人)의 출입을 엄격히 제한하였다. 그것은 아무르·사할린의 주민에게는 자신의 거주지에서 자유로운 활동을 100% 보증하는 체제였다. 한족과 일본인(화인)의 상인과 대량의 농민이 유입하면 자신들의 상권익이 침해당함과 동시에 생존을 위한 기본인 어로와 수렵 활동까지 침해당할지 모르기 때문이다.

　다만 18, 19세기의 아무르·사할린의 주민 가운데 아이누만이 불리한 입장에 서게 되었다. 최초의 막부 직할이 시작되기까지는 청조의 권위를 등에 업고 있던 산탄들의 횡포를 감수하고, 막부 직할 시대에는 막부의 정책으로 상태가 약간 개선되긴 했지만, 1822년에 재차 에조치가 마쓰마에령으로 되돌아가자, 마쓰마에번이 홋카이도의 아이누와 마찬가지로 장소청부제(場所請負制)라는 착취 기구를 통해 사할린 아이누를 지배했기 때문이다. 청조의 변민제도는 원래 아무르·사할린 주민을 착취하기 위한 제도는 아니었지만, 마쓰마에번의 아이누 지배는 착취 그 자체였다. 장소청부제에서는 어장의 관리를 도급한 상인들이 아이누를 거의 무제한으로 사용할 수 있었다. 그 때문에 '오토나(乙名)' 등 직책의 일본인 지배자들과 밀접한 관계를 가지고 있는 소수의 특권 계급을 제외하면, 아무런 보호를 받을 수 없는 어장노동자로서 혹사당했던 것이다. 국경이 없는 사할린에서 자유로운 교역을 구가(謳歌)했던 산탄, 스메렌쿨들과 대비하면, 아이누는 역으로 신분적으로 다수파 농민보다도 떨어지는 소수자의 비애를 맛보았던 것인데, 전근대적 국가의 악폐의 희생자라고 할 수 있을 것이다.

9. 시대를 따라 사라진 산탄 상인

러시아와 메이지 일본이 19세기 후반부터 이 지역에 적용하려고 한 것은 확실히 '근대국가'의 정책이었다. 양국 모두 영국, 프랑스 등 '선진국'에 비교하면 아직도 '전근대'의 꼬리가 많이 남았는데 그 지향점은 '근대국가'였다. 그로 인해 국내의 법률과 행정제도를 변혁해가지만, 그러려면 그 전의 제도를 부정할 필요가 있었다. 그중에는 산탄인들이 교역할 때 유리하게 작용하고 있었던 제반 제도도 당연히 포함되었다.

우선 피지배민의 지위에 대해서 전근대적 왕조 국가에서는 왕조에 특산물을 가지고 봉사함으로써 인가받았던 특권적인 지위도 근대국가에서는 허락되지 않았다. 19세기 후반의 구미 선진국에서 국민은 동등하게 국가의 비호(庇護)를 받고 국가에 봉사해야만 하는 존재이고(주로 세금과 병역의 의무), 특정의 산물과 기술 혹은 문화를 위해 국가에 대한 의무와 권리에서 특별히 취급받는 집단의 존재는 원칙으로서 인정되지 않는다. 따라서 그와 같은 권리, 의무는 원칙상 전 국민에게 개방되었다. 그 결과 많은 경우는 이익을 얻을 수 있는 권리가 국가의 정치경제 시스템을 숙지하고 있는 자에게 넘어가게 된다. 앞서 언급했듯이 농지와 광공업의 '개발'에 의해 선주민들의 생활 장소였던 숲과 하천이 개간되고 오염되어 사냥 장소(獵場)와 어장(漁場)을 빼앗기게 되는데, 그것도 선주민이 가진 토지에 대한 권리가 원칙상 러시아의 전 국민에게 개방되었기 때문이다. 그 결과 은혜를 입은 것은 선주민이 아니고 국가의 시스템에 정통하고 그 보호의 받는 방법을 알고 있는 사람들, 즉 러시아계의 농업 이민과 자본가 등이 해당된다.

상업권도 마찬가지다. 이미 1850년대부터 한족 상인이 위법으로 잠입해 산탄 상인들의 권익을 위협하고 있었는데, 러시아령이 되면서부터는 거기에 더해 러시아와 야쿠트(사하)의 상인이 속속들이 잠입하여 산탄 상인들의 사업권은 그들에게 잠식되었다. 러시아는 아무르·사할린에서 선주(先住)해온 산탄, 스메렌쿨들의 독점적인 권리를 인정하고 않고, 그것을 러시아 국내의 상인들에게 개방했기 때문이다. 아무리 일본과 청조를 마음대로 농락했다고는 해도 산탄 스메렌쿨 상인의 거래 상대는 한정되어 있었고 경험도 한정되었다. 그에 비해 한족과 러시아, 야쿠트 상인들은 활동 범위가 넓고 거래 상대도 많았던 만큼 다양한 거래에 익숙했다. 국경 변경으로 지배 국가가 교체되는 유동적인 시대에는 그에 대응할 수 있는 상인만이 살아남는다. 오랜 기간 한정된 상대와 거래해왔던 산탄과 스메렌쿨 상인들은 경험이 풍부한 외래의 상인들에게는 맞설 수가 없다. 그 때문에 19세기 말기까지 산탄들, 즉 울치, 나나이들은 그 고장의 상업 활동으로부터 소외되고 유일하게 그때까지 외래 상인들과 나란히 장사 활동을 할 수 있었던 것은 스메렌쿨의 자손인 아무르·니브흐 뿐이었다.

둘째로 근대국가는 종래 막힘이 없던 교역로를 국경선으로 토막 내버

렀다. 중국 동북 지방에도 침략의 화살을 돌리고 있던 러시아는 아무르와 송화강에서의 선박 항행의 관계도 있어 선주민들이 아무르와 송화강을 소항(遡航)해 삼성으로 향하는 것을 엄격히 금지하지 않았었는데, '사할린 지시마 교환조약'에 의해 소야해협으로 그어진 일본과의 국경선은 선주민에게 넘기 어려운 장벽이 되었다. 교역로는 사할린 남단에서 막히는 막다른 골목이 되고 대륙으로부터 사할린으로 향하는 물자는 그 배출구를 잃어버렸다. 그리고 일본이 산탄인들과의 상거래를 정식으로 정지시켜 버렸기 때문에 그들은 최대의 거래처를 잃었다.

산탄 스메렌쿨들의 상업 활동은 청조가 수공반상과 그것에 부수(附隨)하는 교역에 의해 대량의 물자를 공급하고, 그것을 일본 측이 파격적인 가격으로 매입하는 것으로 성립해 그들에게 이익을 가져왔다. 그리고 그들이 통하는 교역로는 몇 명이건 방해받지 않고 송화강에서 홋카이도까지 물자가 지체 없이 흐르고 있었다. 그것을 보증해준 것은 양국의 '전근대적'인 이민족 정책과 영토관과 국가관이었다. 그러나 러시아와 메이지 일본이 초래한 '근대'는 엄밀한 국경에 의해 교역로를 토막 내고 일본이라는 최대의 거래처를 빼앗은 것이다.

셋째로 산탄교역 그 자체가 근대 일본에서도 역시 무용의 장물(長物)이 되어버렸다. 이미 제5장에서 언급했듯이 막부가 산탄교역을 직영으로 한 것은 사할린을 에조치 연장상에 위치시키고, 거기에 사는 에조, 즉 아이누의 지배를 철저하게 하기 위함이었다. 막부의 아이누 지배의 목적은 러시아의 남하에 대항하는 것에 있었지만, 조사 도중에 청조의 커다란 영향력이 판명되어 우선 그것을 아이누 사이에서 불식하는 것이 필요해졌다. 그러려면 청조의 강한 영향 하에 있다고 인정받는 산탄 상인을 통제할 필요가 있고, 그 때문에 산탄 교역을 막부 직할(혹은 마쓰마에번의 직영)로 만들지 않을 수 없었던 것이다. 그러나 1850년대 이후 이미 사할린에서 청조의 영향력은 문제가 되지 않고 러시아의 남하 압력 쪽이 훨씬 중요해졌다.

그로 인해 아이누 보호책으로서 정부 직영의 산탄 교역은 계속할 의미를 잃어버리게 된다.

게다가 일본의 개국에 동반되는 박래품의 유통 루트 변화와 수요 변화도 산탄교역의 쇠퇴에 박차를 가한 것으로 보인다. 막부 말기에는 성냥, 신발, 라사 등 러시아 제품도 제법 섞여 들어왔는데, 에조 비단이 산탄교역이 주요 상품이라는 것에는 변함이 없었다. 그러나 메이지 시대의 급속한 라이프 스타일의 변화를 생각하면 에조 비단에 대한 수요가 막부 멸망 이후 급락한 것은 상상하기 어렵지 않고, 산탄인들도 무역을 계속할 수 있었다고 해도 그와 같은 일본 측의 수요 변화에 따라갈 수밖에 없었다. 만약 산탄인들이 일본이 근대국가로 탈바꿈하는 데 필요불가결한 물자와 기술, 정보를 독점적으로 취급할 수가 있었다고 한다면, 메이지 국가도 무애(無礙)로는 교역을 정지할 수 없었을지 모른다. 그러나 실제로는 그들이 일본 측의 수요 변화를 모두 읽어내지 못하고, 게다가 그들을 지배하는 국가에 의해 시대 변화에 대한 대응을 방해받았기 때문에, 그들은 일본과의 거래에서 어쩔 수 없이 손을 뗄 수밖에 없었던 것이다.

결국 산탄 상인들은 19세기 후반에 이 지역에서 생긴 '근대'의 출현에 동반되는 격심한 정치경제 정세의 변화에 대응하지 못하고, 상업 활동으로부터 소외되어 버렸다. 그들이 시대에 뒤떨어진 것은 너무나도 옛 시대의 체제, 결국 에도 막부와 청조의 통치기구에 지나치게 유착했기 때문이라고도 말할 수 있다. 그 양상은 마침 막부 체제에 밀착해 성장하고 세력을 가진 에도 시대 호상(후다사이(札差)와 구라모토(蔵元), 가케야(掛屋))의 대부분이 메이지유신 이후에 살아남지 못했던 것과 대응하는 것처럼 보인다. 후다사이들이 막부 붕괴를 따라 목숨을 버린 것처럼, 산탄 상인들도 청조의 쇠퇴와 에도 막부의 멸망과 함께 순사했다. 또한 바꾸어 말하면 전근대 혹은 '근세'라는 시대와 거취를 함께했던 것이다.

10. 산탄인들 이후

19세기 후반에 산탄교역이 쇠퇴 소멸한 이래 아무르와 사할린의 선주민들이 역사의 무대(表舞臺)로 나오는 일은 없어졌다. 그들은 이제 자신들의 지역 역사를 스스로의 힘으로 움직일 수 없게 되었고, 항상 외래자가 일으키는 역사의 소용돌이에 농락당하였다.

19세기 후반 이래 오늘날까지 이 지역의 역사는 눈부시게 변했다. 러일전쟁, 러시아혁명에 동반된 내전과 일본의 간섭, 스탈린에 의한 숙청, 일본의 중국 동북 지방 침략과 중일전쟁, 제2차 세계대전, 냉전, 그리고 소련 붕괴라는 불과 100년 남짓한 시간에 시대를 일단락짓는 사건이 계속해서 일어났다. 그러나 그것들은 모두 근대화한 주변 국가끼리의 파워 게임에 의해 일어났던 사건으로, 17세기의 러·청 분쟁과 19세기 막부의 사할린 진출 때와는 달라 선주민들이 개입할 여지가 없었다. 그동안 그들의 토지에는 다수의 이민이 유입하고 이미 아무르·사할린은 선주민들만의 고향이 아니고(표 8 참조), 국가도 인구적으로 압도하는 이민계 주민을 주요 주민으로 간주하고 있다. 그리고 선주민들에게는 소속 국가의 충실한 국민이될 것을 요구하고, 고유의 문화와 언어는 '원시', '미개'라는 이유로 소거되고 묵묵히 이주계 다수파 민족의 언어 문화에 동화할 것을 강요했다. 전전의 일본에서는 아이누의 동화정책이 노골적으로 이루어졌고 전후에도 그 경향에 변화는 없었다. 소련과 해방 후의 중국은 각각 모든 민족의 독자적인 문화를 존중하고 보호하는 것을 내세웠는데, 소련 붕괴 후에 파헤쳐진 그 실태를 보면 러시아의 경우는 러시아인으로, 중국의 경우는 한족으로의 동화가 급속히 진행되었다.

예를 들면 아무르에서는 소련 시대의 집단화 정책 때문에 어로와 수렵 활동도 콜호즈 단위로 조직되고, 사람들은 특정의 집단에 집주시켰다. 그 결과 이전부터의 취락 대부분은 폐촌이 되고, 새로운 마을도 러시아의

[표 8] 아무르·사할린 원주민의 인구 비율

		1970년		1979년		1989년	
		인구(명)	비율(%)	인구(명)	비율(%)	인구(명)	비율(%)
하바롭스크주	총인구	1,345,907	1.00	1,557,959	1.00	1,811,828	1.00
	원주민 인구	19,982	1.48	20,738	1.33	23,484	1.30
	나나이	8,844	0.66	9,340	0.60	10,582	0.58
	에벤키	4,624	0.34	3,583	0.23	3,691	0.20
	울치	2,272	0.17	2,311	0.15	2,733	0.15
	니브흐	2,100	0.16	2,168	0.14	2,386	0.13
	우데게	525	0.04	609	0.04	697	0.04
	오로치	527	0.04	468	0.03	499	0.03
	네기달	454	0.03	459	0.03	502	0.03
	에벤	429	0.03	1,474	0.09	1,919	0.11
	기타	207	0.02	326	0.02	475	0.03
연해주	총인구	1,721,285	1.00	1,976,600	1.00	2,256,072	1.00
	원주민 인구	1,599	0.09	1,401	0.07	1,693	0.08
	우데게	763	0.04	666	0.03	766	0.03
	기타	836	0.05	735	0.04	927	0.04
사할린주	총인구	615,652	1.00	661,778	1.00	710,242	1.00
	원주민 인구	2,904	0.47	2,816	0.43	2869	0.40
	니브흐	2,118	0.34	2,053	0.31	2008	0.28
	윌타	332	0.05	317	0.05	212	0.03
	기타	454	0.07	446	0.07	649	0.09

러시아 국가통계위원회 편, 『러시아 공화국 주민의 민족구성』, 1990년에 의거

농촌을 모델로 건설되었기 때문에 마을의 형태도 집 구조도 모두 러시아 풍이 되어버렸다. 온돌과 같은 난방시설을 가진 그전의 대형 목제가옥과 높은 마루식 창고는 없어지고, 러시아식의 페치카를 갖춘 주거로 바뀌었다. 현재의 아무르에서는 나이힌과 불라바(Bulava)처럼 나나이와 울치 등의 선주 민족이 많이 사는 마을에도 그 풍경은 언뜻 보기에 러시아의 농촌과 전혀 다르지 않다. 다른 것은 주민이 일본인처럼 몽골로이드계의 얼굴을 하고 있고, 초가을이 되면 생선을 말리는 풍경이 보이는 정도이다. 그리고 집터의 구조, 그 속에서 생산되는 작물(토마토, 오이 그 밖의 야채, 감자

등), 기르는 가축(소, 돼지가 많지만 닭도 기르고 있고 개는 애완용)은 완전히 러시아 농촌과 같다. 지금도 가을의 연어 잡이는 그들에게 중요한 일인데, 연어 송어는 이미 그들의 주식이 아니고 소금절이해 마켓에서 팔려고 내놓은 상품이다.

언어도 1920년대부터 1930년대에 걸쳐서 당시의 레닌그라드의 언어학자들이 중심이 되어 나나이어, 울치어, 니브흐어로 서기화와 말(文語) 짓기가 이루어져, 학교에서의 교육도 개시되었다. 그러나 스탈린 시대에 로마자의 자모가 러시아 문자로 변경되고 후루시초프, 브레즈네프 시대에는 교육제도도 후퇴했기 때문에 어린이들과 젊은이에게는 학교에서 선생님과 친구들과 이야기하는 러시아 쪽이 모어가 되고 고유언어는 외국어가 되어버렸다. 산탄, 코르뎃케, 스메렌쿨의 자손들의 고유언어를 모어로 하는 사람들의 비율은 '표 9'에 있는 그대로이고, 1970년대에 들어서 급락하였다. 현재는 민족복권운동의 일환으로서 고유언어와 전통문화의 부흥이 선주민들 사이에서도 급선무로 인식되고 있지만, 현재의 상황에서는 어린이들에게 가르치려 해도 적절한 교재가 없고 교원도 부족한 상황이다. 게다가 언어는 그렇다 치고 '문화'에 관해서는 무엇이 본래의 자신들 문화였던 것인지를 찾는 것부터 시작해야만 한다.

[표 9] 아무르·사할린 원주민의 고유언어와 러시아어 모어율

	1970년		1979년		1989년	
	고유언어	러시아어	고유언어	러시아어	고유언어	러시아어
나나이	69.3	30.4	55.9	43.9	44.1	55.3
니브흐	49.0	50.8	30.4	69.4	23.3	76.2
울치	60.9	38.6	37.9	62.0	30.7	66.5
우데게	54.4	44.8	27.5	71.5	24.3	68.1
오로치	47.4	50.5	33.2	64.8	17.8	81.0
네기달	52.1	46.7	43.4	54.9	26.6	69.5
윌타					44.7	54.2

러시아 국가통계위원회 편, 『러시아 공화국 주민의 민족구성』, 1990년에 의거

또한 주변 국가끼리의 파워게임 결과 형성된 국경은 종종 '동족' 혹은 '동료(仲間)'로 알고 있던 사람들을 단절시켰다. 중국이 허저, 일본이 코르 넷케로 불렸던 사람들은 중러의 국경에 의해 분단되어, 각각 '나나이'와 '허저족(赫哲族)'으로 분열당했다. 그리고 다수의 이민자들이 들어와 각각 의 국가 행정기구에 편입되고 다수파 민족(러시아인과 한족)의 언어와 문 화로 동화되는 과정에서 서로 접촉할 기회조차도 잃어버렸다. 러일 혹은 일본과 소련으로 갈라진 사할린의 윌타에는 가장 큰 비극이 기다리고 있 었다. 제2차 세계대전 때에는 소련과 일본 쌍방이 사할린의 윌타를 저격병 혹은 간첩 부원으로 징용했기 때문에, 동족 사이에서 적과 아군으로 갈라 졌다. 그리고 전후 소련에 징용되었던 자는 훈장을 받고 일본에 징용되었 던 자는 시베리아로 보내진다.

국경에 의한 동족 분단과 함께 러시아와 중국처럼 '민족 식별'을 행해, '민족' 단위로 선주민을 통치하려는 체제에서는 '민족' 그 자체의 경계 설 정에도 문제가 생긴다. 일찍이 1897년의 제정러시아 최초의 국세(國勢) 조 사 때에는 아무르에서도 실제 형제인데 소속민족이 달라지는 사례도 확인 되어, 얼마나 그 작업이 곤란하고 모순투성이의 결과로 끝나는지를 보여 주었다. 본서에서도 편의적으로 사용해 왔던 나나이, 울치, 니브흐와 같은 '민족'도 소련이 1930년대에 민족정책의 일환으로서 제정한 것이고, 일단 민족 호칭으로는 자칭을 우선적으로 사용한다는 원칙이 있지만, 그 경계 는 반드시 선민 자신의 집단에 대한 귀속 의식과 근원(近遠) 관계가 정합 (整合)하지 않는다. 그러나 그것이 결정되고 이미 60년 이상 경과했기 때 문에 나라가 제정한 민족의 틀이 역으로 주민 의식을 구속한다고 하는 얄 궂은 결과가 되었다.

11. 원주민이야말로 역사의 주역이었다

이처럼 아무르·사할린 선주민을 연구 대상으로 하는 연구자도 근대의
도래 이전의 시대를 다루는 경우와 그 이후를 다루는 경우로 방법론을 달
리해왔다. 결국 주체적으로 지역의 역사에 참여하였던 허저와 산탄들은
역사학의 연구 대상이었지만 거기에서 소외된 19세기 후반 이후의 선주민
들은 '미개 민족'과 '이문화'를 다루는 인류학자와 민족학자, 그리고 진기
한 언어와 빈사(瀕死)의 언어를 연구하는 언어학자들의 연구 대상이 되었
다. 따라서 아무르·사할린의 역사 관련 책에서는 근세사까지는 종종 선주
민의 동향이 등장하지만, 근현대사 관련 책에 그것이 나오는 일은 거의 없
다. 역으로 인류학, 민족학 관련 책에서는 고고학의 성과를 이용할 수 있는
옛 시대에 대해서는 '민족기원론'으로서 상세하게 기술되는 일이 있지만,
역사 기록이 다수 남겨져 있는 근세에 대해서는 침묵하고, 갑자기 근대 이
후의 민족지 소개가 된다. 그리고 종종 중간 시대의 상황을 건너뛰고 고대
와 현대를 연결지으려 한다.

그것은 근현대사에서 선주민의 동향에 관심을 가지지 않았던 역사학자
만의 책임은 아니고, 민족지 기술의 역사적 배경에 주의를 기울이지 못했
던 인류학과 민족학 측의 책임이기도 하다. '민족지(民族誌)적 현재'라는,
실제로는 어느 시대에도 포함되지 않는 가공의 시제(時制)로 쓰여진 문화
적 특징이 시대를 초월해 공통된 것으로 착각한 결과, 아무르와 사할린의
선주 민족은 마치 태곳적부터 일관되게 어로와 수렵과 채집만으로 생계를
일구고 살았던 것으로 보았다. 그리고 문명과의 접촉은 적고 접촉하면 곧
바로 착취당해 문화 동화를 받는 취약한 문화밖에 갖지 못한 것인 양 허상
을 만들어, '원시 민족', '자연 민족'이라는 꼬리표를 붙여버리고 말았던 것
이다.

그러나 선주민을 역사에 참여할 수 없는 사람들이라고 처음부터 덮어

놓고 결정짓는 것은 받아들일 수 없다. 지금까지 분명히 해왔듯이 아무르와 사할린의 선주민들이 이 지역의 역사 무대에서 모습을 감춘 것은 불과 100년 남짓 전의 일이고, 그때까지는 주역을 맡고 있었다. 적어도 산탄 교역이 화려했던 시절의 산탄 스메렌쿨들은 이 지역의 주인은 자신들이라는 것을 자인하고 있을 것이다. 또한 항상 문명국가에 의해 일어났던 역사의 소용돌이에 농락당했다고 하는 것도 잘못이다. 청조가 중국을 지배하는 세계 제국으로 성장할 수 있었던 것도 이 아무르 사할린 주민들이 모피공납을 가지고 그 재정 기반의 일부를 지탱하였기 때문이고, 마쓰마에번이든 막부이든 일본의 관리들은 역으로 산탄인들로부터 경시당하고 그들의 언동에 농락되었다.

근래 역사학, 인류학이라고 하는 종래의 학문 틀이 큰 변화를 도모하려 하고 있다. '사회사 연구'라는 분야의 대두에 의해 역사학이 인류학과 민족학으로 접근하려고 한 시기도 있었지만, 최근에는 더욱이 인류학이 갖는 '비역사성'과 '타자'를 연구대상으로 하는 체질(이문화 연구를 중심에 둔 연구 자세)이 역사학 측으로부터 비판받게 되었다. 지금까지는 역사학 측이 인류학, 민족학을 의식하는 케이스가 많았지만, 이제부터는 인류학, 민족학 측도 역사학을 의식하지 않으면 연구를 지속하기 어려울 것이다. 이미 '민족지적 현재'로 불리는 시간을 초월한 시제 설정은 통용되지 않고 연구 대상으로 한 사람들의 과거 모습을 통시적으로, 그것도 확실한 역사를 기반으로 해 이해하고 말하지 않으면, 그 사람들의 진정한 모습은 보이지 않는다. 그것은 본서에서 지금까지 언급해온 산탄인을 비롯한 아무르와 사할린 사람들의 사례가 단적으로 말해주고 있다.

인류학이 갖는 '타자성'에 대해서는 여러 가지로 반론이 있을지도 모르지만 아무르와 사할린 같은 일본 주변의 사람들을 연구 대상으로 하는 경우에는 역으로 '이문화 연구'라는 틀에 들어앉는 것은 용서할 수 없다. 이 지역은 역사적으로 일본과 매우 관계가 깊은 지역이고, 그 선주민의 조상들은 우리의 조상과 긴밀한 교류를 지속해 왔었다. 그리고 그들을 오늘날처럼 '민족 존망의 위기'로 일컬어지는 상황으로 몰아넣은 책임의 일단도 근대화한 일본 국가, 즉 우리 자신이다. 따라서 이 지역의 선주민의 생활, 문화의 진정한 모습을 역사적으로 명확히 하는 것은 일본의 역사학자와 인류학자, 민족학자에게는 중요한 테마이고, 그것은 또한 자신의 역사, 자신의 문화의 진정한 모습을 분명히 하는 것과도 상통한다.

필자는 본서에서 종종 '민족'이라는 틀은 유연하게 생각해야만 한다는 것을 언급해 왔는데, 슬슬 '역사학', '인류학'(또는 민족학)이라는 기성의 학문의 틀도 유연하게 파악해가야 할 시기라고 생각한다.

참고문헌 ———————————————————————————————

1. 자료류

近藤重藏, 「邊要分解図考」, 『近藤正齊全集』 第1, 國書刊行會, 1950年 所收

東京帝國大學文學部資料編纂掛編, 『大日本古文書 幕末關係文書之15』, 1922年(復刊 1972年 東京大學出版會)

中川伍郎治, 「伍郎治申上荒增」, 『北方史料集成』 第5卷, 北海道出版企畫センター, 1994年 所收

中村小市郎, 「唐太雜記」, 高倉新一郎編 『犀川會史料 全』, 北海道出版企畫センター, 1982年 所收

沼田市郎譯編, 『アジアロシア民族誌』, 彰考書院, 1945年

松浦武四郎, 「北蝦夷餘誌」, 吉田武三編 『松浦武四郎紀行集 下』, 富山書房, 1977年 所收

松田傳十郎, 「北蝦夷」, 大友喜作編 『北門叢書』 第5冊, 國書刊行會, 1972年 所收

松田傳十郎, 「からふと嶋娛地見分仕候趣奉申上候書府」, 洞富雄·谷澤尚一編注 『東韃地方紀行他』, 平凡社東洋文庫, 1988年 所收

間宮林藏述·村上貞助編, 「北夷分界余話」, 洞富雄·谷澤尚一編注 『東韃地方紀行他』, 平凡社東洋文庫, 1988年 所收

間宮林藏述·村上貞助編, 『東韃地方紀行』, 洞富雄·谷澤尚一編注 『東韃地方紀行他』, 平凡社東洋文庫, 1988年 所收

最上德內, 「蝦夷草子後編」, 大友喜作編 『北門叢書』 第3冊, 國書刊行會, 1972年 所收

遼寧省檔案館·遼寧社會科學院歷史硏究所·瀋陽古宮博物館譯編, 『三姓副都統衙門滿文檔案譯編』, 遼瀋書社, 1984年 瀋陽(中文)

『淸實錄』, 中華書局影印, 1985年 北京(中文)

『淸會典図』, 中華書局影印, 1991年 北京(中文)

楊賓編, 「柳邊紀略」, 『影印遼海叢書 1』, 遼瀋書社, 1985年 瀋陽所收(中文)

ロシア古文書委員會編, 『歷史文書集補遺』 第3卷 1848年, 第4卷 1851年, サンクト ペテルブルク(露文)

V·N·サヴェリエヴァ·Ch·M·タクサミ編, 『ニヴフ語=ロシア語辭典』, 1970年, モスクワ(露文)

V·I·ツゝンツゝウス編, 『ツングース滿洲語比較辭典』, 1975年, レニングラード(露文)

2. 연구서

秋月俊幸, 『日露関係とサハリン島–幕末明治初期の領土問題』, 筑摩書房, 1994年

池上二郎, 「カラフトのナヨロ文書の滿州文」, 『北方文化研究』 第3號, 1968年

榎森進, 「13~16世紀の東アジアとアイヌ民族–元·明朝とサハリン·アイヌの関係を中心に」, 羽下徳彦編 『北日本中世史の研究』, 吉川弘文館, 1990年

F·エンゲルス, 「新たに発見された集團婚の一事例」, 大內兵衛·細川嘉六監譯 『マルクス·エンゲルス全集』 第22卷, 大月書店, 1971年

遠藤巖, 「応永初期の蝦夷の反亂—中世國家の蝦夷問題によせて—」, 北海道·東北史研究會編 『北からの日本史』, 三省堂, 1988年

大石直正, 「北の海の武士団·安藤氏」, 『日本海と北國文化』(海と列島文化 1), 小學館, 1990年

大塚和義, 『アイヌ海浜の民』, 新宿書房, 1995年

小川運平, 『滿洲及樺太』, 博文館, 1909年

海保嶺夫, 『中世の蝦夷地』, 吉川弘文館, 1987年

海保嶺夫, 「北方交易と中世蝦夷」, 『日本海と北國文化』(海と列島文化 1), 小學館, 1990年

海保嶺夫, 「『北蝦夷地御引渡目錄』について -嘉永6年(1853年)の山丹交易-」『1990年度 「北の歷史·文化交流硏究事業」中間報告』, 北海道開拓記念館, 1991年

海保嶺夫, 『蝦夷の歷史 北の人々と「日本」』, 講談社, 1996年

加藤九祚, 『東北アジア民族學史の硏究』, 恒文社, 1986年

河内良弘, 「明代女眞の貂皮交易」, 『東洋史硏究』30卷1號, 1971年

菊池俊彦, 『北東アジア古代文化の硏究』, 北海道大學圖書刊行會, 1995年

E·A·クレインノゝチ(升本哲譯), 『サハリン·アムール民族誌 ニフ族の生活と世界觀』, 法政大學出版局, 1993年

佐々木史郎, 「アムール川下流域諸族の社會·文化における淸朝支配の影響について」, 『國立民族學博物館硏究報告』14卷3號, 1989年

佐々木史郎, 「人類學民族學博物館所藏の滿洲文書」畑中幸子·原山煌編『東北アジアの歷史と社會』名古屋大學出版會, 1991年

佐々木史郎, 「北海の交易-大陸の情勢と中世蝦夷の動向-」, 『岩波講座 日本通史』第10卷 中世4, 岩波書店, 1994年

末松保和, 『近世における北方問題の進展』, 至文堂, 1928年

J·ステファン(安川一夫譯), 『サハリン-日·中·ソ抗爭の歷史』, 原書房, 1973年

S·ズナメンスキー(秋月俊幸譯), 『ロシア人の日本發見-北太平洋における航海と地図の歷史-』, 北海道大學圖書刊行會, 1979年

高倉新一郎, 「近世に於ける樺太を中心とした日滿交易」, 『北方文化硏究報告』第1卷, 1939年

中村和之, 「北からの蒙古襲來」小論-元朝のサハリン侵攻をめぐって-,

　　　『史朋』25, 1992年

中村和之,「蝦夷錦の殘存數とその研究の調査1」,『北海道高等學校敎育硏究
　　　會硏究紀要』25, 1988年

中村和之,「蝦夷錦の殘存數とその研究の調査1」,『北海道高等學校敎育硏究
　　　會硏究紀要』25, 1990年

洞富雄,『北方領土の歷史と將來』, 新樹社, 1973年

松浦茂,「淸朝邊民制度の成立」,『史林』70卷4號, 1987年

松浦茂,「18世紀末アムール下流地方の邊民組織」,『鹿児島大學法文學部紀要
　　　人文科學論集』第34號, 1991年

松浦茂,「間宮林藏の著作から見たアムール川最下流地方の邊民組織」,『淸
　　　朝と東アジア 神田信夫先生古稀記念論叢』, 山川出版社, 1992年

矢島睿·手塚薫「妻沼資料の調査について」,『1991年度「北の歷史·文化交
　　　流硏究事業」中間報告』, 北海道開拓記念館, 1992年

矢島睿,「蝦夷錦の名稱と形態について」,『1992年度「北の歷史·文化交流研
　　　究事業」中間報告』, 北海道開拓記念館, 1993年

吉田金一,『近代露淸關係史』, 近藤出版社, 1974年

和田淸,『東亜史論薮』, 生活社, 1942年

凌純聲,『松花江下游的赫哲族』, 國立中央研究院歷史言語研究所, 1934年, 南
　　　京(中文)

曹廷杰,『東三省輿地図設』, 叢佩遠·趙鳴岐編『曹廷杰集』中華書局, 1985年, 北
　　　京(中文)

I·A·ロパーチン,『アムール·ウスリー·スンガリーのゴリド』, 1922年,
　　　ウラジオストーク(露文)

B·ピウスツキ,「サハリン·ギリヤークの窮乏と対策」,『帝室ロシア地理
　　　學協會アムール支部報告』3卷4號, 1898年(露文)

E·G·ラェンステイン,『アムール上のロシア人 -發見, 征服, 植民-』,

1861年, ロンドン(英文)

L・シュレンク, 『アムール地方の異民族たち』, 第1巻 1883年, 第2巻 1899
　年, 第3巻 1903年, サンクト・ペテルブルク(露文, ただしドイツ
　語版と英訳がある)

L・Ya・シュテレンベルク, 『ギリヤーク・オロチ・ゴリド・ネギダール・ア
　イヌ』, 1933年, ハバロフスク(露文)

A・M・ゾロタレク, 『ウリチの氏族構成と宗教』, 1939年, ハバロフスク(露文)

동국대학교 문화학술원 번역총서 02

북방에서 온 교역민: 비단·모피·산탄인

초판 인쇄 | 2022년 3월 25일

초판 발행 | 2022년 4월 1일

지 은 이 사사키 시로
옮 긴 이 김환기
기　　　획 동국대학교 문화학술원 HK+ 사업단
발 행 인 한정희
발 행 처 경인문화사
편　　　집 이다빈 김지선 유지혜 박지현 한주연 김윤진
마 케 팅 전병관 하재일 유인순
출 판 번 호 406-1973-000003호
주　　　소 파주시 회동길 445-1 경인빌딩 B동 4층
전　　　화 031-955-9300 팩 스 031-955-9310
홈 페 이 지 www.kyunginp.co.kr
이 메 일 kyungin@kyunginp.co.kr

ISBN 978-89-499-6622-9　93910
값 20,000원

* 저자와 출판사의 동의 없는 인용 또는 발췌를 금합니다.
* 파본 및 훼손된 책은 구입하신 서점에서 교환해 드립니다.